लोकवादी तुलसीदास

लोकवादी तुलसीदास

विश्वनाथ त्रिपाठी

राधाकृष्ण प्रकाशन

ISBN : 978-81-7119-509-1

लोकवादी तुलसीदास
© विश्वनाथ त्रिपाठी

पहला संस्करण : 1974
ग्यारहवाँ संस्करण : 2024

मूल्य : ₹595

प्रकाशक
राधाकृष्ण प्रकाशन प्राइवेट लिमिटेड
जी-17, जगतपुरी, दिल्ली-110 051
शाखाएँ : अशोक राजपथ, साइंस कॉलेज के सामने, पटना-800 006
पहली मंजिल, दरबारी बिल्डिंग, महात्मा गांधी मार्ग, प्रयागराज-211 001
1, अनमोल सोराबजी संतुक लेन, धोबी तलाव, मरीन लाइंस, मुम्बई-400 002
वेबसाइट : www.radhakrishnaprakashan.com
ई-मेल : info@radhakrishnaprakashan.com

मुद्रक
बी.के. ऑफसेट
नवीन शाहदरा, दिल्ली-110 032

LOKVADI TULSIDAS
Criticism by Dr. Vishwa Nath Tripathi

'जथालाभ सन्तोष' के आचारी विद्वान्
डॉ. भरतसिंह उपाध्याय को
सादर

क्रम

भूमिका

लोग इस बात पर सहमत हैं कि तुलसीदास अत्यन्त लोकप्रिय कवि हैं। लेकिन इस लोकप्रियता का आधार क्या है ?

कई लोगों का ख़्याल है कि तुलसी की लोकप्रियता का कारण यह है कि हमारे देश की अधिकांश जनता धर्म-भीरु है। तुलसी की कविता भक्ति का प्रचार करती है, इसीलिए वह इतनी लोकप्रिय और प्रचलित है।

लेकिन सभी भक्त कवि तुलसी-जैसे लोकप्रिय नहीं हैं। यदि धर्मभीरुता ही लोकप्रियता का आधार होती तो नाभादास, अग्रदास, सुन्दरदास, नन्ददास आदि भी उतने ही लोकप्रिय होते। भक्ति तो केशवदास की कविता में भी है।

तुलसीदास की लोकप्रियता का कारण यह है उन्होंने अपनी कविता में अपने देखे हुए जीवन का बहुत गहरा और व्यापक चित्रण किया है। उन्होंने राम के परम्परा-प्राप्त रूप को अपने युग के अनुरूप बनाया है। उन्होंने राम की संघर्ष-कथा को अपने समकालीन समाज और अपने जीवन की संघर्ष-कथा के आलोक में देखा है। उन्होंने वाल्मीकि और भवभूति के राम को पुनः स्थापित नहीं किया है, अपने युग के नायक राम को चित्रित किया है। उनके दर्शन और चिन्तन के राम ब्रह्म हैं लेकिन उनकी कविता के राम लोक-नायक हैं।

तुलसी के राम जिस लोक में प्रतिष्ठित किए गए हैं, वह सोलवीं-सत्रहवीं शती का भारत है, जो नाना प्रकार की विषमताओं से ग्रस्त है। इस विषमता-ग्रस्त समाज का चित्रण तुलसी ने कलियुग के माध्यम से किया है। इसमें दैहिक, दैविक, भौतिक ताप हैं; ग़रीबी, अकाल, महामारी, नारी-पराधीनता, कपटी, कुटिल भूप, कराल-दंड नीति, दुर्जन-सज्जन, जलज-जोंक, खल-साधु—आदि सब हैं। इस देश के लोग, वन-उपवन, नदी-तालाब, सुन्दरता-कुरूपतामय पूरा जीवन और जगत् मौजूद है। तुलसीदास महान् देशप्रेमी और मुख्यतः किसान-जीवन के कवि हैं। उनकी कविता में अन्न, फ़सल, बादल, ओले, वर्षा, धान, दूब आदि का उल्लेख बार-बार आता है। चित्रकूट के कोल-किरातों के वन्य जीवन से उनका परिचय और प्रेम काफ़ी गहरा मालूम पड़ता है। वे इस देश की सीता और पार्वती-जैसी

स्त्रियों से ही नहीं, शूर्पणखा, मंथरा और कैकेयी-जैसी स्त्रियों से भी परिचित थे। इतना परिचित थे कि उनके मुहावरों का साधिकार इस्तेमाल कर सकते थे। तुलसी की कविता की लोकप्रियता का कारण यह है कि हमारे देश का यथार्थ उसमें मौजूद है।

फिर यथार्थ की विषमता से देश को उबारने की छटपटाहट भी उनकी कविता में है। देश-प्रेम इस विषमता की उपेक्षा नहीं कर सकता। इसीलिए तुलसी दैहिक, दैविक, भौतिक तापों से रहित राम-राज्य का स्वप्न निर्मित करते हैं। यह उनकी कविता की नैतिकता अतः प्रगतिशीलता है। तुलसी अपने देश और काल की सीमाओं में लोकवादी कवि हैं। उनकी लोकवादिता खंडित होती है वर्ण-व्यवस्था के प्रति दुराग्रह के कारण।

तुलसी की लोकप्रियता का आधार धर्मभीरुता नहीं है। देश में कोई मन्दिर न जाए, कीर्तन न करे, तब भी उनकी कविता लोकप्रिय रहेगी, क्योंकि उनकी कविता ज़िन्दगी के लिए सन्दर्भवान् है।

इस पुस्तिका में इन्हीं बातों की चर्चा और थोड़ी-बहुत व्याख्या है। 'तुलसी की कविताई' नामक अध्याय में उनकी रचना-पद्धति और विचार करने का प्रयास किया गया है।

दो-तीन वर्ष पूर्व 'सेक्युलर डेमोक्रेसी' में मैंने तुलसीदास पर तीन लेख लिखे थे। कई लोगों के अलावा आदरणीय अमृतलाल नागर को भी वे लेख अच्छे लगे थे। मेरे शुभचिंतक मित्र श्री देशराज गोयल ने तुलसी पर पुस्तक लिखने की प्रेरणा दी। श्री ब्रजराज तिवारी 'अधीर' (सं. सेक्युलर डेमोक्रेसी) ने लेखों को बड़े प्रेम से छापा था। मैं इन सबका आभार प्रकट करता हूँ।

ओंप्रकाश जी ने कागज़ के इस संकट-काल में भी यह पुस्तक जिस तरह छापी है, उससे साहित्य के प्रति उनका अनुराग और लेखक के प्रति स्नेह प्रकट होता है।

—विश्वनाथ त्रिपाठी

हजारीप्रसाद द्विवेदी का पत्र

तुम्हारी पुस्तक 'लोकवादी तुलसी' आद्योपांत पढ़ गया। बहुत अच्छी लगी। तुमने 'कबिताई' वाले अध्याय को पहले पढ़ने के लिए कहा था, सो वही पढ़ा। तुम्हारी स्थापनाएँ सही जान पड़ीं। इसमें बहुत-सी नई बातें हैं। पर ऐसा लगा कि कुछ रह गया है। क्या रह गया है, यह बात देर से स्पष्ट हुई। मुझे सबसे अच्छा लगा कलियुग और रामराज्य वाला अंश। मैंने भी एक पुस्तक लिखना शुरू किया है—'मानस का षट्सन्दर्भ'। उसमें एक अध्याय 'कलिकाल' पर है। तुम्हारी पुस्तक से उसमें कुछ और जोड़ सकूँगा। 'तुलसीदास का देश' शीर्षक बहुत अच्छा लगा, पर शीर्षक कुछ भ्रामक जान पड़ा। देश की परिधि में बहुत-कुछ घसीट लिया गया है।

तुम्हारे विचार बहुत सुलझे हुए और तर्क-सम्मत हैं; पर वे पूरे तुलसीदास को नहीं उभारते। 'लोकवादी' शब्द भी कुछ जँचा नहीं। तुलसीदास लोक-रीतियों आदि के जानकार थे पर लोकवादी नहीं थे। इस शब्द से यह ध्वनि निकलती है कि तुलसीदास लोक को ही चरम और परम सत्य मानते थे। परन्तु यह शब्द पर ही कह रहा हूँ। तुमने तुलसीदास को लोक-मर्मज्ञ के रूप में बहुत उत्तम रूप में उजागर किया है और इस दृष्टि से जो चित्रण किया है, वह कमाल का है। मेरी पुस्तक में 'जन-रंजन' पर एक सन्दर्भ है। उसकी अब कोई जरूरत नहीं रह गई है। तुमने इस पक्ष को बहुत अच्छी तरह प्रकाशित कर दिया है।

मुझे यह पुस्तक बहुत सन्तुलित और सुसंगत लगी है। मेरी हार्दिक बधाई स्वीकार करो।

'बसन' का अर्थ वस्त्र नहीं, सौभाग्य होना चाहिए।—'सोह न बसन बिना बर नारी।' 'गाल' करना शायद अनुचित करना है। भोजपुरी में इसका प्रयोग होता है—गालु करब केहि कर बलु पाई। खेल में जबर्दस्त लड़के 'गालु' करते हैं। मगर यह विचारणीय मात्र है।

परमात्मा तुम्हें शक्ति देते रहें। तुमसे बहुत आशा है। हार्दिक आशीर्वाद।

05.12.74 — शुभेच्छु

लखनऊ — **हजारीप्रसाद द्विवेदी**

राजेन्द्र यादव का पत्र

प्रिय त्रिपाठीजी,

मैंने आपकी 'तुलसीदास' पुस्तक पढ़ी। मैं आपके सामने एक बात स्वीकार करना चाहता हूँ : हिन्दी के पुराने कवियों में जो कवि मेरे मन में तीव्र विरक्ति और गहरी अरुचि जगाते हैं, उनमें तुलसीदास का नाम सबसे ऊपर है। सच ही, रामचन्द्र शुक्ल से लेकर रामविलास शर्मा तक की विह्वल, गद्‌गदीयता मेरी 'समझ' में नहीं आती। सारे दार्शनिक, सांस्कृतिक और साहित्यिक आतंक के बावजूद मुझे वे अन्धविश्वास, रूढ़िवादिता, भदेसपन और अपरिवर्तनशीलता के प्रतीक ही लगते रहे। कृष्ण के समृद्ध बहुआयामी, कर्मठ और उद्‌दाम व्यक्तित्व की तुलना में राम मुझे फुसफुसे, व्यक्तित्वहीन, परम्परापोषक और गिलगिले चरित्र लगते हैं—फिर उनके चारण तुलसीदास...

मगर आपकी पुस्तक में एक ऐसी अजीब-सी ऊष्मा, आत्मीयता और बाँध लेनेवाली निश्छलता है कि मैं इसे पढ़ता ही चला गया। अच्छी बात यह लगी कि आपने न राम को मुकुट पहनाए न तुलसी को अक्षत चन्दन लगाए—आपने तो अपने अवध को ही तुलसी के माध्यम से जिया है, वहाँ के लोगों, उनके आपसी सम्बन्धों और सन्दर्भों—बिना उन्हें महिमान्वित किए—को उकेरा है। सब कुछ आपने इतना मानवीय और स्पन्दनशील बना दिया है कि मैं तुलसी के प्रति अपने सारे पूर्वग्रह छोड़कर पढ़ता चला गया...

इस रचनात्मक तुलसी-दर्शन के लिए मेरी बधाइयाँ।

—राजेन्द्र यादव

द्वितीय संस्करण की भूमिका

'लोकवादी तुलसीदास' बहुत दिनों से अप्राप्य थी। अब यह फिर पढ़ने वालों को मिल सकेगी, यह जानकर लेखक को संतोष हो रहा है। इस पुस्तक की रचना पढ़े जाने के ही लिए हुई थी। अपना तुलसी-विषयक ज्ञान प्रकट करने की इच्छा नहीं थी। वह ज्यादा है भी नहीं। पिताजी ने कहा, "सब लोग कहत हैं कि तुम पढ़े-लिखे हौ, कुछ गोसाईं जी पर लिखौ तौ हमहूँ समझै कि केतना पढ़े हौ।" पिताजी दरजा 1 (एक) तक पढ़े थे। किसान थे, पहलवानी करते थे। तुलसीदास का अर्थ अपने ढंग से लगाते थे। नहाकर रामचरितमानस का पाठ करते। कई बार पढ़ते-पढ़ते कंठ गद्‌गद हो जाता। मैं देखता कि आँसू बह रहे हैं, उनके पतले-पतले होंठ फड़फड़ा रहे हैं। सो यह किताब उन्हीं के पढ़ने के लिए लिखी गई थी। किताब भेजी तो उन्होंने लिखा—'ई किताब नीक है। कहूँ-कहूँ गड़बड़ाय गए हो'।

आचार्य द्विवेदी ने किताब पढ़ी तो चिट्ठी भेजी। जिस दिन किताब उन्हें दी, उसके तीन-चार दिन बाद ही उनका पत्र आया। वह पत्र इस संस्करण में छाप दिया गया है। गुरुवर को 'लोकवादी' शब्द ठीक नहीं लगता था। पंडित रामचन्द्र शुक्ल ने 'लोकवाद' शब्द का प्रयोग नास्तिक दर्शन या लोक निंदक के रूप में नहीं, सामाजिकता पर बल देने वाली विचारधारा के अर्थ में किया है। लेकिन भवभूति के 'महान् लोकवादोऽयं' पर मेरा ध्यान गया होता तो पुस्तक इस नाम से न निकलती।

प्राचीन भारत में बुनकरों के व्यापार-संघ थे। उनके वस्त्रों के विज्ञापन भी होते थे। मन्दसोर शिलालेख (437 ई.) की दो पंक्तियों का आशय इस प्रकार है :

वह यौवन-सम्पन्न हो, सुन्दरी हो, सोने के हार और पुष्प-माल से विभूषित हो, फिर भी यदि उसने दो रेशमी वस्त्रों को (इन रेशमी बुनकरों के बनाए हुए) नहीं धारण कर रखा है तो प्रेमी से मिलने अभिसार के लिए नहीं निकलेगी।

संभवतः इस विज्ञापन का ही कोई रूप—'बिधु-बदनी सब भाँति सँवारी। सोह न बसन बिना बर नारी' में आया है। यह गुरुवर द्विवेदी से मैंने कहा तो

बोले—'मुझे लेख दिखाना।' यह हो नहीं पाया।

'लोकवादी तुलसीदास' की समीक्षा कई जगह छपी थी। बन्धुवर विष्णुकान्त शास्त्री को यह पुस्तक अच्छी लगी थी। प्रसिद्ध कथाकार राजेन्द्र यादव ने पुस्तक की मौखिक प्रशंसा की तो मैंने उनसे लिख देने का अनुरोध किया। उनका पत्र भी इस संस्करण में छप रहा है। पुस्तक का यह संस्करण इस समय छप रहा है, इसका श्रेय श्री अशोक महेश्वरी को है।

—विश्वनाथ त्रिपाठी

बी-5/एफ-2, दिलशाद गार्डन,
दिल्ली-110095

5.6.1991

तुलसी के राम

तुलसीदास हिन्दी के सर्वाधिक लोकप्रिय कवि हैं। इस अपार लोकप्रियता का कारण क्या है ? कोई कवि किसी एक ही गुण के कारण इतना लोकप्रिय नहीं हो सकता। तुलसीदास ने अपनी कविता के विषय में लिखते हुए बताया कि इसका सबसे बड़ा गुण है राम का गुण-गान। उनके अनुसार सार्थक कविता वही है जो राम से सम्बन्धित हो। रामोन्मुखता तुलसी का सबसे बड़ा जीवन-मूल्य है, "जरि जाउ सो जीवन जानकीनाथ ! जियइ जग में तुम्हरो बिनु ह्वै।" यहाँ किसी से भी किसी प्रकार के समझौते की गुँजाइश नहीं। जिस प्रकार राम-रहित जीवन और व्यक्तित्व की कोई सार्थकता नहीं उसी प्रकार राम-रहित कविता की भी कोई सार्थकता नहीं। यदि राम का गुणगान है तो चाहे जैसी होने पर भी कविता सार्थक है। 'मेरी कविता सभी गुणों से रहित है, उसमें एक ही विश्वविदित गुण है, उसी का विचार करके सुमति वाले और विमल विवेकयुक्त व्यक्ति इसे सुनेंगे। इसमें रघुपति का उदार नाम है, जो अत्यन्त पवित्र और वेदों का सार है। यह नाम मंगल का निवास और अमंगल को दूर करने वाला है, इसे पार्वती समेत शंकर जपते हैं। सुकवि की विलक्षण कविता भी राम के नाम के बिना शोभा नहीं पाती, सभी प्रकार से सँवारी हुई चन्द्रमुखी स्त्री भी बिना वस्त्र के शोभित नहीं होती'—

भनिति मोरि सब गुन रहित बिस्व बिदित गुन एक।
सो बिचारि सुनिहहिं सुमति जिन्हकें बिमल बिबेक॥
येहि महुँ रघुपति नाम उदारा। अति पावन पुरान श्रुति सारा॥
मंगल भवन अमंगल हारी। उमा सहित जेहि जपत पुरारी॥
भनिति बिचित्र सुकवि कृत जोऊ। राम नाम बिनु सोह न सोऊ॥
बिधुबदनी सब भाँति सँवारी। सोह न बसन बिना बर नारी॥

कविता रूपी स्त्री के लिए 'राम नाम' वस्त्र के समान है। यह उपमा काफी असामान्य है। यहाँ वसन या वस्त्र 'राम नाम' का ही नहीं, मर्यादा और विवेक का भी प्रतीक है। राम तो मर्यादा पुरुषोत्तम हैं ही। रामचरितमानस में 'विवेक' और 'मंगल' शब्द इतनी बार प्रयुक्त हुए हैं कि ये तुलसी की जीवन-दृष्टि के

आधार ज्ञात होते हैं। राम और राम नाम की महिमा कई प्रकार से गाई जा सकती थी। तुलसी की विशेषता यह है कि उन्होंने राम को सामाजिक जागतिक और समकालीन नैतिक मूल्यों के आदर्शों का जीवन्त प्रतीक बना दिया है। तुलसी के राम उन समस्त गुणों के योग और प्रतीक हैं जो समाज को तब तक ज्ञात और मान्य थे। उनके यहाँ निर्गुण ब्रह्म की सत्ता की अस्वीकृति नहीं है, रामचरितमानस में और अन्य कृतियों में उसका भूरिशः उल्लेख है, विवेचना है, किन्तु चित्रण तुलसी सगुण और लोकमंगल-विधायक राम का ही करते हैं। भक्ति और कविता का आधार लौकिकता और लौकिकता का भावोत्पादक चित्रण ही है। तुलसी के यहाँ राम, भक्ति और कविता तीनों का गहरा सम्बन्ध लोकमंगल और विवेक से है। राम के आ जाने से उनकी कविता में अन्य गुण स्वतः खिंचकर आ जाते हैं।

लोकवादिता का जितना अवकाश राम काव्य में है, अन्यत्र नहीं। भगवान् के चौबीस अवतार कहे गए हैं। इनमें सबसे अधिक लोकप्रिय राम और कृष्ण हैं। राम का जीवन केवल संघर्षमय है। कृष्ण की रसिकता राम में नहीं चित्रित की गई है। रामायण को करुण रस का काव्य माना गया है। राम का चरित्र दुःखी और असहाय जनता को अधिक सहानुभूति दे सकता है। संघर्षमयता और मर्यादा रामकथा की विशिष्टता हैं। राम-कथा पर आधारित काव्यों को अपूर्व लोकप्रियता प्राप्त हुई है। वाल्मीकि, भवभूति, तुलसीदास और हमारे युग में निराला राम-कथा के अमर गायक हुए हैं। इनके काव्योत्कर्ष में राम-कथा की संघर्ष-संकुलता, विवेक और मर्यादा का महत्वपूर्ण योगदान रहा है। वाल्मीकि से लेकर निराला तक राम का जो रूप चित्रित किया गया है उसमें जो बात समान है, वह है राम के जीवन की अविरल संघर्ष-परम्परा। इस अविरल संघर्ष-परम्परा में भी विवेक, लोक-मंगल और मर्यादा को बनाए रखने का जो आदर्श राम के चरित्र में मिलता है उसे भूलकर वाल्मीकि, भवभूति, तुलसीदास और निराला के काव्य-महत्व को नहीं समझा जा सकता है।

'मंगल करनि कलि-मल हरनि तुलसी कथा रघुनाथ की' वाली बात यूँ ही नहीं है।

भारतीय साहित्य में शायद ही कोई अन्य पात्र हो जिसका जीवन राम जितना संघर्ष-आकुल हो। संघर्ष बाह्य एवं आन्तरिक दोनों। 'शोक' आदिकवि द्वारा बार-बार प्रयुक्त होनेवाला उनका प्रिय शब्द है। 'वाल्मीकि रामायण' के प्रारम्भ में क्रौंच पक्षी-युगल में से एक का वध होने पर जिस 'शोक' को श्लोक में परिणत होते हुए चित्रित किया गया है वह आदि काव्य में और राम के जीवन में भी व्याप्त है। वह महान् काव्य की कसौटी भी है। राम के शोक और संघर्ष का कारण

व्यक्तिगत नहीं लोकहित है। ऐसे पौराणिक और ऐतिहासिक नरेश कम मिलेंगे जिन्होंने राज्य को ऐसे ठुकराया हो, जिन्होंने केवल एक विवाह किया हो, प्रजा की आलोचना के कारण पत्नी का परित्याग कर दिया हो और पुनः विवाह न किया हो। सम्राटों की बात छोड़ दीजिए, सामन्त आदि भी अनेक विवाह करते थे, स्वयं दशरथ ने तीन विवाह किए थे। यदि राम का यह सारा आदर्श-चरित कल्पित है, तो भी वह कवियों की आदर्श राजा और आदर्श पुरुष की कल्पना को प्रकट करता है और कम महत्वपूर्ण नहीं है। राम इस आदर्श की स्थापना के प्रयत्न में शोकापन्न होते और संघर्ष करते हैं। राम-कथा के प्रत्येक महान् रचनाकार ने राम की इस महिमा को समझा है। रावण द्वारा सीता के हरण पर विलाप करते हुए राम अपने जीवन की शोक परम्परा की बात करते हैं—

न मद्विधो दुष्कृतकर्मकारी
मन्ये द्वितीयोऽस्ति वसुन्धरायाम्
शोकेन शोको हि परम्पराया
मामेति भिन्दन् हृदयं मनश्च।

(मैं समझता हूँ कि वसुन्धरा पर मेरे समान दुष्कर्मकारी दूसरा नहीं है। हृदय और मन को अपनी परम्परा से (निरन्तर) बेधता हुआ शोक पर शोक मुझे प्राप्त होता है।)

शोक की यह परम्परा कौन-सी है ? इसका उल्लेख भी राम वहीं एक अन्य श्लोक में करते हैं—

राज्यप्रणाशः स्वजनैवियोगः
पितुर्विनाशो जननीवियोगः
सर्वाणि मे लक्ष्मण शोकबेगम्
आपूरयन्ति प्रविचिन्तितानि।

(राज्य का नाश, स्वजनों का वियोग, पिता की मृत्यु, माँ का साथ छूटना—ये सभी याद आने पर मेरे शोक-वेग को परिपूर्ण कर देते हैं।)

सर्वं तु दुःखं मम लक्ष्मणेदं
शान्तं शरीरे वनमेत्य शून्यम्
सीता वियोगात्पुनरप्युदीर्ण
काष्ठैरिवाग्निः सहसा प्रदीप्तः।

(इस शून्य वन में पहुँच कर सभी दुःख मेरे शरीर में शान्त हो गए थे कि सीता-वियोग के कारण काष्ठ से उत्पन्न अग्नि के समान वे फिर प्रदीप्त हो उठे।)

दुःख शरीर में शान्त हो गए थे, यानी बहुत गहरे जाकर स्थित हो गए थे।

सीताहरण की घटना से राम का शरीर फिर शोकाग्नि से दहक उठा। आदिकवि ने राम के शोकपूर्ण जीवन का भरपूर चित्रण किया है। किन्तु राम के शोक से महत्तर राम का संघर्ष है। वे कहते हैं कि दैव ने मुझ पर विपत्तियाँ डालीं और मैंने—मनुष्य ने उन विपत्तियों पर विजय प्राप्त की—

दैव सम्पादितो दोषो मानुषेण मया जितः।

"मानुषेण मया जितः" की सार्थकता राम को राम बनाती है। दैव द्वारा उपस्थित की गई विपत्तियों को राम मनुष्य ने जीता। राम का रामत्व इस संघर्षशीलता में है। वाल्मीकि कृत रामायण को आदि काव्य होने का गौरव इसीलिए मिला क्योंकि वह भारतीय वाङ्मय की प्रथम महान रचना है जिसमें मनुष्य प्रमुखता प्राप्त करता है। वेद और उपनिषद् महान और महत्वपूर्ण होते हुए भी आदिकाव्य के अधिकारी नहीं हैं क्योंकि वे अपने लोक और उस लोक के वासी मनुष्य को प्रधानता न देकर ब्रह्म, देवता और परलोकादि को ज़्यादा महत्व देते हैं। वाल्मीकि की जिज्ञासा ही अपने समय और अपने लोक के आदर्श मानव के विषय में थी। आदर्श यानी लोकहित के साधन में निरन्तर संघर्षशील।

को चास्मिन्साम्प्रतं लोके गुणवान्कश्च वीर्यवान्
धर्मज्ञश्च कृतज्ञश्च सत्यवाक्यो दृढ़व्रतः
चारित्र्येण च को युक्तः सर्वभूतेषु को हितः।

'अस्मिन् साम्प्रतं लोके' काव्य का मूल आधार है। जो कवि अपना देश, अपना काल और अपने काल के संघर्ष को जान-पहचान नहीं सकता, वह सच्चा कवि नहीं हो सकता। अपने समय और अपने लोक के मनुष्य का गायन करके वाल्मीकि ने जो आदि काव्य रचा, वह भारतीय वाङ्मय के इतिहास का क्रान्तिकारी कार्य था। पहली बार इस लोक का मनुष्य शब्दार्थ का विषय बना। वह देव जाति के प्रति विद्रोह भी था। वाल्मीकि को भारतीय काव्य का 'प्रमथ्यु' भी समझना चाहिए। उनके मनुष्य नायक राम ने देवताओं के द्वारा उपस्थित की गई विपत्तियों को अपने पराक्रम से जीता।

'दैव' की भर्त्सना तुलसीदास के रामचरितमानस में भी मिलती है। 'दैव' उस शक्ति का प्रतीक है जो मानवीय भावनाओं का ध्यान न करके निर्दय और निर्मम कार्य करती है।

लक्ष्मण को शक्ति लगने पर विलाप करते हुए राम 'दैव' को 'जड' कहते हैं—

जथा पंख बिनु खग अति दीना। मनि बिनु फनि करिबर करहीना॥
अस मम जिवन बंधु बिन तोही। जौं जड़ दैव जिआवै मोही॥

राज करती हुई कैकेयी की बुद्धि को दैव ने बिगाड़ दिया, उसने ऐसा किया

जैसा कोई नहीं करता—

राजु करत यह दैअँ बिगोई। कीन्हेसि अस जस करइ न कोई॥

वन-मार्ग के पथिक राम-लक्ष्मण-सीता को देखकर लौटते हुए लोग पछताते हैं और मन में दैव को दोष देते हैं जिसके सब काम उल्टे होते हैं—

फिरत नारि नर अति पछिताहीं। दैअहि दोषु देहिं मन माहीं॥
सहित विषाद परसपर कहहीं। विधि करतब उलटे सब अहहीं॥

इसी 'दैव' का रूप 'राम की शक्तिपूजा' की शक्ति हैं जो अन्याय की पक्षधर हैं—

आया न समझ में यह दैवी विधान।

भवभूति के 'उत्तर रामचरित' में जिस करुण रस की प्रधानता है, उसका मूल शोक ही है। 'उत्तर रामचरित' में राम के तीव्र अन्तर्द्वंद्व एवं पीड़ा का चित्रण है। इसमें राम के समस्त जीवन-संघर्ष को चित्रित करने का अवकाश कवि को नहीं था तथापि गर्भवती सीता के मनोविनोद के लिए अर्जुन नामक चित्रकार द्वारा बनाए गए भित्ति-चित्रों का जो वर्णन भवभूति ने किया है, वह राम और सीता के विपत्तिसंकुल जीवन का संकेत कर देता है। भित्ति-चित्रों का अवलोकन करती हुई सीता शूर्पणखा-प्रसंग को देखने पर कहती हैं—हा आर्य पुत्र, यहीं तक आपका दर्शन है—'हा अज्जउत्त ! एत्तिअं दे दंसणंम' ! राम कहते हैं—'हन्त ! पंचवटी का वृत्तान्त मुझे वर्तमान काल में घटता हुआ मालूम पड़ता है—'हन्त, वर्तमान इवमे जनस्थान वृत्तान्तः प्रतिभाति'। किन्तु राम के दुःख की वास्तविक अभिव्यक्ति लक्ष्मण करते हैं—पापी राक्षसों ने स्वर्णमृग के द्वारा ऐसा कपट व्यवहार किया कि क्षालित होने पर भी वह व्यथित करता है। उस शून्य जनस्थान में विकल आर्य के चरितों के कारण पत्थर भी रोते थे, वज्र का भी हृदय फट जाता था—

अथेदं रक्षोभिः कनक हरिणच्छ्मविधिना
तथा वृत्तं पापैर्व्यथयति यथा क्षालितमपि।
जनस्थाने शून्ये विकल करणैरार्यचरितै
रपि ग्रावा रोदित्यपि दलति वज्रस्य हृदयम्॥

जब लक्ष्मण यह कह रहे थे तब राम की क्या दशा हो रही थी ?—अरे यह क्या ! धाराओं में प्रवाहित टूट कर आपके आँसू मुक्तामणियों के समान धरती पर गिर रहे हैं। और बहुत देर तक रोके जाने पर भी दुःखों से आपूरित हृदय के आवेग का अनुमान नासापुटों के काँपने के कारण औरों को भी हो रहा है—

अयं तावद्वाष्प स्फटित इव मुक्तामणि सरो
विसर्पन्धराभिलुंठति धरणीं जर्जरकणः।

निरुद्धोऽप्यावेगः स्फुरदधरनासापुटतया
परेषामुन्नेयो भवति चिरमाध्यात हृदयः ॥

सीता के त्याग की कल्पना से आकुल राम अपने दुःखमय जीवन पर विचार करते हुए कहते हैं कि राम में चेतना केवल दुःख-संवेदना के लिए स्थित है—

दुःखसंवेदनायैव रामे चैतन्यमांहितम्
मर्मोपधातिभिः प्राणैर्वज्रकीलायितं हृदि।

राम में चेतना दुःख-संवेदना को भोगन के लिए ही स्थित है—'शोकेन शोको हि परम्पराया' और 'धिक् जीवन जो पाता ही आया विरोध' जैसी ही बात है।

राम का चरित्र संघर्ष और दुःखों से परिपूर्ण होने के साथ-साथ लोकवादी है। वाल्मीकि के नायक का नाम जनता में विख्यात 'राम' है—रामो नाम जनैः श्रुतः। वे प्रजाओं के हित-साधन में तत्पर हैं—प्रजानां च हिते रतः। वे जीवलोक के रक्षक हैं—रक्षिता जीवलोकस्य। वे सर्वलोकप्रिय, साधु, अदीन और विचक्षण हैं—सर्व-लोकप्रियः साधुरदीनात्मा विचक्षणः। वे क्रोध में कालाग्नि के समान और क्षमाशीलता में पृथिवी के समान हैं—कालाग्निसदृशः क्रोधे क्षमया पृथिवीसमः। राम ने सीता को प्रजा की भावनाओं का ध्यान रखकर ही त्यागा था। यदि सीता राम को प्रिय न होतीं तो राम का अन्तर्द्वन्द्व इतना तीव्र न होता। राम लक्ष्मण को सीता-निर्वासन की आज्ञा देते हुए कहते हैं—आकाश-गोचर वायु ने सीता को पाप रहित बताया। देवताओं, ऋषियों और सबके सामने चन्द्र-सूर्य ने जानकी को दोष रहित बताया। देव-गन्धर्वों के समक्ष शुद्ध आचारवाली सीता को लंका द्वीप में महेन्द्र ने मुझे सौंपा। इसके अतिरिक्त मेरी अन्तरात्मा भी जानती है कि यशस्विनी सीता पवित्र हैं। इसीलिए मैं वैदेही को ग्रहण करके यहाँ अयोध्या आया। अब यह सीता-विषयक प्रवाद मेरे हृदय में महान् शोक उत्पन्न कर रहा है—

अपापां मैथिलीमाह वायुश्चाकाशगोचरः
चन्द्रादित्यौ च शंसेते सुराणां सन्निधौ पुरा
ऋषीणां चैव सवैषामपापां जनकात्मजाम्
एवं शुद्धसमाचारा देवगन्धर्वसन्निधौ
लंकाद्वीपे महेन्द्रेण मम हस्ते निवेदिता
अन्तरात्मा च में वेत्ति सीतां शुद्धां यशस्विनीम्
ततो गृहीत्वा वैदेहीमयोध्यामहमागतः
अयं तु मे महान् वादः शोकश्च हृदि वर्तते।

वाल्मीकि के राम अपवाद के भय से भीत हैं। वे एक ओर इसके निवारणार्थ

अपने प्राण, भ्राताओं और सीता को भी छोड़ने के लिए प्रस्तुत हैं, दूसरी ओर महान् शोक-सागर में भी डूबे हुए हैं। लक्ष्मण के शब्दों में–पहले तो राम ने पिता की आज्ञा से निर्जन दण्डक वन में चौदह वर्षों तक वनवास किया और अब उससे भी अधिक दुःख सीता के त्याग का है–

पुरा रामः पितुर्वाक्याद्दण्डके विजने वने
उषित्वा नव बर्षाणि पञ्चचैव महावने
ततो दुखतरं भूयः सीताया विप्रवासनम्
पौराणां वचनं श्रुत्वा नृशसं प्रतिभाति मे।

राम ने पिता के कहने से राज्य छोड़ा और प्रजा के कहने से पत्नी का परित्याग किया। राम का यह त्यागी रूप अपूर्व है जो अपने सुखों की ज़रा भी परवाह नहीं करता। जिस व्यक्ति को दूसरों की और लोक-मर्यादा की इतनी चिन्ता हो और जो सर्वजन के हित-साधन के लिए जीवन भर इतना शोक और संघर्ष झेल सकता हो वही राम हो सकता था।

भवभूति ने यद्यपि प्रधान रूप से राम के दुःख का असह्य वेग ही चित्रित किया है किन्तु राम के लोक-रंजन और मर्यादा-पालन का गुण भी उनके काव्य में कई स्थलों पर प्रकट हुआ है। सीता-निर्वासन की भूमिका-सी प्रस्तुत करते हुए राम कहते हैं–लोक की आराधना के लिए स्नेह, दया, सुख–यहाँ तक कि जानकी को भी छोड़ते हुए मुझे व्यथा नहीं होगी।

स्नेहं दयां च सौख्यं च यदि वा जानकीमपि
आराधनाय लोकस्य मुञ्चतो नास्ति व्यथा।

स्नेह, दया, सुख और जानकी को छोड़ने वाली बात ठीक थी, 'मुञ्चतो नास्ति में व्यथा' वाली बात ग़लत थी। सोलहो आना ठीक था इस पर सीता कथन–आप ऐसा कर सकते हैं इसीलिए तो राघवकुल धुरन्धर हैं–

अदो जेव्व राह्वकुल धुरन्धरो अज्जउत्तो।

तुलसी के राम वाल्मीकि और भवभूति के राम से थोड़ा भिन्न हैं। वाल्मीकि और भवभूति के राम असाधारण पराक्रम संघर्ष की क्षमताओं से युक्त हैं। वे लौकिक स्थितियों से सीधे टक्कर लेते हैं। उन पर लीलाधारी होने का आवरण नहीं पड़ा है। कालाग्नि सदृशः क्रोधे क्षमया पृथिवी समः या दुःख संवेदनायैव रामे चैतन्यमाहितम्' वाले राम मानव के परम उदात्त रूप हैं। 'राम की शक्ति पूजा' के राम तुलसी के राम से नहीं नहीं वाल्मीकि और भवभूति के राम से मिलते-जुलते हैं। तुलसी के राम सर्वशक्तिमान् हैं। आप राम का गुण-गान करते हुए उनकी मौजूदगी में कहते हैं कि राम परम उदात्त गुणों से युक्त मानव हैं तो बाबा यों

फटकारते–

राम मनुज कस रे सठ बंगा ! धन्वी कामु नदी पुनि गंगा !
पसु सुरधेनु ! कल्प तरु रूखा ! अन्न दान ! अरु रस पीयूषा !
बैनतेय खग ! अहि सहसानन ! चिन्तामनि पुनि उपल दसानन !
सुन मतिमन्द लोक बैंकुठा। लाभ कि रघुपति भगति अंकुठा ?

राम को मनुज समझने वाला 'सठ मतिमन्द' है। लेकिन तुलसी को इस बात का भी आग्रह है कि उनके राम 'दशरथ सुत' ही हैं कोई और नहीं। पंडित हजारीप्रसाद द्विवेदी के मत से तुलसीदास ने पार्वती के संशय का उत्तर देते हुए रामचरितमानस में कबीर का ही खंडन किया है। कबीर ने कहा था–

दसरथ सुत तिहुंलोक बखाना।
राम नाम को मरम है आना।

इसी 'आना' को पकड़ कर तुलसी ने ऐसा कहने वालों को काफ़ी खरी-खोटी सुनाई–

तुम्ह जो कहा राम कोउ आना।
जेहि श्रुति गाव धरहिं मुनि ध्याना॥
कहहिं सुनहिं अस अधम नर ग्रसे जे मोह पिसाच।
पाखंडी हरिपद विमुख जानहिं झूठ न साँच॥

कबीर ने कहा था कि राम दशरथ के सुत नहीं, उनका मर्म अन्य है तो तुलसी बार-बार मानो इसका प्रतिवाद करते हुए कहते हैं–

पुरुष प्रसिद्ध प्रकास निधि प्रगट परावर नाथ।
रघुकुलमनि मम स्वामि सोइ कहि सिव नायउ माथ।
जेहि इमि गावाहिं बेद बुध जाहि धरहिं मुनि ध्यान।
सोइ दसरथ सुत भगत हित कोसलपति भगवान॥

कबीर राम को दशरथ-सुत से अन्य बताते हैं तो तुलसी उन्हें 'सोइ' कहते हैं।

एक ओर तुलसी राम को मनुज कहने वाले को 'सठ मतिमन्द' कहते हैं, दूसरी ओर उन्हें 'दशरथ सुत' न मानने वाले को 'नीच', 'मोह-पिशाच से ग्रस्त' 'अन्ध, अभागा' इत्यादि कहते हैं। तुलसी के यहाँ राम में 'मनुजत्व' और 'ब्रह्मत्व' की यह सहस्थिति सर्वत्र बनी है। रामचरितमानस इस सहस्थिति को न समझने की शंका के निवारणार्थ रचा गया है। राम ब्रह्म हैं, सर्वशक्तिमान् हैं किन्तु मानवी लीला कर रहे हैं। वाल्मीकि और भवभूति के राम का असाधारणत्व यहाँ ब्रह्मत्व को समर्पित है। काव्य की दृष्टि से तुलसी के वे अंश उत्कृष्ट हैं जहाँ राम का चित्रण मानव के रूप में हुआ है। सच पूछिए तो चित्रण सर्वत्र राम का मानव रूप में ही

हुआ है, 'वे ब्रह्म हैं' यह सूचना अवश्य तुलसी बीच-बीच में दे दिया करते हैं। वाल्मीकि के राम असाधारण पराक्रम वाले, शोक और संघर्ष झेलने में परम सक्षम क्षत्रिय के रूप में चित्रित किए गए हैं, किन्तु तुलसी के राम की मानवीय करुणा उनसे बढ़कर है। तुलसी के राम में जो दीनबन्धुता, शील और संकोच है वह भक्ति के आलम्बन राम में ही सम्भव था। सामान्य लोक जीवन के जितने निकट तुलसी के राम हैं, वाल्मीकि और भवभूति के नहीं। तुलसी के राम की पर-दुःख कातरता की मात्रा भी वहाँ इतनी अधिक नहीं। वाल्मीकि और भवभूति के राम भी लोकवादी थे, किन्तु राम की लोकवादिता का तुलसी में अपूर्व विकास हुआ है। राम भक्तों के हैं, उनसे हृदय का सम्बन्ध है। इस सम्बन्ध ने भक्त और भगवान् के बीच की सारी खाई पाट दी है। वाल्मीकि और भवभूति के यहाँ राम और प्रजा के सम्बन्ध अपनी-अपनी जगह बरक़रार हैं। तुलसी के राम वाल्मीकि और भवभूति के राम से शक्तिशाली भी अधिक हैं क्योंकि वे परमब्रह्म हैं और मानवीय भी अधिक। तुलसी राम की सर्वशक्तिमत्ता सूचित मात्र करते हैं इसलिए वह पाठकों पर कोई विशेष प्रभाव नहीं डालती, किन्तु वे राम की मानवीयता चित्रित करते हैं इसलिए वह मार्मिक होती है। तुलसी के काव्योत्कर्ष का आधार लोक सामान्य भाव-भूमि पर चित्रित राम का मानवीय रूप है जिसे उन्होंने अपने युग के आदर्शों के आधार पर निर्मित किया है। तुलसी के यहाँ राम का परम ब्रह्मत्व, उनके सारे आग्रहों के बावजूद सगुण शक्तिभावना के कारण ढक गया है। सर्वशक्तिमत्ता ने उनके 'कालामि सदृशः क्रोधे' वाले रूप को भी आवृत्त कर लिया है, निखरकर रह गया है राम का परम करुणावान्, शीलवान् और परम पर-दुःख कातर लोकवादी रूप। तुलसी के इस लोकवादी आग्रह को व्यक्त करने वाले शब्द हैं 'मंगल' और 'विवेक' जिनसे तुलसी की रचनाएँ भरी हैं। 'विवेक' शब्द रामचरितमानस में विशेष रूप से अधिक प्रयुक्त हुआ है। तुलसी के राम लोकमंगल और विवेक के विधायक और प्रतीक हैं।

तुलसी के 'मंगल', 'विवेक' का गहरा सम्बन्ध राम की दीनबन्धुता से है। याद रखिए 'दीनबन्धु' का मतलब दीनों का सहायक मात्र नहीं होता। बन्धु, मित्र और साथ देनेवाले को कहते हैं। राम दीनों के दुःख में उनका साथ देनेवाले हैं, उनके सहायक मात्र नहीं। जिनसे हमारा हार्दिक सम्बन्ध होता है, हम उनकी सहायता नहीं करते। उनके दुःख को बँटाकर हम कृतार्थ होते हैं। राम 'मंगल भवन अमंगलहारी' हैं और 'खिन्न' उन्हें 'प्रिय' हैं—

गिरा अरथ जल बीचि सम कहियत भिन्न न भिन्न।
बन्दउँ सीताराम पद जिन्हहिं परम प्रिय खिन्न॥

इस तथ्य को समझने पर यह प्रकट होता है कि भक्ति-आन्दोलन अपने देश-काल की सीमाओं में—और निस्संदेह भावात्मक दृष्टिकोण से रूढ़िवादिता का पोषक नहीं, विरोधी था।

'विनयपत्रिका' के एक पद में तुलसी ने राम-नाम के गुण इस प्रकार बताए हैं—

सुमिरु सनेह सों तू नाम राम राय को।
संबल निसंबल को, सखा असहाय को॥
भाग है अभागेहू को, गुन गुनहीन को।
गाहक गरीब को, दयालु दानि दीन को॥
कुल अकुलीन को, सुन्यो है बेद साखि है।
पाँगुरे को हाथ-पाँव आँधरे को आँखि है॥
माय-बाप भूखे को, अधार निराधार को।
सेतु भवसागर को, हेतु सुख सार को॥
पतित पावन राम-नाम सो न दूसरो।
सुमिरि सुभूमि भयो तुलसी सो ऊसरो॥

देखने की बात इस छन्द में यह है कि तुलसी जब राम नाम की महिमा गाने लगते हैं तब उन्हें कौन-कौन से लोग याद आते हैं ? राम-नाम की महिमा सन्दर्भवान् किन-किन लोगों और वस्तुओं से होती है ? तुलसी को याद आते हैं—निस्सम्बल, असहाय, अभागे, गुनहीन, गरीब, दीन, अकुलीन, पंगु, अन्धे, भूखे, निराधार, भवसागर। तुलसी के काव्य में राम इन्हीं दीनों के बन्धु हैं। तुलसी भक्त कवि हैं। लेकिन उनकी भक्ति और उनके राम में इस लोक की पूरी समाई है। लोक का मतलब राजे-महराजों, सेठों, धनपतियों समृद्धजनों का लोक नहीं, भूख-प्यास, विविध रोगों और दुःखों से व्याकुल लोक है। तुलसी के राम की परम लोकवादिता, पर-दुःख कातरता और मानवीयता का रहस्य यही है।

जो दुःखी हैं, असहाय हैं, राम उनके साथ हैं। राम सामान्य जनों के साथी हैं। बन्दर-भालुओं की सहायता से अपने युग के सबसे शक्तिशाली अन्यायी को परास्त करना स्वयं राज्य से निर्वासित होकर ! राम का यह रूप समूचे मानव-इतिहास के संघर्षशील व्यक्ति का प्रतीक बन सकता है। बन्दर-भालू सर्वहारा के भी प्रतीक बन सकते हैं, जिनके पास लड़ने के लिए केवल नाखून और दाँत हैं, जो समाज में प्रतिष्ठित नहीं हैं, जंगल में रहते हैं। राम के सबसे निकट और आत्मीय कौन लोग हैं—पति-परित्यक्ता अहल्या, जनकपुर के सामान्य बालक—राजकुमार नहीं, अयोध्या के सामान्य नागरिक, वन मार्ग में मिलने वाले

ग्रामीण, केवट, शबरी, बन्दर-भालू, राजा सुग्रीव और युवराज अंगद से कहीं अधिक प्रिय और आत्मीय हनुमान, पक्षिराज गरुड़ नहीं, पक्षियों में भी निम्न गीध और काकभुशुंडि ! जो लोग राम-कथा के इन प्रतीकार्थों को नहीं समझते, वे सचमुच अधिकारी हैं तुलसी को सामन्ती व्यवस्था का पोषक और संकीर्णतावादी कहने के।

बात यह है कि राम का स्वरूप कवियों ने अपने युग के आदर्शों पर निर्मित किया है। वाल्मीकि, भवभूति, तुलसी और निराला के 'रामों' में जो अन्तर है उसका कारण इन महाकवियों के युग-बोध का अन्तर है। इनमें समान है केवल राम का संघर्ष। हम उन लोगों की बात नहीं करते जो मानव-इतिहास के विकास को प्रगति नहीं, पतन के रूप में देखते हैं। हमारे विचार से मावन-संस्कृति उत्तरोत्तर मानवीय होती गई है। इस देश-काल सापेक्षता और उसके सन्दर्भ में तुलसी का अध्ययन करने से उनके राम की मानवीयता, करुणा, उनका शील-संकोच और दीनबन्धुत्व समझ में आता है।

राम-कथा में एक प्रसंग ऐसा है जहाँ वाल्मीकि और भवभूति के राम शम्बूक नामक शूद्र का वध करते हैं। उस बेचारे का क़सूर यह था कि शूद्र होकर भी तपस्या कर रहा था। शूद्र होकर तपस्या ! असहिष्णु वर्णाश्रम व्यवस्था की दृष्टि में यह महान् अनर्थ था ! शूद्र तपस्वी का वध करते हुए राम के रूपों की जो भिन्नता वाल्मीकि और भवभूति के यहाँ मिलती है वह ध्यान से देखने की चीज़ है, और तुलसी ने राम का वह रूप छोड़ ही दिया यह भी विचारणीय है।

वाल्मीकि के राम शूद्र तपस्वी का वध करते हुए इस प्रकार वर्णित हैं– राम ने शम्बूक से पूछा तुम जिस वास्ते तपस्या कर रहे हो उसे मैं सुनना चाहता हूँ। तुम ब्राह्मण हो, दुर्जय क्षत्रिय हो, तीसरे वर्ण वैश्य हो या शूद्र ! सच-सच बताओ !

यमाश्रित्य तपस्तप्तं श्रोतुमिच्छामि तापस्।
ब्राह्मणो वासि भद्रं ते क्षत्रियो वासि दुर्जयः।
वैश्यस्तृतीयो वर्णो वा शूद्रो वा सत्य वाग्भवः !

शम्बूक सिर नीचा किए हुए ही बोला–राम ! मैं झूठ नहीं बोल रहा। मैं देवलोक जाने का इच्छुक हूँ। मुझे शूद्र जानो। मेरा नाम शम्बूक है।

न मिथ्याहं वदे राम ! देवलोक जिगीषया
शूद्रं मां विधि काकुत्स्थ ! शम्बूको नाम नामतः।

उस शूद्र के मुख से यह (मुझे शूद्र जानो) निकलते ही राम ने रुचिर प्रभा वाली विमल तलवार को म्यान से निकालकर उसका सिर काट लिया–

भाषतस्तस्य शूद्रस्य खड्गं सुरुचिरप्रभम्
निष्कृष्य कोशाद्विमलं शिरश्चिच्छेद राघवः।

उस शूद्र के मारे जाने पर इन्द्र और अग्नि आदि देवता साधु ! साधु ! कहकर राम की बारम्बार प्रशंसा करने लगे।

तस्मिन् शूद्रे हते देवाः सेन्द्रा साग्निपुरोगमाः
साधु साध्विति काकुत्स्थं ते शशंसुर्मुहुर्मुहुः।

वाल्मीकि के राम के हृदय में शूद्र तपस्वी का वध करते समय कोई अन्तर्द्वन्द्व नहीं। उन्होंने जैसे ही जाना कि तपस्वी शूद्र है, उसका सिर काट दिया। इधर सिर कटा उधर देवता प्रशंसा करने लगे, फूल बरसाने लगे। भवभूति के राम के हृदय में शम्बूक को मारते समय द्वन्द्व है। उनके मन में करुणा जगती है, फिर अपने को निर्मम बताते हुए कहते हैं कि कठोरगर्भा सीता को घर से निकाल देनेवाले मेरे दाहिने हाथ तुझमें करुणा कहाँ !

रे हस्त दक्षिण ! मृतस्य शिशोर्द्विजस्य
जीवातवे बिसृज शूद्रमुनौ कृपाणम्
रामस्य गात्रमसि दुर्वह गर्भ खिन्न–
सीता विवासनपटोः करुणा कुतस्ते।

'करुणा कुतस्ते' यानी राम के हृदय में करुणा का भाव जाग्रत है।' मृतस्य शिशोर्द्विजस्य जीवातवे'–(ब्राह्मण के मृत शिशु के जीवन के लिए) को 'दुर्वह गर्भ खिन्न सीता विवासन पटोः' से मिलाइए तो राम के अन्तर्द्वन्द्व की तीव्रता का संकेत मिलेगा। यह भी व्यंजित है कि राम ने यह निष्ठुर कार्य ब्राह्मण शिशु के जीवन के लिए किया, उस राम ने जिसने अपनी संतान के भ्रूण को वहन करनेवाली पत्नी को घर से निकाल दिया। दक्षिण हस्त से कृपाण चलायी जाती है और उसी हाथ की तर्जनी से बाहर निकलने का आदेश भी दिया जाता है।

भवभूति के राम शम्बूक के मुँह से 'मुझे शूद्र जानो' निकलते ही उसका सिर नहीं काटते। मारते भी हैं तो जिस किसी तरह मुश्किल से मार पाते हैं हाथ ही नहीं चलता। मारने के बाद भी अपने को धिक्कारते हुए-से कहते हैं–'राम जैसा काम कर दिया, अब तो ब्राह्मण शिशु जिए !–' (कथंचित् प्रहृत्य) कृतं रामसदृशं कर्म। अपि जीवेत्स ब्राह्मण शिशुः !'

'अपि जीवेत्स ब्राह्मण शिशुः' से भवभूति ने राम की खीझ भी व्यंजित करनी चाही है।

तुलसी ने रामचरितमानस में राम द्वारा शूद्र तपस्वी का वध नहीं करवाया है। तुलसी के राम ब्राह्मणों का सम्मान करते हैं, वे शायद गुणी होने पर भी शूद्र की

पूजा न करते। किन्तु ब्राह्मण की सन्तान के जीवन के लिए तपस्या करते हुए शूद्र का वध वे नहीं कर सकते थे। भक्ति के आलम्बन राम तपस्वी का वध नहीं कर सकते। भक्ति आन्दोलन वर्ण-व्यवस्था को तोड़ता था। ऐसा न होता तो नाभादास, रैदास, कबीर, सूरदास, तुलसी, रहीम, रसखान सब एक ही पंक्ति में न खड़े किए जाते। जो लोग तुलसी को शूद्र-विरोधी घोषित करते हैं, वे तुलसी की वे ही पंक्तियाँ उद्धृत करते हैं जो वर्णाश्रम व्यवस्था का समर्थन करती हैं। इस तथ्य पर विचार नहीं करते कि तुलसी के राम शूद्र तपस्वी का वध नहीं करते। यह प्रसंग उन्होंने रामचरित में से क्यों निकाल दिया है, इसकी खोज गहराई में जाकर नहीं करते।

तुलसी के राम सीता का परित्याग नहीं करते। वे सीता के आचरण पर सन्देह नहीं करते। रामचरितमानस में सीता का अन्तिम वर्णन यह है कि वे सदा पति के अनुकूल रहती है, वे शोभा की खान, सुशील और विनीत हैं। यद्यपि घर में विपुल 'सेवक-सेवकिनी' हैं किन्तु वे घर का काम-काज अपने हाथों ही करती हैं। कौसल्यादि सासुओं की सेवा मान और मद-रहित होकर करती हैं—

पति अनुकूल सदा रह सीता। सोभाखानि सुसील बिनीता॥

x x x

जद्यपि गृहं सेवक सेवकिनी। बिपुल सकल सेवा बिधि गुनी॥
निज कर गृह परिचरजा करई। रामचन्द्र आएसु अनुसरई॥
कौसल्यादि सासु गृह माहीं। सेवइ सबन्हि मान मद नाहीं॥

सीता के दो पुत्र हुए लव और कुश, जिनका वर्णन वेद पुराणों ने किया है। दोनों विजयी, विनयी, गुणों के धाम, अति सुन्दर और मानों राम के प्रतिबिम्ब थे—

दुइ सुत सुन्दर सीता जाए। लव कुश बेद पुरानन्ह गाए।
द्वौ बिजई बिनई गुनमन्दिर। हरि प्रतिबिम्ब मनहुँ अति सुन्दर॥

यह सब लिखते समय तुलसी के मन में वाल्मीकि, और भवभूति द्वारा चित्रित राम द्वारा सीता का परित्याग और सीता सम्बन्धी प्रवाद कहीं न कहीं ज़रूर खटकता रहा होगा। सो उसका भी निराकरण कर दिया—सीता तो उमा, रमा ब्रह्मानी से बंदिता हैं, वे जगत् की माता और सदा अनिंदिता हैं—

उमा रमा ब्रह्मानि बंदिता। जगदम्बा संततमनिंदिता॥

'अनिन्दिता' लिखकर तुलसी ने अपने मन की खटक निकाली है। किसी की भी निन्दा करने से क्या हुआ। सीता उमा, रमा, ब्रह्मानी जैसों से बंदिता हैं।

रामचरितमानस की कथा में सीता की यह अन्तिम झाँकी हैं। तुलसी के राम सीता का परित्याग नहीं कर सकते थे। तुलसी के राम यानी अपने आदर्शों पर

राम का स्वरूप खड़ा करने वाली तुलसी की राम-विषयक भावना। तुलसी ने शम्बूक-वध की भाँति यह अंश भी राम-कथा से निकाल दिया है। क्यों ? यह तुलसी का नारी-निंदक रूप प्रकट करता है या कोई और रूप ? तुलसी ने राम को लोक जीवन में घुलेमिले हुए और लोकवादी व्यक्ति के रूप में चित्रित किया है। राम मनुज-वपुधारी ईश्वर हैं। तुलसी ने राम का चित्रण किया है। मनुज के रूप में और बीच-बीच में पाठक श्रोता को सूचित करते गए हैं कि इन्हें कहीं सचमुच मनुष्य न समझ लेना। मनुष्य के रूप में राम जिस प्रकार चित्रित किए गए हैं, वह लोकप्रिय और जन-सामान्य को बेहद प्रेम करने वाले व्यक्ति का रूप है। भक्त कवियों की कविता की उत्कृष्टता का आधार स्वाभाविक चित्रण है। चित्रण की स्वाभाविकता वहाँ होगी जहाँ चित्रण सामान्य लोकानुभव के अनुकूल हो। तुलसी के राम बाह्य जगत् में जो कुछ करते दिखाए गए हैं वह सामान्य लोकानुभव के अनुकूल है और लोक के लिए मंगलकारी है। बालक राम चक्रवर्ती सम्राट के पुत्र थे। तुलसी के समकालीन सामन्तों और मुगल सम्राटों की सन्तानें साधारण प्रजा की सन्तानों के साथ नहीं खेलती थीं। लेकिन बालक राम का वर्णन है--

भोजन करत बोल जब राजा। नहिं आवत तजि बाल समाजा॥
कौसल्या जब बोलन जाई। ठुमुक-ठुमुक प्रभु चलहिं पराई॥
धूसर धूरि भरें तनु आए। भूपति बिहँसि गोद बैठाए॥
भोजन करत चपल चित इत उन अवसरु पाई॥
भाजि चले किलकत मुख दधि ओदन लपटाई॥

राम अयोध्या के सभी वासियों--नर-नारी, वृद्ध बालक-जनों को प्राणों से भी प्रिय लगते हैं। नगर के लोग जिस प्रकार सुखी हों, राम वैसा ही कार्य करते हैं—

कोसलपुर वासी नर नारि वृद्ध अरु बाल।
प्रानहुँ तें प्रिय लागत सब कहुँ रामकृपाल॥
जेहिं बिधि सुखी होहिं पुर लोगा। करहिं कृपा निधि सोई संजोगा॥

बालकों और बाल-सखाओं के प्रति राम के मन में विशेष प्रीति है। जनकपुर में राम के पहुँचने पर वहाँ के बाल-गोपाल सहज भाव से राम के साथ हो लेते हैं। जनकपुर में उनके साथ-साथ घूमकर मटरगश्ती करते हैं। यह भी देखने योग्य है कि राजा जनक और उनके भाइयों या सामन्तों-श्रेष्ठियों के भी पुत्र रहे होंगे। किन्तु वे राम के साथ नहीं हैं। राम के साथ वे बालक हैं जो बेकार सड़कों पर घूमते हैं, जिन्हें अंग्रेजी, में 'स्ट्रीट अर्चिन्स' कहा जाता है। मजाल है कि कस्बे में मुहल्ले में कोई वारदात हो जाए और ये मौके पर हाज़िर न हों, ये उस ज़माने के वे बालक हैं जो 'नन्हें राजा बेटा' बनकर आज भी स्कूल नहीं जा पाते और

गुल्ली-डंडा खेलने, चमकीली पन्नी लूटने आदि में व्यस्त रहते हैं। तुलसीदास का बाल-लीला वर्णन यद्यपि सूरदास से बहुत घटकर है, लेकिन बालकों के प्रति उनका अनुराग और बाल-जीवन का पर्यवेक्षण काफ़ी गहरा है। शंकर की बारात को देखकर लड़के डरे भी थे और घर जाकर खबर भी उन्होंने चटपट सुनाई थी—'घर-घर बात अस लरिकन्ह कहीं।' छोटे-छोटे बच्चों को खबरें सुनाने का काफी चाव होता है। वे खबरों को अपनी कल्पना से काफी रंजित भी करते हैं।

बालक वृंद देखि अति सोभा। चले संग लोचन मनु लोभा॥
पुर बालक कहि कहि मृदु बचना। सादर प्रभुहिं देखावहिं रचना॥
सब सिसु एहि मिस प्रेम बस परसि मनोहर गात।
तन पुलकहिं अति हरषि हियँ देखि देखि दोउ भ्रात॥
सिसु सब राम प्रेम बस जाने। प्रीति समेत निकेत बखाने॥
निज निज रुचि सब लेहिं बोलाई। सहित सनेह जाहिं दोउ भाई॥

बालक अपनी-अपनी रुचि से बुलाते हैं और दोनों भाई उनके पास स्नेहपूर्वक जाते हैं। ये बालक राम-लक्ष्मण का साथ नहीं छोड़ना चाहते। आख़िरकार राम ने मीठी-मीठी बातें करके उन्हें जबर्दस्ती विदा किया—

कहि बातें मृदु मधुर सुहाई। किए बिदा बालक बरियाई॥

लेकिन बालक ही सही, ये नगर के हैं। ग्रामवासियों के सम्पर्क में राम वनवास के लिए अयोध्या से निष्कासित होने के बाद आते हैं। ग्राम के नर-नारी राम का जिस प्रकार स्वागत करते हैं, उनसे जैसा अकृत्रिम अनुराग प्रकट करते हैं वह तुलसी के हृदय को भी प्रकट करता है। इस सबसे यह भी व्यंजित होता है कि सरल, निष्कपट ग्रामीण नर-नारियों, निषाद, शबरी और कोल-किरातों के प्रति तुलसी की क्या भावना थी ! ग्राम-वधुओं का चित्रण करते समय तुलसी 'अवगुण आठ सदा उर रहईं' वाली बात भूल जाते हैं। हिन्दी के परम विश्वसनीय आलोचक पं. रामचन्द्र शुक्ल को 'राम वन-गमन' का प्रसंग बहुत मर्मिक लगता था। इतना मार्मिक लगता था कि वे बार-बार इस प्रसंग पर लिखा करते थे। अपनी प्रसिद्ध पुस्तक 'तुलसीदास' में उन्होंने लिखा है पथिक वेश में राम-लक्ष्मण वन के मार्ग में चले जा रहे हैं। क्षमा कीजिएगा यह दृश्य हमें बहुत मनोहर लगता है, इसीसे बार-बार सामने आया करता है" शुक्लजी को राम का यह रूप क्यों मनोहर लगता है ? उन्हीं के शब्दों में देखिए—"एक सुन्दर राजकुमार के छोटे भाई और स्त्री को लेकर घर से निकलने और वन-वन फिरने से अधिक मर्मस्पर्शी दृश्य क्या हो सकता हैं ?" राम चाहे जितने सुन्दर एवं सुशील होते, यदि घर से निकलकर सामान्य जीवन भूमि पर विचरण न करते तो इतने मनोहर न लगते। राज-पाट

छोड़कर वनमार्ग के पथिक राम लोकरक्षार्थ संघर्ष-भूमि पर उतरते हैं। पथिक एवं वनवासी राम राज-परिवार और राजसी ठाठ-बाट छोड़कर भारत के ग्रामीणों और वन्य जातियों के आत्मीय और प्रिय बन जाते हैं। तुलसी के राम का यह सामान्य और लोकप्रिय रूप सबसे अधिक आकर्षक है। वाल्मीकि और भवभूति के राम सभी परिस्थितियों में कुछ-न-कुछ विशिष्ट बने रहते हैं। तुलसी के राम—सूचित राम नहीं, चित्रित राम—सामान्य जनों में बिलकुल घुलमिल जाते हैं, यही नहीं राजा राम भी प्रतापी, असाधारण नहीं, संकोची, शीलवान और परदुःख-कातर सामान्य जन के रूप में चित्रित किए गए हैं। वनमार्ग के पथिक राम से केवट भी 'प्रेम लपेटे अटपटे बैन' बोल लेता है, राम की पत्नी सीता से ग्राम-वधुएँ सहज भाव से वार्तालाप कर लेती हैं। और, वन मार्ग के पथिक राम वे राम हैं जिनका ख़ाना-पीना, सोना, उठना-बैठना साधारण ग्रामीणों, वन्य जनों जैसा हो जाता है। राम नंगे पैर चलते हैं तो तपती धूल से उनके पैर जलते हैं, सीता के पैरों मे काँटे गड़ते हैं। उन्हें प्यास लगती है तो लक्ष्मण पानी लेने जाते हैं। राम का यह अति साधारण और सहज रूप, उन्हें लोकप्रिय बनाता है। ऐसे अवसरों पर तुलसी की सहज भाषा पूरे दृश्य को अत्यन्त करुण, आत्मीय एवं मार्मिक बना देती है। एक प्रसिद्ध सवैये की इस पंक्ति में 'लरिका' शब्द का प्रयोग राम, लक्ष्मण, सीता को कितना 'ग्रामीण' या हमारे अपने जैसा' बना देता है—

जल को गए लक्खनु हैं लरिका
परिखौ पिय ! छाँह घरीक ह्वैठाढ़े।

कौन नहीं जानता कि तुलसी राम को ब्रह्म मानते हैं; सीता को लक्ष्मी आदि से भी बढ़कर और लक्ष्मण को 'सेष सहस्त्रसीस जग कारन। जो अवतरेउ भूमि भय टारन'। किन्तु तुलसी के काव्योत्कर्ष का आधार वे राम हैं जो अपनी पत्नी को थकी हुई जानकर बड़ी देर तक पैर से काँटे निकालते हैं, वो सीता हैं जिनके माथे पर चार क़दम चलते ही पसीने की बूँदें चमकने लगती हैं, जो यह भी नहीं जानतीं कि पर्णकुटी बहुत दूर चलकर बनानी है और वे लक्ष्मण हैं जो 'लरिका' हैं। तुलसी को हिन्दी का श्रेष्ठ कवि ब्रह्म, लक्ष्मी और शेष नाग ने नहीं बनाया है, 16वीं-17वीं शती के उस सामान्य भारतीय जीवन ने बनाया है जिसका गहरा पर्यवेक्षण तुलसी ने किया था—

पुरतें निकसीं रघुबीर वधू, धरि धीर दए मग में डग द्वै।
झलकीं भरि भाल कनीं जल की, पुट सुखि गए मधुराधर वै॥
फिरि बूझति हैं, चलनों अब केतिक, पर्नकुटी करिहौ कित ह्वै ?
तिय की लखि आतुरता पिय की अँखियाँ अति चारु चलीं जल च्वै॥

जल को गए लक्खनु हैं लरिका परिखौ पिय ! छाँह घरीक ह्वै ठाढ़े।
पोंछि पसेउ बयारि करौं अरु पाय पखारिहौं भूभुरि डाढ़े॥
तुलसी रघुबीर प्रिया श्रम जानि कै बैठ बिलंब लौं कंटक काढ़े॥
जानकीं नाह को नेहु लख्यो पुलको तनु, बारि बिलोचन बाढ़े॥

वन-मार्ग में राम सामान्य जनों में कितना घुलमिल जाते हैं, वे ग्रामीणों के कितने आत्मीय हो जाते हैं ! तुलसी को राम का यह सहज रूप अत्यधिक प्रिय रहा होगा तभी उन्होंने इसका वर्णन इतना जमकर और इतना रस लेकर किया है। सीता और लक्ष्मण के साथ राम जब किसी गाँव के पास से निकलते हैं, तो उनका आगमन सुनकर सभी बालक-वृद्ध, नर और नारी घर का काम-काज भूलकर उनके पास चल देते हैं। उनका रूप देखकर वे अपने लोचनों का फल प्राप्त करते हैं। दोनों भाइयों को देखकर वे प्रेममग्न हो जाते हैं, उनके लोचन सजल और शरीर पुलकित हो उठते हैं। उनकी दशा का वर्णन नहीं किया जा सकता। मानों रंकों ने चिन्तामणि की ढेरी पा ली हो। एक-एक को सलाह देते हैं कि इसी क्षण अपने लोचनों को सार्थक कर लो। राम को देखकर कोई-कोई ऐसे अनुरक्त हो गए हैं कि उन्हें देखते-देखते साथ-साथ दूर तक चले जाते हैं, कोई-कोई मन में उन्हें बसाकर ही स्नेह-शिथिल हो गए हैं--

सीता लखन सहित रघुराई। गाँव निकट जब निकसहिं जाई॥
सुनि सब बाल वृद्ध नर नारी। चलहिं तुरत गृह काज बिसारी॥
राम लखन सिय रूप निहारी। पाइ नयन फलु होहिं सुखारी॥
सजल बिलोचन पुलक सरीरा। सब भए मगन देखि दोउ बीरा॥
वरनि न जाइ दसा तिन्ह केरी। लहि जनु रंकन्हि सुर मनि ढेरी॥
एकन्ह एक बोलि सिख देही। लोचन लाहु लेहु छन एहीं॥

भारतीय ग्रामीण अपने स्वभाव और प्रेम के कारण राम को देखकर केवल पुलकित ही नहीं होते। अपनी शक्ति और सामर्थ्य के अनुसार वे राम के मार्ग-श्रम को दूर करने की भी कोशिश करते हैं। तुलसी ने ग्राम-जनों के सत्कार और व्यवहार का जैसा वर्णन किया है वह आज भी गाँवों में देखा जा सकता है। ऐसे स्वाभाविक और सजीव वर्णनों के कारण ही तुलसी ने दीर्घ काल तक अपनी कविता को ग्राम-जनों के लिए प्रीतिकर और सन्दर्भवान् बना रखा है। कोई ग्राम-जन बरगद की अच्छी छाँह देखकर उसके नीचे नरम घास-पात बिछा देता है और कहता है : थोड़ी देर बैठकर थकान दूर कर लीजिए। फिर चाहे जब चले जाइएगा—चाहे अभी चाहे सबेरे। कोई जल भर कर कलश ले आते हैं, मीठे स्वर में कहते हैं : नाथ ! हाथ-पैर धो लीजिए। राम ने वहाँ घड़ी भर विश्राम किया।

उनके बीच तरुण तमाल वृक्ष के समान रंग वाले राम शोभित हुए–

एक देखि बट छाँह भलि डासि मृदुल तृन पात।
कहहिं गवाँइअ छिनुकु श्रमु गवनब अबहिं कि प्रात॥
एक कलस भरि आनहिं पानी। अँचइअ नाथ कहहिं मृदु बानी॥
जानी स्रमित सीय मन माहीं। घरिक बिलंबु कीन्ह बट छाँहीं॥

चित्रकूटवासी राम वन्यजनों को बहुत प्रिय हैं। वन में रहने वाले मुनि भी राम का स्वागत करते हैं। किन्तु जो स्नेह कोल-किरातों के हृदय में है वह वहाँ कहाँ ! चित्रकूट के कोल-किरातों ने जब राम का आगमन सुना तो ऐसे प्रसन्न हुए मानों घर में नौ निधियाँ आ गई हों। मुनि तो धर्म, उपदेश आदि की बातें करते थे, कोल-किरातों को शायद राम के भोजनादिक की चिन्ता भी थी। सो वे दोने में कन्द-मूल फल भर के राम के पास पहुँचे। जिन लोगों ने राम के दर्शन पहले ही कर लिए थे, उनसे वे राम के बारे में पूछते जाते हैं–

यह सुधि कोल किरातन्ह पाई। हरषे जनु नव निधि घर आई।
कन्द मूल फल भरि भरि दोना। चले रंक जनु लूटन सोना॥
तिन्ह महँ जिन्ह देखे दोउ भ्राता। अपर तिन्हहि पूँछहिं मग जाता॥

ये कोल-किरात राम का बहुत ख़याल रखते हैं। वे राम से कहते हैं–आपने रहने के लिए बहुत अच्छी जगह चुनी है। यहाँ आप सभी ऋतुओं में सुखी रहिएगा। हम आपकी सभी प्रकार से सेवा करेंगे। हाथी, शेर, साँप बाघों को आपसे दूर रखेंगे। यहाँ के बीहड़ वन, पहाड़, कन्दराओं, खोहों का चप्पा-चप्पा हमने छान रखा है। हम आपको शिकार खिलाएँगे। आप आज्ञा देने में कोई संकोच न कीजिएगा–

कीन्ह बासु भल ठाउँ बिचारी। इहाँ सकल रितु रहब सुखारी॥
हम सब भाँति करब सेवकाई। करि केहरि अहि बाघ बराई॥
बन बेहड़ गिरि कंदर खोहा। सब हमार प्रभु पग पग जोहा॥
तहँ तुम्हहिं अहेर खेलाउब। सर निरझर जल ठाउँ देखाउब॥
हम सेवक परिवार समेता॥ नाथ न सकुचब आयसु देता॥

राम निषाद, गीध, शबरी और बन्दर-भालुओं के भी अत्यन्त प्रिय हैं। ये लोग भी राम को प्रिय हैं। ये राम के प्रिय ही नहीं, विपत्ति में राम की सहायता करने वाले भी हैं। राम का विरोधी सम्पन्न, साधन युक्त और सुसज्जित है, वह चाहे रावण हो चाहे जयन्त। जयन्त तो इन्द्र-पुत्र है। लेकिन राम के साथी-सहायक सभी वे हैं जिन्हें निम्न समझा जाता है और जो साधन हीन हैं–

'रावण रथी बिरथ रघुबीरा।'

निषाद राम से जिस अनौपचारिक एवं आत्मीय शैली में बात करता है, वह जाति-पाँति, ऊँच-नीच सभी बन्धनों को तोड़ देती है। ग्राम-वासी संकल्प करके भी राम के समझाने-बुझाने पर रुक जाते हैं लेकिन वह नहीं मानता, वह राम के साथ चल देता है। यह निषाद भरत के आदर का पात्र बनता है। यहाँ तुलसी की वर्णाश्रम-व्यवस्था भक्ति के कारण टूट जाती है। भरत ने चित्रकूट के रास्ते में जब यह सुना कि निषाद राम का मित्र है—तुलसी ने निषाद को राम-सखा कहा है, तो उससे मिलने के लिए रथ से उतर कर पैदल चले। इधर केवट ने अपनी जाति और गाँव आदि का नाम लेते हुए ज़मीन पर सिर टिका कर जोहार किया उधर भरत ने उसे हृदय से लगा लिया और ऐसे भेंटा मानो वे लक्ष्मण को भेंट रहे हों—

राम सखा सुनि स्यदनु त्यागा। चले उतरि उमगत अनुरागा॥
गाउँ जाति गुहँ नाउँ सुनाई। कीन्ह जोहारु माथ महिलाई॥
करत दंडवत देखि तेहि भरत लीन्ह उर लाई।
मनहुँ लखन सन भेंट भई प्रेम न हृदयँ समाई॥

'रामसखा' विशेषण का प्रयोग निषाद के लिए हुआ है। जिस निषाद को भरत लक्ष्मण के समान भेंटते हैं वह तुलसी की दृष्टि में पूज्य है या ताड़न का अधिकारी ? निषाद शूद्र ही था न !

शबरी भी शबर किसी वन्य जाति की स्त्री है। वह तो 'अधम ते अधम अधम अति नारी। तिन्ह महं मैं मतिमन्द अघारी' है। लेकिन राम उसका आतिथ्य ग्रहण करते हैं, उसके यहाँ कंद-मूल फलादिक का भोजन करते हैं। वह अपने को अधम नारी कहती है लेकिन राम उसे 'भामिनि', 'करिबर गामिनि' कहकर सम्बोधित करते हैं। नवधा भक्ति का उपदेश देकर मानो 'अधम ते अधम अधम अति नारी' का प्रतिवाद करते हुए राम शबरी से कहते हैं—

नव महुँ एकौ जिन्ह कें होई। नारि पुरुष सचराचर कोई॥
सोइ अतिसय प्रिय भामिनि मोरे। सकल प्रकार भगति दृढ़ तोरें॥

राम की सर्वाधिक सहायता बन्दर-भालू करते हैं। इनमें श्रेष्ठ हनुमान हैं। हनुमान राम के अत्यधिक प्रिय हैं। वे राम के सबसे बड़े साधक हैं। उन्हें राम-काज किए बिना विश्राम नहीं। उन्हें सीता अपना पुत्र कहती हैं—अजर-अमर गुननिधि सुत होहू।' राम भी उन्हें पुत्र कहते हैं। राम उनके उपकारों के भार से अपने को इतना दबा महसूस करते हैं कि उनका मन भी कभी हनुमान के सामने होने का साहस नहीं कर सकता। वे कभी हनुमान से उऋण नहीं हो सकते—

सुनु कपि तोहि समान उपकारी। नहिं कोउ सुर नर मुनि तनुधारी॥
प्रति उपकार करौं का तोरा। सनमुख होइ न सकत मन मोरा॥
सुन सुत तोहि उरिन मैं नाहीं। देखउँ करि बिचार मन माहीं॥

अयोध्या लौटने पर राम बन्दर-भालुओं को परिचय देते हुए वशिष्ठ से कहते हैं—ये सब मेरे सखा हैं, संग्राम का सागर पार करने के लिए इन्होंने बेड़े का काम किया। इन्होंने मेरे लिए अपने जीवन की बाज़ी लगा दी। ये मुझे भरत से भी अधिक प्यारे हैं—

ए सब सखा सुनहु मुनि मेरे। भए समर सागर कहँ बेरे॥
मम हित लागि जनम इन्ह हारे। भरतहुँ तें मोहि अधिक पियारे॥

बन्दर-भालुओं को भरत से भी अधिक प्रिय कहने वाले राम ब्रह्म नहीं, मनुष्य हैं जो कृतज्ञ हैं, जो यह महसूस करते हैं कि बन्दर-भालुओं की सहायता के बिना रावण को परास्त नहीं किया जा सकता था। सर्वशक्तिमान ब्रह्म को किसी से उपकृत होने की कोई ज़रूरत नहीं थी।

कहने का तात्पर्य यह कि तुलसी के राम उन लोगों के प्रिय हैं जो साधनहीन, हैं, जिन्हें बड़े-बड़े लोग छोटा या नीच समझते हैं, जिनकी वे उपेक्षा करते हैं, अहल्या, ग्रामीण नर-नारियों, केवट, कोल-किरात, शबरी, गीध, बन्दर-भालुओं से राम की आत्मीयता पर ग़ौर करने से राम का दीन-बन्धु एवं पर-दुःख-कातर रूप सामने आता है। अहल्या अपने पति द्वारा परित्यक्ता थी। पति बहुत बड़े मुनि थे लेकिन अपनी पत्नी की गलती को माफ नहीं कर पाए थे। राम ने उसे पवित्र किया। साधनहीन बन्दर-भालुओं का महत्व राम ने समझा। उन्हें राम ने अपना सखा और सहायक बनाया। आज की उपेक्षित सामान्य जनता की भाँति ये बन्दर-भालू भी अपनी क्रान्तिकारी भूमिका और अपने में छिपी शक्ति को भूले बैठे थे। कहा जाता है कि हनुमान को किसी ने शाप दे दिया था कि वे अपनी ताक़त भूले रहेंगे, जब तक कि उन्हें कोई उत्साहित न करे। लेकिन जाम्बवान् के प्रोत्साहित करते ही—

—सुनतहिं भयउ पर्वताकारा॥
कनक बरन तन तेज बिराजा। मानहुँ अपर गिरिन्ह कर राजा॥
सिंहनाद करि बारहिं बारा। लीलहिं नाबहिं जलनिधि खारा॥

बिलकुल प्रेमचन्द के उपन्यास 'गोदान' के नायक होरी की तरह ! जो सबसे चुपचाप पिटता रहता है लेकिन कर्त्तव्य-बोध होने पर पठान वेशधारी मेहता को उठाकर दे मारता है।

ये साधनहीन उपेक्षित बन्दर-भालू इन्द्र को भी जीत लेने वाले परम शक्तिशाली रावण का विनाश करने में सहायक होते हैं। रावण की शक्ति अपार

है। उसने अपनी भुजाओं से कैलाश पर्वत को उठा लिया था। वह चलता था तो पृथ्वी डोलती थी—चलत दसानन डोलत अवनी' सूर्य, चन्द्रमा, वायु अग्नि सब उसके वशीभूत थे। जहाँ तक ब्रह्मा की सृष्टि वहाँ तक उसका अधिकार।

ब्रह्मस्त्रष्टि जहँ लगि तनु धारी। दसमुख बसवर्ती नर नारी॥
आयसु करहिं सकल भयभीता। नवहिं आइ नित चरन बिनीता॥
भुजबल बिस्वबस्य करि राखेसि कोउ न सुतंत्र।
मंडलीक मनि रावन राज करइ निज मंत्र॥

रावण जितना शक्तिशाली है उतना ही अन्यायी। उतना ही अहंकारी, विवेकहीन और परद्वेषी—दूसरों का अहित चाहने वाला। रावण के मारे जाने पर देवता उसके विषय में कहते हैं—

विस्व द्रोहरत यह खल कामी। निज अध गयउ कुमारग गामी॥
यह खल मलिन सदा सुरद्रोही। काम लोभ मद रत अति कोही॥

रावण राम का विरोधी है। वह तुलसी के सारे मूल्यों के विरोध का प्रतीक है। वह दुराचारी है, परद्वेषी और परपीड़क है। लेकिन अत्यन्त शक्तिशाली एवं साधन-सम्पन्न भी है। उसकी तरफ़ कुम्भकर्ण, मेघनाद जैसे वीर हैं, भयंकर और असंख्य सेना है। सम्पत्ति की यह हालत है कि उसकी नगरी स्वर्ण की है, वह अत्यन्त सुरक्षित है। राक्षस वीरों की तुलना में बन्दर-भालुओं की कोई हैसियत नहीं। बन्दर-भालू तो राक्षसों के आहार है। रावण उस अन्याय का प्रतीक है जो इतना शक्तिशाली होता है। कि युग के सारे विकास, समस्त सद्‌गुण एवं सारी सम्भावनाओं को दबोचे बैठा रहता है और जिसका विनाश इतिहास में साधन-हीन किन्तु आगे बढ़नेवाली मानवता की शक्तियाँ करती हैं। राम इन्हीं मानवीय शक्तियों के प्रतीक हैं। इस दृष्टि से देखें तो पं. हजारीप्रसाद द्विवेदी का यह कथन समझ में आता है कि राम कल्प-पुरुष हैं, अर्थात् चूँकि वे इतिहास के प्रत्येक दौर में जन्मते रहे और जन्मते रहेंगे, इसलिए वे अचिन्त्य हैं, अनादि और अनन्त हैं, उनकी शक्ति का आरपार नहीं है। उन्हें कोई सामान्य मनुष्य समझे तो वह सचमुच बाबा की डाँट-फटकार का अधिकारी है—राम मनुज रे कस सठ बंगा। राम साधारण मनुज नहीं, सनातन-पुरुष हैं।

तुलसी के राम केवल कल्प पुरुष नहीं हैं, वे सृष्ट पुरुष भी हैं। वे लीलाकारी हैं। विपत्ति पड़ने पर वे रोते भी हैं, उन्हें क्रोध भी आता है, वे मुस्काते हैं, विरह में विलाप करते हैं, शत्रु के घर में रहकर आई हुई पत्नी के प्रति कछुक दुर्बाद' भी कहते हैं, भाई के घायल और मूर्च्छित होने पर ऐसी करुण उक्तियाँ भी बोलते हैं—

मम हित लागि तजेहु पितु माता। सहेहु बिपिन हिम आतप बाता॥
सो अनुरागु कहाँ अब भाई। उठहु न सुनि मम बच बिकलाई॥
जौ जनतेउँ बन बंधु बिछोहू। पिता बचन मनतेउँ नहिं ओहू॥
सुत बिन नारि भवन परिवारा। होहिं जाहिं जग बारहिं बारा॥
अस बिचारि जिअँ जागहु ताता। मिलइ न जगत सहोदर भ्राता॥
जथा पंख बिनु खग अति दीना। मनि बिनु फनि करिबर का हीना॥
अस मम जिवन बंधु बिन तोही। जौं जड़ दैव जिआवै मोही॥
जैहों अवध कवन मुँह लाई। नारि हेतु प्रिय भाइ गँवाई॥
बरु अपजसु सहतेउँ जग माहीं। नारि हानि बिसेष छतिनाहीं॥
अब अपलोकु सोकु सुत तोरा। सहिहि निठुर कठोर उर मोरा॥
निज जननी के एक कुमारा। तात तासु तुम्ह प्रान अधारा॥
सौंपेसि मोहि तुम्हहिं गहि पानी। सब बिधि सुखद परम हित जानी॥
उतरु काह दैहों तिहि जाई। उठि किन मोहि सिखावहु भाई॥

राम कितने व्याकुल हैं ! वे लगभग निस्संज्ञ हैं। वे बिल्कुल शोकाभिभूत हैं। उनके वाक्यों में कोई संगति और क्रम नहीं है—'पिता वचन मनतेउँ नहिं ओहू'। एक ओर 'सहोदर भ्राता' दूसरी ओर 'निज जननी के एक कुमारा'। विवशता की यह दशा कि 'जैहौं अवध कवन मुँह लाई'। तुलसी के ही शब्दों में वे 'प्रलाप' कर रहे हैं—'प्रभु प्रलाप सुनि कान बिकल भए बानर निकर'। ऐसा विलाप—ऐसा स्वाभाविक व्यवहार ब्रह्म नहीं कर सकता। इसलिए तुलसी ऐसे अवसरों पर अपने पाठक-श्रोता को ज़रूर आगाह कर देते हैं कि यह तो लीला है। लेकिन राम का यही रूप तुलसी के काव्योत्कर्ष का आधार है और लोक को प्रिय है। सुन्दर भाइयों को देखकर लोगों को राम-लच्छमन' की जोड़ी याद आती है, भाइयों या मित्रों के निष्कपट स्नेह-मिलन को लोग 'भरत-मिलाप' कहते हैं, पतिव्रता स्त्री को 'सीता' कहते हैं। बड़े-बड़े विद्वान यह सब देखकर भी नहीं समझते—मानते कि इस देश के लोग अपने जीवन में राम के ब्रह्म रूप से कहीं अधिक उनके मानवीय रूप को स्वीकार करते हैं। उत्तर भारत की जनता ने राम के मानवीय रूप को जो इतना स्वीकार कर रखा है, उसके पीछे तुलसी के काव्य का हाथ उससे ज़्यादा है।

पहले यह कहा जा चुका है कि तुलसी के राम में वाल्मीकि के राम का प्रताप और पराक्रम नहीं है, ब्रह्म कह देने के बाद फिर प्रताप और पराक्रम को अलग से रेखांकित और चित्रित करने की आवश्यकता तुलसी ने न समझी होगी। केवल एक-आध स्थलों पर तुलसी के राम वाल्मीकि के राम की याद दिलाते हैं। वे जटायु से कहते हैं—

सीताहरन तात जनि, कहेहु पिता सन जाइ।
जौं मैं रामु त कुल सहित, कहिहि दसानन आई॥

या परशुराम के प्रति यह उक्ति—

छत्रिय तनु धरि समर सकाना। कुल कलंकु तेहि पाँवर आना।
जौ रन हमहिं प्रचारै कोऊ। लरहिं सुखेन कालु किन होऊ॥

पं. रामचन्द्र शुक्ल ने राम को शील, शक्ति और सौन्दर्य का समन्वित रूप कहा है। तुलसी के राम में शील एवं सौन्दर्य का पूर्ण चित्रण है, शक्ति तो उसमें है ही, वे सर्वशक्तिमान हैं, यद्यपि इस शक्ति का चित्रण बहुत कम है। तुलसी के राम में मर्यादा, शील और विशेषतः संकोच बहुत अधिक है। राम ही नहीं, मानस के सभी सत्पात्र परम संकोची हैं। वे कुछ भी करने के पूर्व यह भली भाँति देख-सुन लेते हैं कि इसमें किसी प्रकार का अनौचित्य तो नहीं है। परम औचित्य के प्रतीक राम हैं। तुलसी की भक्ति और तुलसी के राम भी अपने युग के औचित्य के प्रतिमान में ढले हैं। तुलसी का काव्य-शिल्प तो औचित्य का सर्वोच्च उदाहरण है। तुलसी ने 'विनयपत्रिका' के पद में राम के संकोच-शील का वर्णन इस प्रकार किया है—

सुनि सीतापति सील सुभाउ।
मोद न मन, तन पुलक, नयन जल सो नर खेहर खाउ॥
सिसुपन तें पितु, मातु, बंधु, गुरु सेवक, सचिव सखाउ।
कहत राम विधु बदन रिसोहैं सपनेहुँ लख्यो न काउ॥
खेलत संग अनुज बालक नित जोगवत अनट अपाउ।
जीति हारि चुचुकारि दुलारत, देत दिवावत दाउ॥
सिला साप-संताप-बिगत भइ, परसत पावन पाउ।
दई सुगति सो न हेरि हरष हिय, चरन छुए को पछिताउ॥
भव धनु भंजि निदरि भूपति भृगुनाथ खाइ गए ताउ।
छमि अपराध, छमाइ पाँय परि, इतो न अनत समाउ॥
कह्यो राज, बन दियो नारि बस, गरि गलानि गयो राउ।
ता कुमातु को मन जोगवत ज्यौं निज तन मरम कुघाउ॥
कपि सेवा-बस भये कनौड़े, कह्यो पवन सुत आउ।
देबे को न कछू रिनियाँ हौं धनिक तूँ पत्र लिखाउ॥
अपनाए सुग्रीव विभीषन, तिन न तज्यो छल-छाउ।
भरत सभा सनमानि सराहत, होत न हृदय अघाउ।
निज करुना करतूति भगत पर चपल चलत चरचाउ।
सकृत प्रनाम प्रनत जस बरनत, सुनत कहत फिरि गाउ॥

समुझि समुझि गुन ग्राम राम के, उर अनुराग बढ़ाउ।
तुलसिदास अनयास राम पद पाइहै प्रेम-पसाउ॥

सीतापति राम के शील-स्वभाव का वर्णन करते हुए तुलसीदास कहते हैं कि बचपन से ही उनके माँ-बाप, बन्धु, गुरु, सेवक, सचिव और सखाओं ने स्वप्न में भी राम को रोष-युक्त नहीं देखा; अपने छोटे भाइयों और नगर के अन्य बालकों के साथ खेलते हुए वे अपना जीता हुआ दाँव उन्हें देकर खुद हार जाते थे, उन्हें जिता देते थे, और यह सब करते थे उन्हें चुचुकारते और दुलारते हुए। राम के शील-संकोच की विशेषता यह है कि वे जिस पर कृपा करते हैं उससे भी अपने को विनम्र बनाए रखते हैं मानों कृपा उन्होंने प्राप्त की हो। अहल्या को उन्होंने शाप से मुक्त किया। किन्तु उन्हें उसे मुक्त करने की बात नहीं याद आती, उल्टे वे इस बात को लेकर परेशान हुए कि उन्होंने अहल्या को चरणों से छुआ। परशुराम ने क्रोध किया, राम ने उन पर क्रोध तो किया ही नहीं, उल्टे लक्ष्मण से माफी मँगवाई, खुद उनके पैरों पर गिर पड़े। भला कहीं इतना (संकोच) भी समा सकता है। राजा दशरथ ने राज्य देने को कहा, कैकेयी के कहने पर वनवास दिया, इस कृत्य के कारण राजा दशरथ को बहुत ग्लानि हुई। लेकिन राम कैकेई का मन हमेशा रखते रहे, जैसे कोई अपने शरीर के घाव की देखभाल रखता है, घाव काट देता है फिर भी ठीक होने तक उसकी देखभाल करनी होती है! राम सेवक हनुमान के वशीभूत हो गए। हनुमान राम के भक्त थे फिर भी राम ही अपने को उनका कर्ज़दार मानने लगे, उनके कनौड़े हो गए और उनसे कहने लगे—मैं तुम्हारा कर्ज़दार हूँ लेकिन तुम्हें देने लायक़ मेरे पास कुछ नहीं है इसलिए तुम ऋण देने वाले धनिक की भाँति मुझसे ऋण-पत्र लिखवा लो। वे स्वयं तो भरी सभा में भरत का सम्मान और उनकी सराहना करते हुए नहीं थकते, लेकिन कहीं उनकी करुणा और उनके कार्यों की चर्चा कोई करे तो उसे दबा देते हैं—दूसरा प्रसंग छेड़ देते हैं।

यह तुलसी के राम का शील-स्वभाव है। राम के इस शील-संकोच की बराबरी रामचरितमानस का यदि कोई दूसरा पात्र कर सकता है तो वे भरत हैं। इस शील-संकोच के प्रकाश में ही राम की दीनबन्धुता समझ में आती है। वे दीनों के सहायक मात्र नहीं हैं, वे उनके सखा हैं, उनके बन्धु, गुरु, माता-पिता हैं। उनका और विपत्ति-ग्रस्तों का हार्दिक सम्बन्ध भावनाओं पर आधारित है, कर्त्तव्य-भावना पर नहीं। 'दीन' ही राम के भक्त हैं। तुलसीदास ने राम को अनेकानेक स्थलों पर दीनबन्धु 'गरीब नेवाज' कहा है। वे विपत्ति-भंजक हैं।

इसी विपत्ति और दीनता को राम दूर करते हैं। रामराज्य की स्थापना करके।

रामराज्य राम से भिन्न नहीं है। जहाँ राम होंगे वहीं रामराज्य होगा। लेकिन यह याद रखना होगा कि राम तुलसी के सबसे बड़े जीवन-मूल्य हैं। राम के माध्यम से तुलसी नैतिकता और आचरण का आदर्श प्रस्तुत करते हैं। रामोन्मुखता तुलसी को काम्य है, राम-विरोध उनकी दृष्टि में सबसे बड़ा अकार्य है। तुलसीदास के साहित्य में रामोन्मुखता और रामविरोध का यह द्वन्द्व कई रूपों में प्रकट हुआ है। उनमें सबसे अधिक विचारणीय है रामराज्य और कलियुग का द्वन्द्व। रामराज्य तुलसी का वह स्वप्न है जिसे वे अपनी समकालीन दुर्व्यवस्था अर्थात् कलियुग को तोड़कर स्थापित होते देखना चाहते थे। इस दुर्व्यवस्था के नाश और दैहिक-दैविक-भौतिक तापों से रहित व्यवस्था यानी रामराज्य की स्थापना के माध्यम हैं तुलसी के राम।

तुलसी का देश

यद्यपि तुलसी के राम त्रिभुवन और चराचर के स्वामी हैं, किन्तु तुलसी ने जिस देश का चित्रण किया है, वह भारत–विशेषतः हिन्दी प्रदेश है। इस देश से तुलसी को अपार प्रेम था। यहाँ के मनुष्य, यहाँ की प्रकृति, यहाँ की नदियाँ, यहाँ की धरती, फ़सल, भाषाएँ, वन, उपवन, खग-मृग उनके बहुत आत्मीय और प्रिय थे। तुलसी की रचनाओं में देश अपने विविध रूपों में मौजूद है। तुलसी साहित्य का प्रेमी पाठक उनकी रचनाओं के माध्यम से अपने को और अपने देश को ही पढ़ता और देखता है। तुलसी-साहित्य में हमारा देश जितनी विविधता और सम्पूर्णता के साथ चित्रित है उससे अभिभूत और विभोर होना जितना स्वाभाविक है, उसे आँक पाना उतना ही दुस्साध्य है। कौन पाठक और आलोचक अपने को इतना भारतमय बना पाएगा ?

''भारत' शब्द का प्रयोग संस्कृत में देश विशेष के लिए बहुत कम हुआ है। वहाँ भारत भरत के वंशज, भरत से सम्बन्धित, अभिनेता आदि के अर्थ में ज़्यादा प्रयुक्त हुआ है। आप्टे के शब्दकोश के अनुसार देश के अर्थ में 'भारत' शब्द शिशुपालवध में प्रयुक्त हुआ है। देश के अर्थ में भारत शब्द का प्रयोग 19वीं शताब्दी से बहुत अधिक बढ़ गया। अब इस शब्द का प्रयोग प्रायः हमारे देश के ही अर्थ में होता है। तुलसीदास के यहाँ 'भारत' शब्द देश विशेष के अर्थ में मिलता है। वह 'भारत भूमि भली' है–'भलि भारत भूमि भलें कुल जन्मु, समाज सरीरु भलो लहि कैं।'

देश प्रेम का अर्थ क्या होता है ? जवाहरलाल नेहरू की एक पुस्तक का एक अध्याय है–'भारत माता की जय'। इसमें उन्होंने बताया है कि भारत से प्रेम करने का मतलब होता है भारत की जनता से प्रेम। देश-प्रेम के स्वरूप का विवेचन अपनी चुभती हुई शैली में एक स्थान पर रामचन्द्र शुक्ल ने किया है। वह हमारे देश प्रेम को हृदयंगम करने के लिए महत्वपूर्ण है–

''देश प्रेम है क्या ? प्रेम ही तो है। इस प्रेम का आलम्बन क्या है ? सारा देश अर्थात् मनुष्य, पशु, पक्षी, नदी-नाले, वन, पर्वत सहित सारी भूमि। प्रेम किस

प्रकार का है ? यह साहचर्य-गत प्रेम है। जिनके बीच हम रहते हैं, जिन्हें बराबर आँखों से देखते हैं, जिनकी बातें बराबर सुनते रहते हैं, जिनका हमारा हर घड़ी का साथ रहता है, सारांश यह है कि जिनके सान्निध्य का हमें अभ्यास पड़ जाता है, उनके प्रति लोभ या राग हो जाता है।...पर देश प्रेम की दुहाई देने वालों में से कितने अपने किसी थके-माँदे भाई के फटे-पुराने कपड़ों पर रीझकर—या कम-से-कम न खीझकर—बिना मन मैला किए कमरे का फर्श भी मैला होने देंगे ? मोटे आदमियों ! तुम ज़रा सा दुबले हो जाते—अपने अंदेशे से ही सही—तो न जाने कितनी ठठरियों पर माँस चढ़ जाता !

''पशु और बालक भी जिनके साथ अधिक रहते हैं उनसे परच जाते हैं। यह परचना परिचय ही है। परिचय प्रेम का प्रवर्तक है। बिना परिचय के प्रेम नहीं हो सकता। यदि देशप्रेम के लिए हृदय में जगह करनी है तो देश के स्वरूप से परिचित और अभ्यस्त हो जाइए। बाहर निकलिए तो आँख खोलकर देखिए कि खेत कैसे लहलहा रहे हैं, नाले झाड़ियों के बीच कैसे बह रहे हैं, टेसू के फूलों से वनस्थली कैसी लाल हो रही है, कछारों में चौपायों के झुंड इधर-उधर चरते हैं, चरवाहे तान लड़ा रहे हैं, अमराइयों के बीच गाँव झाँक रहे हैं, उनमें घुसिए, देखिए तो क्या हो रहा है। जो मिलें उनसे दो-दो बातें कीजिए, उनके साथ किसी पेड़ की छाया के नीचे घड़ी-आध घड़ी बैठ जाइए और समझिए कि ये सब हमारे देश के हैं। इस प्रकार जब देश का रूप आपकी आँखों में समा जाएगा, आप उसके अंग-प्रत्यंग से परिचित हो जाएँगे, तब आपके अंतःकरण में इस इच्छा का सचमुच उदय होगा कि वह हमसे कभी न छूटे, वह सदा हरा-भरा और फला-फूला रहे, उसके धन-धान्य की वृद्धि हो, उसके सब प्राणी सुखी रहें।'' (पृ.121-22-23, रस मीमांसा)

तुलसीदास उत्तरी भारत—विशेषतः हिन्दी प्रदेश को—यहाँ की भूमि, नदियों, भाषाओं, लोगों के रीति-रिवाज़ों को बहुत अच्छी तरह जानते थे। यह सब जाना होगा उन्होंने अपने कठिन जीवन-संघर्ष के दौरान। वे यहाँ की प्रकृति के सौन्दर्य, सर-सरित के निर्मल जल, उनमें खिले कमल, कुमुद, खेतों, धानों, खग-मृग, हरित भूमि, दूब पर मुग्ध हुए थे तो ऊसर, अकाल, दावाग्नि, काई, जोंक, सर्प, नक्र आदि से भीत भी हुए थे। उन्होंने यहाँ के पुरुष और नारियों के स्वभाव को बहुत गहराई से समझा था। यहाँ के आकाश, धरती, ऋतुओं, मेघों को विविध रूपों में देखा और आँका था। हिन्दी का शायद ही कोई दूसरा कवि हो जो उत्तरी भारत की प्रकृति और जनता को इतने व्यापक और गहरे तौर पर जानता हो। तुलसी के राम इसी जनता और प्रकृति के मध्य चित्रित किए गए हैं। राम और भारत यानी

भारत की प्रकृति और जनता तुलसी के साहित्य में घुलमिल गए हैं। डॉ. राम विलास शर्मा तुलसी के राम की इस विशेषता पर बात करते हुए यह दोहा उद्धृत किया करते हैं–

राम-कथा मन्दाकिनी चित्रकूट चित चारु।
तुलसी सुभग सनेह बन सिय रघुबीर बिहारु॥

राम-कथा मन्दाकिनी हैं, चारु चित चित्रकूट है, स्नेह सुन्दर वन है, जिसमें सीता-राम विहार करते है। तुलसी को प्रकृति की गोद में विचरण करते राम और सीता का रूप सम्भवतः सबसे अधिक प्रिय है। वन-मार्ग के पथिक सीता-राम और लक्ष्मण के सौन्दर्य का चित्रण उन्होंने तन्मय होकर किया है। इस वन-मार्ग पर प्रकृति, ग्रामीण पुरुष, स्त्रियाँ, निषाद सभी हैं। 'राम-कथा मन्दाकिनी' की तरह एक और दोहा उद्धृत किया जा सकता है–

पंचवटी बट बिटपतर सीता लखन समेत।
सोहत तुलसीदास प्रभु सकल सुमंगल देत॥

यहाँ पंचवटी तुलसी का चित्त तो नहीं हैं, लेकिन तुलसी के चित्त में पंचवटी का वह वट अवश्य अंकित है जिसके तले लक्ष्मण और सीता के साथ राम समस्त मंगल प्रदान करते हैं।

तुलसी को राम का वह रूप बहुत प्रिय है, जो प्रकृति से युक्त है, अगर वह श्रम बिन्दु से सुशोभित हो तो और भी मनोहारी हो जाएगा–

ठाढ़ें हैं नवद्रुम डार गहें धनु काँधे धरे कर सायकु लै।
बिकटी भृकुटी, बड़री अँखियाँ अनमोल कपोलन की छबि है॥
तुलसी अस मूरति आनु हिएँ जड़ डारु धौं प्रान निछावरि कै।
श्रम-सीकर साँवरि देह लसै मनो रासि महा तम तारक मै॥

राम के 'श्रम-सीकर' के साथ सीता की 'झलकीं भरि भाल कनीं जल की' भी याद कर लीजिए।

राम-लक्ष्मण की यह शोभा लता-पल्लवों के बीच पुष्प वाटिका में सीता को दिखलाई पड़ी थी–वे लता-पल्लवों के साथ-साथ ही दिखलाई पड़ी होंगी–

लता भवन तें प्रगट भे तेहि अवसर दोउ भाइ।
निकसे जनु जुग बिमल बिधु जलद पटल बिलगाइ॥

लता भवन से राम-लक्ष्मण की जो मूर्तियाँ प्रकट हुईं वे नीले और पीत कमल के वर्ण की थीं उनके सिर पर मोर-पंख विराजमान थे। केशों के बीच-बीच कुसुमकली के गुच्छे थे। मोर पंख तो प्रायः कृष्ण के सिर पर रहता था, वे ग्वाले थे, राजकुमारों के सिर पर कैसे आया ! मालूम होता है तुलसी को कृष्ण का मोरपंख काफी जँचता

था सो उन्होंने अपने प्रिय राम-लक्ष्मण के सिर पर भी सुशोभित कर दिया। संयोग से राम-लक्ष्मण के भाल यहाँ भी श्रम-बिन्दु से सुशोभित हैं–

सोभा सींव सुभग दोउ बीरा। नील पीत जलजाभ सरीरा।
मोर पंख सिर सोहत नीकें। गुच्छ बीच बिच कुसुम कली कें॥
भाल तिलक श्रम बिन्दु सुहाए।...

तुलसीदास के यहाँ प्रकृति की सुषमा, राम की सुषमा के साथ-साथ विराजती है। राम के जीवन में वन का बहुत अधिक महत्व है। वन से राम का सम्पर्क प्रायः आजीवन बना रहता है। बचपन में विश्वामित्र के साथ वनवास, फिर विवाह के उपरान्त चौदह वर्षों का वनवास, राजा होने पर सीता का वनवास, पुत्रों का वन में ही जन्म और पालन ! तुलसीदास ने राम के जीवन और राम-कथा में वन के इस महत्व को समझा है। तभी उन्होंने लक्षित किया कि वाल्मीकि कवीश्वर और हनुमान कपीश्वर दोनों वन-विहारी थे, सीता-राम के गुणों के अरण्य में विहार करने वाले–

सीतारामगुणग्रामपुण्यारण्यविहारिणौ।
वन्दे विशुद्धविज्ञानौ कवीश्वरकपीश्वरौ॥

वनवासी राम का गुणगान वनवासी वाल्मीकि और हनुमान ही कर सकते थे। और तुलसी भी बहुत दूर नहीं पड़ते–

आनन्दकानने कश्चिज्जङ्गमस्तुलसीतरुः।
कवितोज्जरी यस्य रामभ्रमरभूषिता॥

वाल्मीकि और हनुमान वनवासी तो तुलसी आनन्द कानन के तरु ! अस्तु। तुलसी द्वारा चित्रित और वर्णित वन-उपवन इसी देश के हैं। वन-उपवनों की शोभा का वर्णन करते समय तुलसी के भाव और शिल्प दोनों समतुल्य, परस्पर स्पर्धी होकर किसी सुखद स्वप्न जैसा वातावरण उत्पन्न कर देते हैं। उसमें पुष्प, पल्लव, खग, मृग, मधुप और उनकी गुंजार–यह सब एक होकर अत्यन्त परिचित और सजीव चित्र प्रस्तुत कर देते हैं। तुलसी वन-उपवन की स्थल वस्तुओं का भी चित्रण करते हैं और उनके सुखद वातावरण की अनुभूति को भी व्यंजित करते हैं। वन-उपवन अपने समस्त जीव-जन्तुओं के साथ किसी समग्रता में निबद्ध होकर एक अनुभूति बन जाता है। उनके इन वर्णनों में वस्तुएँ सब होती हैं अगल-अलग, किन्तु उसकी चेष्टाएँ और उनकी स्थितियाँ संगति और वातावरण में लीन होती हैं। वे किसी सजीव चित्र में अंकित प्रतीत होती हैं। वातावरण की इस संगति में सहायिका होती है। तुलसी द्वारा प्रयुक्त स्वर और व्यंजनों की योजना। तुलसी के प्रकृति-चित्रण में वातावरण की एकान्विति और प्रयुक्त

स्वर-व्यंजनों की गुंजार प्रकृति को किसी देखे हुए स्वप्न जैसा बना देते हैं। प्रकृति का सौन्दर्य तुलसी के यहाँ राम और रामराज्य जैसा ही सुखद और उन्हीं का अंश बनकर आता है। वन, उपवन, खग-मृग, नदी, जल, वर्षा, भूमि से तुलसी की आत्मीयता है। प्रकृति के सौन्दर्यपूर्ण वातावरण को ध्वनिमय बनाते हैं तुलसी प्रायः अनुस्वार के प्रयोग से। भृंग, बिहंग गुंजन जैसे शब्दों के अनुसार इनकी चेष्टाओं का साक्षात्कार करा देते हैं ह्रस्व स्वरान्त व्यंजनों की शब्द-मैत्री प्रकृति के वातावरण की सजीव तरलता को इन्द्रिय-बोध्य बना देती है। शब्द चित्रों का काम करने लगते हैं, इन में वातावरण की झनकार भी सुरक्षित होती है। तुलसी का काव्यशिल्प प्रकृति-चित्रण के अवसर पर सिद्ध हो जाता है—

बिकसे सरन्हि बहु कंज गुंजत पुंज मंजुल मधुकरा।
कल हंस पिक सुक सरस रव करि गान नाचहिं अपछरा॥

वाल्मीकि आश्रम का वर्णन—

देखत बन सर सैल सुहाए। बालमीकि आस्रम प्रभु आए॥
रामु दीख मुनि बास सुहावन। सुन्दर गिरि काननु जलु पावन॥
सरनि सरोज बिटप बन फूले। गुंजत मंजु मधुप रस भूले॥
खग-मृग विपुल कोलाहल करहीं। बिरहित बैर मुदित मन चरहीं॥

चित्रकूट का वर्णन—

खगहा करि हरि बाघ बराहा। देखि महिष वृष साजु सराहा॥
बयरु बिहाई चरहिं एक संगा। जहँ-तहँ मनहु सेन चतुरंगा॥
झरना झरहिं मत्त गज गाजहिं। मनहुँ निसान बिबिध बिधि बाजहिं॥
चक चकोर चातक सुक पिक गन। कूजत मंजु मराल मृदितमन॥
अलिगन गावत नाचत मोरा। जनु सुराज मंगल चहुँओरा॥
बेलि बिटप तृन सफल सफूला। सब समाजु मुद मंगल मूला॥

चित्रकूट में भरत के साथ गए हुए अयोध्या के लोग चित्रकूट में घूमने जाते हैं, वे पयस्विनी नदी में तीन बार नहाते हैं। रामगिरि एवं राम वन को देखने जाते हैं—

राम सैल बन देखन जाहीं। जहँ सुख सकल सकल दुख नाहीं॥
झरना झरहिं सुधा सम बारी। त्रिबिधि ताप हर त्रिबिध बयारी॥
बिटप बेलि तृन अगनित जाती। फल प्रसून पल्लव बहु भाँती॥
सुन्दर सिला सुखद तरु छाँही। जाइ बरनि बन छवि केहि पाँही॥
सरनि सरोरुह जल बिहँग कूजत गुंजत भृंग।
बैर बिगत बिहरत बिपिन मृग बिहँग बहु रंग॥

काकभुशुंडि का निवास जिस वन में है वह एक पर्वत पर है। वह पर्वत सुमेरु पर्वत से भी उत्तर दिशा में है। वह पर्वत नीला है। उस पर विशाल वृक्ष हैं। वृक्ष बरगद, पीपर, पाकर और आम के हैं। पर्वत पर एक सुन्दर सरोवर है, उसकी सीढ़ियाँ मणियों की हैं। वहाँ–

सीतल अमल मधुर जल जलज बिपुल बहु रंग।
कूजत कलरव हंस गन गुँजत मंजुल भृंग॥

'वन' से अधिक वर्णन, तुलसी के यहाँ 'जल' का है–विशेष रूप से नदियों का। तुलसी के सत्पात्रों को नदी का स्नान बहुत प्रिय है। गंगा और यमुना को देखकर भरत को रोमांच हो आया–

देखत स्यामल धवल हलोरे। पुलकि सरीर भरत कर जोरे॥

'स्यामल धवल हलोरे' में 'ल' की आवृत्ति लहरों की आवृत्ति है। तुलसी के परम आत्मीय पात्र भरत गंगा-यमुना के 'स्यामल-धवल हलोरे' देखकर पुलकित हो गए। तुलसी भी पुलकित होते रहे होंगे, भारतीय युग-युग से पुलकित होते रहे हैं। इसके पीछे मज़हब नहीं है, इसके पीछे प्रकृति-प्रेम, सौन्दर्य, चेतना और इन्हीं में लिपटी हुई सांस्कृतिक चेतना है और यह सारी चेतना देशवासियों को उतनी ही सुलभ है जितना कि धूप, हवा, और पानी।

यह अकारण नहीं है और यह नदियों के प्रति तुलसी के अतिशय अनुराग के ही कारण है कि उन्होंने अपनी कविता को सरयू नदी के रूपक में बाँधा है। यों भी तुलसी उसी कविता को भली समझते हैं जो गंगा नदी के समान सबका हित करने वाली हो। तुलसी ने बालकांड के प्रारम्भ में मानस और नदी का जो रूपक बाँधा है उसकी प्रशंसा आलोचक और तुलसी के पाठक करते आए हैं। नदी के रूपक में देखने की बात यह है कि यह रूपक कितना सर्वग्राही है। नदी को तुलसी ने कितने गौर से देखा था ! फिर नदी के विभिन्न रूपों, उसके तटों, तटों पर स्नान करनेवाले लोगों, घाटों, भँवरों, पशु-पक्षियों आदि से आभ्यन्तर प्रभाव-साम्य रखनेवाले राम-कथा के तत्वों को सामने लाना तुलसी की काव्यदृष्टि की व्यापकता, गहराई और विवेक को प्रकट करती है और यह सब सबसे अधिक प्रकट करता है तुलसी के देशप्रेम को। तुलसी के मानस से उमग कर कविता की जो सरिता प्रवाहित हुई वह राम के विमल जल से भरी है। उसका नाम सरयू है, वह लोक और वेद के दो तटों से युक्त है। यह कविता-सरयू मानस की पुत्री है, यह कलियुग के तृणों और वृक्षों का समूल नाश करनेवाली है। श्रोताओं का समाज, इस नदी के तटों पर स्थित ग्राम और नगर हैं, संत-सभा का अयोध्या ही है। यह कविता-सरयू रामभक्ति की गंगा में जाकर मिल गई, फिर लक्ष्मण सहित

राम का समर-यश रूपी सोननद भी इसमें मिला। यह तिमुहानी—तीन नदियों का संगम, राम के स्वरूप के समुद्र की ओर प्रवाहित हो रही है। इस नदी के तट पर वन और बाग हैं। इसमें अनेक प्रकार के जलचर हैं, इसमें भँवर और तरंगें हैं, अनेक प्रकार के और विविध रंगों के कमल हैं, भ्रमर हैं, जलपक्षी हैं, सरिता की शोभा है, नदी, नाव, केवट और केवट से पथिकों की बातचीत है। धारा की प्रचंडता है, उस घोर धारा को सम करनेवाले घाट हैं, नदी का स्नान और उसके उपरान्त होनेवाली सहज प्रसन्नता है। इसके तट पर जुटनेवाले पर्व-मेले हैं। इन सुखद बातों के साथ-साथ नदी से सम्बन्धित जो दुःखद और क्लेशकारी वस्तुएँ होती हैं वह भी हैं। कोई, जलमल, बग, काग भी हैं। वसन्तकालीन सरिता शोभा है तो दुस्सह ग्रीष्म का खर पवन भी है, वह घोर वर्षा भी है जो बहुत तेज और प्रलयंकर होती है लेकिन जिससे धान बढ़ता है, शरद् काल की जल-माधुरी और सुगंध भी है। इतना सम्पूर्ण वर्णन करने के बाद तुलसी का विनम्र कथन भी है कि मेरे विनय में जो हल्कापन है वह नदी के जल की सुन्दरता में नहीं है। यह जल संसार के क्लेश को दूर करनेवाला, सन्तोष को भी सन्तोष देनेवाला और पाप, दुःख, दरिद्रता और दोषों को दूर करनेवाला है।

जैसे यह नदी अपनी सारी अच्छाइयों और बुराइयों के साथ-साथ समुद्र की ओर प्रवाहित हो रही है, वैसे ही तुलसी की कविता भी देश की अच्छाइयों-बुराइयों—सब कुछ को साथ लिए चलती है। इसमें देश का बहुत कुछ है।

तुलसी ने गंगा, यमुना, नर्मदा, सोन, गोमती, सई, तमसा आदि कई नदियों का उल्लेख किया है किन्तु उन्हें सबसे प्रिय सरयू है। उन्होंने कविता मात्र का आदर्श गंगा माना है किन्तु अपनी कविता को सरयू ही कहा है—

चली सुभग कविता सरिता सो। राम विमल जस जल भरिता सो॥
सरजू नाम सुमंगल मूला। लोक बेद मन मंजुल कूला॥

तुलसीदास को सभी नदियाँ प्रिय हैं। किन्तु 'सरयू' की बात ही कुछ और है। सरयू को राम बहुत अच्छी तरह जानते थे, जब वे लीला करने मनुष्य के रूप में अयोध्या में जनम ही गए थे तो सरयू में स्नान भी अवश्य करते रहे होंगे। बचपन में भी 'सरजू बर तीरहिं तीर फिरैं रघुबीर सखा अरु बाल सबै'। तुलसी तो सरयू का सेवन करते ही रहे होंगे। परिचय से प्रेम होता है, जिससे जितना अधिक साहचर्य होगा उससे उतना ही अधिक अनुराग। यही सरयू के प्रति विशेष अनुराग का कारण है। 'सरयू' राम के साथ-साथ तुलसी की भी अपनी नदी है। सरयू राम की जन्मभूमि अयोध्या की नदी है। 'जननी जन्मभूमिश्च स्वर्गादिपि गरीयसी' कहनेवाले राम देश से प्रेम करते थे। देश-प्रेम का तात्पर्य यह नहीं होता

कि व्यक्ति अपने क्षेत्र से प्रेम न करे। क्षेत्र या स्थान-विशेष का प्रेम तो देश-प्रेम और विश्व-प्रेम का आधार होता है। क्षेत्र-प्रेम संकीर्ण क्षेत्रीयता तब बनती है जब आप स्वयं तो अपने क्षेत्र से प्रेम करें और अन्यों को अपने क्षेत्रों से प्रेम करने का अधिकार न दें। तमिल-भाषी यदि तमिल-भाषा और तमिलनाडु से प्रेम करता है तो इसमें बुरा कुछ नहीं, उल्टे बहुत अच्छा है। बुरा तब है जब वह हमें हिन्दी या हिन्दी प्रदेश से प्रेम करने की छूट न दे। जो अपने स्थान का नहीं, वह कहीं का नहीं। जो व्यक्ति अपने गाँव या नगर की नदी को नहीं प्यार करता वह गंगा को कैसे प्यार करेगा। तुलसीदास के राम अयोध्या और अयोध्या की नदी सरयू को प्यार करते थे--विशेष प्यार करते थे। वाल्मीकि के राम ने जननी जन्मभूमि के समक्ष स्वर्णमयी लंका की उपेक्षा की थी तो तुलसी के राम ने अयोध्या को बैकुंठ से भी श्रेष्ठतर बताया--

पावन पुरी रुचिर यह देसा॥
जद्यपि सब बैकुंठ बखाना। बेद पुरान बिदित जगु जाना॥
अवधपुरी सम प्रिय नहिं सोऊ। यह प्रसंग जानइ कोउ कोऊ॥
जन्मभूमि मम पुरी सुहावनि। उत्तर दिसि बह सरजू पावनि॥
जा मज्जन ते बिनहिं प्रयासा। मम समीप नर पावहिं बासा॥

सरयू भी अपने प्रति राम के इस अतिशय प्रेम को पहचानती है। राम लक्ष्मण और सीता के आगमन के अवसर पर उसका जल अत्यन्त निर्मल हो गया--

बहइ सुहावन त्रिबिध समीरा। भइ सरजू अति निर्मल नीरा॥

राम राज्य में सभी नदियों का जल निर्मल हो गया, उनके जल का स्वाद सुखद और शीतल हो गया--

सरिता सकल बहँहिं बर बारी। सीतल अमल स्वाद सुखकारी॥

राम राज्य का वर्णन करते समय तुलसी सरयू को नहीं भूले। उसका जल गम्भीर और निर्मल है, उसमें मनोहर घाट बँधे है, तटों के पास कीचड़ ज़रा भी नहीं--

उत्तर दिसि सरजू बह निर्मल जल गंभीर।
बाँधे घाट मनोहर स्वल्प पंक नहिं तीर॥

राम की दिनचर्या में नित्य सरयू-स्नान शामिल है। राम ही नहीं, जो सब प्रकार से सुन्दर राजघाट है वहाँ चारो वर्णों के लोग स्नान करते हैं। सरयू की निर्मलता में मग्न होकर तुलसी जैसे वर्णाश्रम-व्यवस्था के प्रति अपने दुराग्रह से मुक्ति पा गए हैं--

प्रातकाल सरऊ करि मज्जन। बैठहिं सभा संग द्विज सज्जन॥

राजघाट सब बिधि सुन्दर बर। मज्जहिं तहाँ बरन चारिउ नर॥

राम राज्य का वर्णन करते समय तुलसी मनुष्यों की ही सुख-शोभा की बात नहीं करते। मनुष्य की दैहिक, दैविक और भौतिक अवस्था प्रकृति की अनुकूलता और शोभा पर भी अवलम्बित है। मनुष्य प्रकृति से जूझता है, जूझने की प्रक्रिया में उससे परिचित होता है, उसे अनुकूल बनाकर उसे प्यार भी करता है। ऐसे किसी सहज और सहृदय मनुष्य की कल्पना भी नहीं की जा सकती जिसे अपने देश के पेड़-पौधों, खग-मृग से प्रेम न हो। रामराज्य में इनका और मनुष्य का परम आत्मीय साहचर्य चित्रित है–

सुमन वाटिका सबहिं लगाईं। बिबिध भाँति करि जतन बनाईं॥
लता ललित बहु जाति सुहाईं। फूलहिं सदा बसंत की नाईं॥
गुँजत मधुकर मुखर मनोहर। मारुत त्रिबिध सदा वह सुन्दर॥
नाना खग बालकन्हि जिआए। बोलत मधुर उड़ात सुहाए॥
मोर हंस सारस पारावत। भवननि पर सोभा अति पावत॥
जहँ तहँ देखहिं निज परिछाँही। बहुविधि कूजहिं नृत्य कराहीं॥

और फिर 'वापी तड़ाग कूप' के निर्मल नीर का वर्णन। सुन्दर जल, खग, मधुप, आराम (बाग़) कोयल जिनकी गुंजार पथिकों को मानो निमंत्रित करती है। वही झंकार से गूँजता हुआ सुखद स्वप्न का श्लिष्ट वातावरण–

बहु रंग कंज अनेक खग कूजहिं मधुप गुंजारहीं।
आराम रम्य पिकादि खग रव जनु पथिक हंकारहीं॥

राम ने अयोध्या को बैकुंठ से भी अधिक प्रिय बताते हुए कहा कि यह रहस्य सभी लोग नहीं जानते, कोई-कोई ही जानता है–'यह प्रसंग जानइ कोउ कोऊ'। हमारी समझ में इसका और कोई रहस्य नहीं है, रहस्य केवल यह है कि अयोध्या तुलसी को प्रिय थी, और तुलसी का हृदय यही कहता था कि राम को भी अयोध्या बहुत प्रिय रही होगी। जहाँ गहरी अनुभूति की या कोई पक्की बात कहनी होती है और आशंका होती है कि लोग इसे पकड़ नहीं पाएँगे वहाँ कबीर भी 'कोइ बिरला अर्थ लगावै' जैसा टुकड़ा जोड़ देते हैं। जहाँ तक तुलसी का सवाल है वे 'अवधपुरी सम प्रिय नहिं सोऊ। यह प्रसंग जानइ कोउ कोऊ' लिखने के बाद प्रसंग की व्याख्या-स्वरूप ही यह पंक्ति लिखते हैं–

'जन्मभूमि ममपुरी सुहाबनि'। यानी राम को अयोध्या बैकुंठ से भी अच्छी इसलिए लगती थी क्योंकि वह उनकी जन्मभूमि थी। अयोध्या से राम का सम्बन्ध था, तुलसी का भी था।

तुलसी ने अयोध्या के अलावा चित्रकूट और काशी का भी वर्णन किया है।

चित्रकूट के साथ भी राम और तुलसी का सम्बन्ध था। चित्रकूट भी 'राम पद अंकित' है। चित्रकूट में रहने की राय राम को वाल्मीकि ने दी थी। वाल्मीकि ने चित्रकूट की प्रशंसा करते हुए कहा था–

कह मुनि सुनहु भानुकुल नायक। आस्रम कहौं समय सुखदायक॥
चित्रकूट गिरि करहु निवासू। तहँ तुम्हार सब भाँति सुपासू॥
सैलु सुहावन कानन चारू। करि केहरि मृग बिहँग बिहारू॥
नदी पुनीत पुरान बखानी। अत्रिप्रिया निज तप बल आनी॥
सुरसरि धार नाउँ मन्दाकिनि। जो सब पातक पोतक डाकिनि॥

प्रसन्नता, सुख और मंगल के अवसरों पर नदी का जल अमृत की धारा के समान हो जाता है। राम-जन्म के अवसर पर–स्त्रवहिं सकल सरिताऽमृत धारा। सर-सरिता का वर्णन करते समय तुलसी उसी प्रकार विभोर हो जाते हैं जैसे वन-उपवन का वर्णन करते समय। सर-सरिता के साथ वन, उपवन, खग, मृग, भृंग भौ अपने-आप आ जाते हैं। और फिर सुखद स्वप्न जैसा एक झंकृत, श्लिष्ट प्रकृति चित्रण प्रस्तुत हो जाता है–

पुर रम्यता राम जब देखी। हरषे अनुज समेत बिसेषी॥
वापीं कूप सरित सर नाना। सलिल सुधा सम मनि सोपाना॥
गुंजत मंजु मत्त रस भृंगा। कूजत कल बहु बरन बिहंगा॥
बरन बरन बिसे बन जाता। त्रिबिध समीर सदा सुखदाता॥
सुमन वाटिका बाग बन बिपुल बिहंग निवास।
फूलत फलत सुपल्लवत सोहत पुर चहुँ पास॥

सर-सरिता के पास अमराई हो तो सुपास-सुविधा होती है–

पुर बाहिर सर सरित समीपा। उतरे जहं तहं बिपुल महीपा॥
देखि अनूप एक अँबराई। सब सुपास सब भाँति सुहाई॥

जनक के बाग में जो सरोवर था उसका वर्णन–

बिमल सलिलु सरसिज बहुरंगा। जल खग कूजत कुंजत भृंगा॥

सर-सरिता के जल के अतिरिक्त वर्षा का जल भी विविध रूपों में तुलसी के यहाँ है। कृषि के लिए वर्षा के जल की उपयोगिता और अनुपयोगिता भी चित्रित है। राम की भक्ति वर्षा ऋतु है, दास शालि धान्य हैं, और राम-नाम के दोनों वर्ण सावन-भादों मास हैं–

बरखा रितु रघुपति भगति तुलसी सालि सुदास।
राम नाम बर बरन जुग सावन भादव मास॥

राम के गुण अपने भक्त रूपी धान का पालन करने वाले जलधर के समान

हैं–सेवक सालि पाल जलधर से'। साधु रूपी मेघ जिस जल की वर्षा करते हैं वह सत्कर्म रूपी धान के लिए हितकर है–'सो जल सुकृत सालि हित होई'। राम ने जब धनुष भंग कर दिया तो सखियों समेत सीता की माँ ऐसी प्रसन्न हुईं जैसे सूखता हुआ धान पानी पड़ने से होता है–

सखिन्ह सहित हरषी अति रानी। सूखत धान परा जनु पानी ॥

राम के राज तिलक का समाचार सुनकर दशरथ के मंत्री ऐसे प्रसन्न हुए मानों उनके मनोरथ के बिरवे को पानी मिल गया हो–

मंत्री मुदित सुनत प्रिय बानीं। अभिमत बिरवँ परेउ जनु पानी ॥'

कौसल्या ने सीता का लाड़-प्यार ऐसे किया था कि जैसे कोई स्नेह के जल से कल्पलता को सींचे–

कलप बेलि जिम बहुबिधि लाली। सींचि सनेहसलिल प्रति पाली ॥

सुहावना पर्वत, सुन्दर वन, करि, केहरि, मृग, विहग, नदी, मुनियों का सत्संग–फिर इससे बढ़कर सुखद स्थल और कहाँ होगा ? महामुनि वाल्मीकि ने चित्रकूट की अमित महिमा कही तो राम ने पहला काम यह किया कि सीता और लक्ष्मण के सहित मन्दाकिनी में स्नान किया–

चित्रकूट महिमा अमित कही महामुनि गाइ।
आइ नहाए सरित बर सिय समेत दोउ भाइ ॥

चित्रकूट अपनी वन-सम्पदा के साथ सीता को बहुत अच्छा लगता था। वे दिन-रात प्रसन्न रहती थीं। राम में अनुरक्त सीता के मन को चित्रकूट अयोध्या से भी बढ़कर लगता था। पर्णकुटी में प्रियतम का संग, कुरंग-बिहंग का परिवार !

नाह नेहु नित बढ़त बिलोकी। हरषित रहति दिवस जिमि कोकी ॥
सिय मनु राम चरन अनुरागा। अवध सहस सम बन प्रिय लागा ॥
परनकुटी प्रिय प्रियतम संगा। प्रिय परिवारु कुरंग बिहंगा ॥
सासु ससुर सम मुनितिअ मुनिबर। असनु अमित सम कंदमूल फर ॥

पं. रामचन्द्र शुक्ल ने इन पंक्तियों की जो व्याख्या की है, वह तुलसी के प्रकृति-प्रेम को समझने की दृष्टि से महत्वपूर्ण है–अयोध्या से अधिक सुख का रहस्य क्या है ? प्रिय के साथ सहयोग के अधिक अवसर। अयोध्या में सहयोग और सेवा के इतने अवसर कहाँ मिल सकते थे। जीवन-यात्रा की स्वाभाविक आवश्यकताओं की पूर्ति वन में अपने हाथों से करनी पड़ती थी...ऐसे प्राकृतिक जीवन में प्रेम का जो विकास हो सकता है, वह कृत्रिम जीवन में दुर्लभ है : दूसरा कारण इस सुख का था, हृदय का प्रकृति के अनेक रूपों के साथ सामंजस्य, जिसके प्रभाव से 'कुरंग-बिहंग' अपने परिवार के भीतर जान पड़ते थे।'' (पृ. 90,

तुलसीदास)

जिस 'कृत्रिम जीवन' से उबर कर चित्रकूट में सीता को सुख मिल रहा था वह मध्यकालीन था। कबीर, तुलसी और सूर का साहित्य मध्यकालीन व्यवस्था पर और साहित्य की उस प्रवृत्ति पर, जो आगे चलकर रीतिकालीन कहलाई, चोट करता है। शुक्ल जी की व्याख्या के अनुसार चित्रकूट में सीता राम के साथ कर्म में रत हैं, अपने हाथों काम करती हैं और प्रकृति के साहचर्य में हैं, अतः सुखी हैं। जब तक स्त्री पति के साथ व्यापक जीवन-क्षेत्र में नहीं उतरती तब तक वह स्वाभाविक और सच्चे प्रेम की अधिकारिणी नहीं बन सकती। स्त्री चाहे जितनी सुन्दरी हो, ड्राइंग रूम की सजी हुई गुड़िया बनी रहकर बहुत दिनों तक पुरुष के प्रेम का भाजन नहीं बनी रह सकती। सीता और राम के अडिग प्रेम का कारण राम के साथ सीता का वन-गमन और वास है—सीता का केवल सौन्दर्य नहीं। सीता और राम के इस प्रेमोत्कर्ष की व्याख्या करते समय शुक्ल जी प्रिय के 'स्वाभाविक सहयोग की अभिलाषिणी एक ग्रामीण नायिका' की एक उक्ति उद्धृत करते हैं जो उनकी धारणा को स्पष्ट करती है। उक्ति यह है—

आगि लागि घर जरिगा, बड़ सुख कीन।
पिय के हाथ धइलवा भरि भरि दीन॥

चाहे रामचरितमानस की सीता हों चाहे इस उक्ति का कथन करने वाली नायिका, हमें नहीं भूलना चाहिए कि दोनों उस मध्यकालीन व्यवस्था की नारियाँ हैं जिसमें नारी की सार्थकता चारदीवारी के अन्दर ही प्रकट होती थी। जिस प्रेम का इतना गुणगान किया गया है क्या वह उस व्यवस्था में सम्भव था ? प्रेम या घृणा व्यक्तित्ववान् प्राणी ही कर सकता है। जिस व्यवस्था में स्वतंत्र व्यक्तित्व के निर्माण का कोई अवकाश ही न हो उसमें प्रेम और घृणा कर सकने का अवकाश कहाँ ? इन पंक्तियों में ग्रामीण नायिका की वह छटपटाहट व्यक्त हुई है जो प्रिय की वास्तविक जीवन-संगिनी न बन पाने के कारण है। जीवन का अर्थ कर्म है। जो स्त्री प्रिय के साथ कर्म-क्षेत्र में उतर नहीं सकती वह जीवन-संगिनी कैसे हो सकती है ? प्रिय के हाथों में घड़ा भर-भर कर देने का अवसर मिला तो घर की चार दीवारी में घुटती हुई ग्रामीणा का जीवन सार्थक हो उठा। नायिका के सुख का कारण अपनी सार्थकता की यह अनुभूति है, ऐसा घर जो वस्तुतः उस दम-घोंटू व्यवस्था का प्रतीक है, जल गया तो बुरा नहीं हुआ, बेचारी को प्रिय का सुख तो मिला। सीता को भी 'अवध सहस सम बन' राजमहल छोड़कर ही मिला। अस्तु, तुलसी के नारी-चित्रण पर हम इसी अध्याय में आगे चलकर विचार करेंगे।

बात चित्रकूट की चल रही थी। चित्रकूट तुलसी को बहुत प्रिय है। वह

प्राकृतिक शोभा से युक्त है। राम वहाँ रहे हैं, वहाँ की प्रकृति भी अनुपम सुषमा से युक्त है। तुलसी ने राम को हमारे जीवन और जगत के बीच प्रतिष्ठित किया है। तुलसी का कहना है कि राम के स्नेह की इच्छा है तो स्नेहपूर्वक चित्रकूट का सेवन करो। चित्रकूट का सेवन—जहाँ पावन वन है, सुहावने बिहंग और मृग हैं। चित्रकूट देखने में उतना ही आनन्द देता है जितना कि हरे-भरे खेत का टुकड़ा। वहाँ विवेक के वृक्षों के समान सिद्ध साधु साधक और मुनियों के साथ सीता, राम और लक्ष्मण का निवास है। वहाँ शीतल और पवित्र जल के निर्झर झर रहे हैं और मन्दाकिनी नदी शंकर के जटा जूट के समान (टेढ़ी मेढ़ी, जटिल) हैं—

जहाँ बनु पावनो, सुहावने बिहंग-मृग
देखि अति लागत अनन्दु खेत-खूँट-सो।
सीता-राम-लखन-निवासु, बासु मुनिन को,
सिद्ध-साधु-साधक सबै बिबेक-बूट सो॥
झरना झरत झारि सीतल पुनीत बारि,
मन्दाकिनि मंजुल महेस जटा जूट सो।
तुलसी जौं राम सों सनेहु साँचो चाहिये तौ
सेइए सनेह सों बिचित्र चित्रकूट सो॥

तुलसी को अयोध्या, चित्रकूट, काशी की प्रकृति ही नहीं प्रिय है, इन स्थानों के साधारण जन भी अत्यन्त प्रिय हैं। जब कभी तुलसीदास की जीवनी पर कोई प्रामाणिक सामग्री सामने आएगी तब पता चलेगा कि वे भारत के विभिन्न स्थानों में कितना घूमे थे और उन स्थानों की साधारण जनता से कितना घुले-मिले थे। चित्रकूट के कोल-किरातों के राम-प्रेम का वर्णन-चित्रण उन्होंने यों ही नहीं किया होगा। वह उनकी अपनी निजी जानकारी पर आधारित होगा। चित्रकूट की महिमा का वर्णन करते हुए उन्होंने लिखा है कि चित्रकूट ऐसा अचल अहेरी है जो चूकता नहीं, पातक पर सीधे वार करता है—

चित्रकूट जनु अचल अहेरी। चुकइ न घात मार मुठभेरी॥

अमृतलाल नागर के उपन्यास 'मानस का हंस' पर अपने विचार प्रकट करते हुए डॉ. रामविलास शर्मा ने बताया है कि चित्रकूट के आसपास 'सहेरिए' शिकारी होते हैं जो तेंदुओं और बाघों पर कुल्हाड़ी से सीधा वार करते हैं। इन्हीं सहेरियों के पर्यवेक्षण के आधार पर तुलसी ने चित्रकूट को घात न चूकने वाला, मुठभेरी मार करनेवाला अहेरी कहा है। चित्रकूट की प्रकृति और वहाँ के लोगों को जान-बूझकर, उन सबसे गहरा लगाव रखकर ही तुलसीदास ने चित्रकूट का वर्णन

किया है। देश-प्रेम की कविता करने का यही तरीक़ा है और उसके लिए ऐसी ही साधना की आवश्यकता पड़ती है। चित्रकूट के मुनि, साधक सिद्ध तो ख़ैर अपेक्षाकृत कम लेकिन वहाँ के वन्य जनों का तुलसी ने जिस आत्मीयता के साथ चित्रण किया है, वह भली भाँति प्रकट करता है कि उन्हें वहाँ के कोल-किरातों से कितना लगाव था, वे उनके स्वभाव आदि से कितना परिचित थे ! तुलसी जिस स्थान का वर्णन करते हैं वहाँ की प्रकृति के साथ-साथ वहाँ के सामान्य जनों का भी वर्णन करते हैं। प्रयाग और काशी के बीच एक स्थान है सीतामढ़ी। वहाँ सीतावट नाम का वृक्ष है जो सीता से सम्बन्धित है। उस वृक्ष का वर्णन करते हुए तुलसी कहते हैं—यह वृक्ष ऐसा है मानों जटा-जूट कसे महादेव ही वृक्ष-रूप में शोभित हों—

मरकत बरन परन, फल मानिक से
लसै जटा जूट जनु रूख वेष हरु है।

वट-वृक्ष में जटाएँ होती हैं, उसी के नाम और रूप के साम्य पर तुलसी ने वृक्ष को शंकर कहा है।

'सीतावट' का वर्णन करने के बाद तुलसी उस स्थान और वहाँ के साधारण जनों का वर्णन करते हैं—यह स्थान (सीतामढ़ी) गंगा के पास है, यहाँ वाल्मीकि और सीता का निवास था। यहाँ के साधारण वट-वृक्ष में भी शंकर का निवास है। यह स्थान योग, जप, यज्ञ और विराग का पवित्र पीठ है, यद्यपि रागी लोग बाहरी दृष्टि से निहारकर इसे रूखा समझते हैं। यहाँ के लोग भावसिद्ध हैं, वे 'आयसु', 'आदेस', 'बाबू', 'भलो-भलो' कहते हैं—

देव धुनि पास मुनिवासु, श्री निवासु जहाँ,
प्राकृतहुँ बट-बूट बसत पुरारि हैं।
जोग जप जाग को बिराग को पुनीत पीठु
रागिन पै सीठ डीठि बाहरी निहारि हैं।
आयसु, आदेस, बाबू, भलो, भलो, भावसिद्ध
तुलसी बिचारि जोगी कहत पुकारि हैं।

अयोध्या की सुन्दरता का बखान करने के बाद राम अयोध्या के लोगों को अपना प्रिय कहते हैं—

अति प्रिय मोहि इहाँ के बासी। मम धामदा पुरी सुखरासी॥
हरषे सब कपि सुनि प्रभु बानी। धन्य अवध जो राम बखानी॥

रामचरितमानस की कथा का जो विन्यास हुआ है उसमें अयोध्या, चित्रकूट और लंका के सामान्य-जन को बहुत महत्त्वपूर्ण स्थान मिला है। किसी घटना या

पात्र की अनुकूलता या प्रतिकूलता का प्रभाव जनता की चेष्टाओं द्वारा तुलसी प्रकट करते चलते हैं। ग्रीक त्रासदियों के कोरस के समान कृति के बीच-बीच में सामान्यजन आते हैं और वे घटनाओं पर अपनी प्रतिक्रिया-चेष्टाएँ प्रकट कर जाते हैं। 'मानस' में सामान्य जन भीड़-मात्र नहीं हैं, वे प्रायः विवेकवान और सहृदय हैं। ये सामान्यजन ही वन-मार्ग में सीता, लक्ष्मण और राम को मिले थे, कोल-किरातों ने ही चित्रकूट में राम का अपूर्व स्वागत किया था। तुलसी के रामचरितमानस में चित्रित जो पात्र जितना ही शोषित, दलित, नीची समझनेवाली जाति का है वह राम के उतना ही निकट है—शबरी भामिनि है, हनुमान ने राम-सीता दोनों को अपने उपकारों से ऋणग्रस्त बना रखा है, केवट राम-सखा है, जटायु राम के पिता के समान है। लेकिन सामान्य जन से यहाँ तात्पर्य उन लोगों से है, जो राम के सीधे सम्पर्क में नहीं आते। वे घटनाओं से अलग हैं, लेकिन समूची कृति में ताप-सूचक-यंत्र का काम करते हैं। वे घटनाओं से विक्षुब्ध, पुलकित, उत्साहित, निराश और व्यग्र होते हैं। तुलसी ने इन सामान्य जनों की प्रतिक्रिया कथा में अनेक स्थलों पर प्रकट करके उन्हें 'मानस' की संरचना का अनुपेक्षणीय तत्त्व बना दिया है। इससे उनकी वह लोकवादी दृष्टि भी प्रकट होती है जो किसी व्यक्ति के चरित्र और किसी घटना का मूल्यांकन लोक और समाज की दृष्टि से करती है।

जनकपुरी में राम-लक्ष्मण को देखकर सभी लोगों की इच्छा होती है कि सीता का विवाह इन्हीं से होना चाहिए। लोग राम और लक्ष्मण को देखकर तरह-तरह की बातें करते हैं। स्त्रियाँ विशेष रूप से उनकी शोभा से प्रभावित होती हैं। राम दशरथ के पुत्र हैं, विश्वामित्र के साथ आए हैं, उन्होंने मार्ग में अहल्या का उद्धार किया है, विश्वामित्र के यज्ञ की रक्षा की है—इन सब बातों की चर्चा जनकपुर के पुरुष और नारी-आपस में करते हैं। यहाँ तुलसीदास ने लोगों की जुबान से अपने मन की बात कहलाई है। राम-वनवास के समय अयोध्या के लोग दुःखी हैं। वे दुःखी भी हैं, उत्तेजित, विक्षुब्ध और गम्भीर भी। जनमत कैसा विविध और खरा होता है, यह अयोध्यावासियों की बातचीत से ज्ञात होता है—

'राम को वनवास मिलेगा' यह समाचार सुनकर लोग ऐसे व्याकुल हो गए जैसे दावाग्नि लगी देखकर लता और वृक्ष सूख जाते हैं। जो जहाँ यह समाचार सुनता है, सिर धुनने लगता है, विषाद बड़ा है, धीरज नहीं धरा जाता। बातें सब मिल गई थीं, विधि ने सब बिगाड़ दिया, जहाँ-तहाँ लोग कैकेयी को गाली देते हैं और कहते हैं 'इस पापिनी को क्या सूझा ! इसने छाये-छोपे घर पर आग रख दी, यह अपने हाथों से अपनी आँखें काढ़ना चाहती है, अमृत फेंककर विष खाना चाहती

है, यह कुटिल, कुबुद्धि, कठोर, अभागी है, यह रघुवंश रूपी बाँस के वन में आग के समान लग गई है—

सुनि भए बिकल सकल नर-नारी। बेलि बिटप जिमि देखि दवारी॥
जो जहँ सुनइ धुनइ सिरु सोई। बड़ बिषादु नहिं धीरजु होई॥

x x x

मिलहि माँझ बिधि बात बेगारी। जहँ तहँ देहिं कैकइहिं गारी॥
येहि पापिनिहि बूझि का परेऊ। छाइ भवन पर पावकु धरेऊ॥
निज कर नयन काढ़ि चह दीखा। डारि सुधा बिषु चाहत चीखा॥
कुटिल कठोर कुबुद्धि अभागी। भइ रघुबंस बेनु बन आगी॥

लोग सिर्फ कैकेयी को ही गाली नहीं देते, दशरथ की भी आलोचना करते हैं। तुलसी के मानस की प्रजा काफ़ी निडर रही होगी जो अपने सम्राट दशरथ की ऐसी खुली आलोचना करती है—

एक कहहिं भल भूप न कीन्हा। बरु बिचारि नहिं कुमतिहि दीन्हा॥
जो हठि भएउ सकल दुखु भाजनु। अबला बिबस ग्यानु गुनु गाजनु॥

कोई कहता है—राजा ने भला नहीं किया जो कैकेयी को वर सोच-समझ कर नहीं दिया। राजा कैकेयी की बात को पूरा करने की ज़िद में सारे दुःखों के भाजन बने। मालूम पड़ता है स्त्री के वशीभूत होने से उनका सारा ज्ञान और गुण समाप्त हो गया।

कोई कहता है—इसमें भरत की भी साज़िश है। कोई तटस्थ रहकर कुछ बोलता नहीं, कोई कानों में अँगुली डालकर और दाँतों से जुबान काट कर कहता है कि यह झूठ है, ऐसा करने मात्र से तुम्हारे सारे अर्जित पुण्य क्षीण हो जाएँगे—

एक भरत कर संमत कहहीं। एक उदास भाय सुनि रहहीं॥
कान मूँदि कर रद गहि जीहा। एक कहहिं यह बात अलीहा॥
सुकृत जाहिं अस कहत तुम्हारे। राम भरत कहुँ परम पिआरे॥

यही नहीं एक 'जेठी-बिप्र-बधू' जो कैकेयी को बहुत प्रिय थी, उसे मनाने भी गई, कैकेयी नहीं मानी तो बिप्र बधू' रोग को असाध्य मानकर उसे मतिमन्द और अभागी' कहती हुई घर लौट आई।

लोग राम को वनवास के लिए जाने नहीं देना चाहते। राम वन को जाएँ तो वे भी वन जाने के लिए तैयार हैं, आखिर सबको माया से बेसुध करके और आधी रात के क़रीब सबको छोड़कर राम, सीता और लक्ष्मण चुपके से रथ पर बैठ कर निकल जाते हैं, जगने पर अयोध्या के लोग बहुत दुःखी हुए। उनके विषम-वियोग का बयान नहीं किया जा सकता। अवधि समाप्त हो जाने की आशा में ही वे लोग

जीवित बचे—

एहि विधि करत प्रलाप कलापा। आए अवध भरे परितापा॥
विषम वियोगु न जाइ बखाना। अवधि आस सब राखहिं प्राना॥

अयोध्या के लोग भरत के साथ चित्रकूट जाते हैं। वहाँ भरत और राम का ही मिलन नहीं होता, भरत के साथ-साथ अयोध्या के लोग भी हैं, उधर चित्रकूट के कोल-किरात भी हैं। वे अयोध्यावासियों का अपूर्व स्वागत करते हैं। वन-मार्ग में राम, लक्ष्मण और सीता को ग्रामीण नर-नारी स्नेह-सम्मान देते हैं, सामर्थ्य के अनुसार उनका दुःख बँटाते हैं, उन्हें सहज स्नेह देते हैं। चित्रकूट के कोल-किरात तो राम के दीवाने हैं। राम के वन से लौटने पर अयोध्या के लोग राम का जो स्वागत करते हैं, तुलसी ने उसका चित्रण किया है। राम का आगमन सुनकर जो जैसा था वैसे ही उठ कर उनका स्वागत करने चल दिया—इतनी हड़बड़ी में चला कि साथ में बच्चों और बुड्ढों को ले चलने की ताब नहीं रह गई। इनको साथ ले चलने में देरी हो जाने का अंदेशा था। लोग एक-दूसरे से बूझते हैं—'कहो भाई तुमने दयालु राम को देखा कि नहीं'—

जे जैसेहिं तैसेहिं उठि धावहिं। बाल वृद्ध कहँ संग न लावहिं॥
एक एकन्ह कहँ बूझहिं भाई। तुम्ह देखे दयाल रघुराई॥

राम वनवास से लौटने पर सबसे मिलते हैं, किसी की उपेक्षा नहीं करते। तुलसीदास के राम ऐसे अवसरों पर माया का सहारा लेकर एक से अनेक हो जाते हैं, सबसे मिल लेते हैं और यह मर्म कोई जान नहीं पाता। सबको राम के मिलने का सन्तोष हो जाता है—

अमित रूप प्रगटे तेहि काला। जथाजोग मिले सबहि कृपाला॥
कृपादृष्टि रघुबीर बिलोकी। किए सकल नरनारि बिसोकी॥
छन महँ सबहि मिले भगवाना। उमा मरम यह काहु न जाना॥

विपत्ति के समय लोग कैसा व्यवहार करते हैं ? शोक में डूबे हुए लोग दशरथ की मृत्यु के पश्चात् ननिहाल से लौटते हुए भरत को देखकर प्रणाम करते हैं, कुछ कहते नहीं, चुपचाप एक ओर चले जाते हैं। उनका यह रुख देखकर भरत आशंकावश पूछने का साहस नहीं जुटा पाते—

पुरजन मिलहिं न कहहिं कछु गँवहिं जोहारहिं जाहिं।
भरत कुशल पूँछि न सकहिं भय बिषादु मन माहिं॥

अयोध्या के लोग तो शोक से स्तब्ध और जड़ीभूत हैं। लेकिन आग लगने पर लंका के लोगों की हड़बड़ी—हलचल, किंकर्तव्यविमूढ़ता, रावण के प्रति आक्रोश और घबड़ाहट देखिए। दशरथ-मृत्यु के समय लोगों के मन में शोक के साथ-साथ

कैकेयी के आचरण के प्रति आक्रोश भी था, राम के वन-गमन का गहरा दुःख भी था—लेकिन वह दुःख पुरवासियों के हृदय में बहुत गहरे समा गया था। लेकिन लंका-दहन में त्वरा और उसका फैलाव, शोर-शरापा, चीख-पुकार ख़ास तौर पर ऐसे मौक़ों पर औरतों की गाली देने की आदत—यह सब चित्रित और वर्णित है। गाँवों में आग लगने पर जो दृश्य उपस्थित होता है, जैसी भयानकता और भागमभाग मचती है, विकराल आग लगने पर जितनी हड़बड़ी में घर का माल-असबाब बाहर निकाला जाता है, बाप-पूत, माँ-बहू, बच्चे-वृद्ध—सब जिस प्रकार एक-दूसरे को पुकारते हुए, साथ ही एक-दूसरे को छोड़कर भागते हैं—उस सबका निहायत सजीव चित्रण 'कवितावली' में मिलता है।

जहाँ-तहाँ आग की लपटें भभक रहीं हैं, घर जल रहा है, भागो-भागो आग लग गई रे ! बाप कहाँ, माँ कहाँ, भाई-बहन कहाँ, पत्नी-भाभी कहाँ, छोटे-छोटे छोरे कहाँ, बेवकूफो भगो, भगो। हाथी को खोल दो, घोड़ों को खोल दो, भैंस, बैल, बकरियाँ खोल दो, जो सोता हो उसे जगाओ, जगो रे जगो !—

जहाँ-तहाँ बुबुक बिलोकि बुबुकारी देत,
जरत निकेतु, धावौ, धावौ, लागी आगि रे।
कहाँ तातु-मातु भ्रात-भगिनि, भामिनी-भाभी,
ढोटा छोटे छोहरा अभागे भोंडे भागि रे॥
हाथी छोरौ, घोरा छोरौ, महिष-वृषभ छोरौ,
छेरी छोरौ, सोवै सो, जगावौ, जागि जागि रे॥

आग लग गई, आग लग गई !' कहते हुए लोग भाग-भाग कर जहाँ-तहाँ दौड़ पड़े। बिटिया को माँ और पुत्र को पिता नहीं सँभालता ! बाल खुले हैं, कपड़े खुले हैं, धुएँ, धुन्ध से लोग अन्धे हो गए हैं, बालक-बूढ़े बार-बार पानी-पानी चिल्ला रहे हैं, घोड़े हिनहिनाते हैं, हाथी चिंग्घाड़ते हुए भागे जाते हैं, वे भारी भीड़ को ठेल-पेल कर रौंद-खूँद डालते हैं। लोग एक-दूसरे का नाम लेकर चिल्लाते और बिललाते हैं, अकुलाते हैं—बाप रे बाप ! आग की लपट और गर्मी से हम तपे और झुलसे जा रहे हैं—

लगी, लागी आगि, भागि-भागि चले जहाँ तहाँ
धीय को न माय, बाप-पूत न सँभारहीं।
छूटे बार, बसन उघारे, धूम-धुन्द अन्ध,
कहैं बारे-बूढ़े 'बारि बारि' बार बारहीं॥
हय हिहिनात, भागे जात घहरात गज,
भारी भीर ठेलि-पेलि रौंदि खौंदि डारहीं।

नाम लै चिलात, बिललात अकुलात अति
तात तात ! तौंसिंअत, झौंसिअत, झारही ॥

रावण की रानियाँ परस्पर कहती हैं—घर का तिल-भर सामान भी तो बाहर नहीं आ पाया। माल-असबाब न मैं निकाल पाई, न तू निकाल पाई। जान की पड़ी थी, भण्डार और सामान की फ़िकर कौन करे ! मेघनाद की तरफ़ देखती हुई मन्दोदरी खीझकर कहती है—इसी दाढ़ीज़ार का बोया हम सबको काटना पड़ रहा है—

मीजि-मीजि हाथ, धुनै माथ दसमाथ तिय
'तुलसी' तिलौ न भयौ बाहेर अगार को ॥
सब असबाबु डाढ़ो, मै न काढ़ो, तैं न काढ़ो,
जिय की परी, सँभारै सहन-भंडार को ॥
खीझति मन्दोवै सविषाद देखि मेघनादु
बयो लुनियत सब याही दाढ़ीज़ार को ॥

तुलसी ने काशी और काशी के लोगों का भी वर्णन किया है। काशी को तुलसी पूज्य नगरी मानते हैं—जहँ बस सम्भु भवानि, सो कासी सेइअ कस न। लेकिन काशी-निवासियों को तो एक स्थान पर तुलसी ने शंकर के समान कह दिया है। जो लोग तुलसी को नारी-निन्दक मानते हैं उन्हें यह जानकर बहुत आश्चर्य होगा कि तुलसी काशी की प्रत्येक नारी को पार्वती के समान मानते हैं—

लोक-बेदहूँ बिदित बारानसी की बड़ाई
बासी नर नारि ईस अंबिका-सरूप हैं।

ऐसी काशी में महामारी, दरिद्रता का प्रकोप देखकर तुलसी कराह उठे थे। वे अपनी भाववादी और धार्मिक भावनाओं के कारण उसे कलियुग का प्रभाव मानते थे। कलियुग का प्रभाव मानते लेकिन खुद पर दुःख-कातर और सहृदय न होते तो उन्हें मानसिक पीड़ा न होती। मानसिक पीड़ा न होती तो वे काशी में फैली महामारी और लोक में व्याप्त दरिद्रता और उस दरिद्रता को और भी घातक बनाने वाले अकाल का हृदयबेधी वर्णन न कर पाते। वे रामकथा का वर्णन करते समय सामान्य जनता के दैनिक सुख-दुःख को नहीं भूलते। सच्ची बात यह है कि वे रामकथा का विन्यास अपने देश और काल की सामान्य भूमि पर ही करते हैं। तुलसी की रामकथा तुलसी के युग की भी कथा है।

लेकिन सामान्य जन में स्त्रियों की गणना होती है कि नहीं ! और क्या इसमें कोई शक है कि तुलसी ने अपनी कृतियों—विशेषतः रामचरितमानस में सैकड़ों स्थानों पर नारी की निन्दा की है ? इस ढंग से की है कि उसमें कोई मुरव्वत या

लिहाज़ से काम नहीं लिया है। ब्राह्मण जितने पूज्य, नारी और शूद्र उतने ही अपूज्य !

अवगुण आठ सदा उर रहहीं। नारि सुभाव सत्य कवि कहहीं ॥

मान लिया कि यह रावण की उक्ति है। लेकिन–

'सुनहि सती तव नारि सुभाऊ' तो शंकर कहते हैं और 'सती कीन्ह चह तहँहुँ दुराऊ। देखहु नारि सुभाव प्रभाऊ' या 'बिधिहुँ न नारि हृदय गति जानी। सकल कपट अघ अवगुन खानी' आदि तो स्वयं तुलसीदास कह रहे हैं पाठकों से। नारी मध्यकालीन कवियों के यहाँ–विशेष रूप से निर्गुण सन्तों के यहाँ सांसारिकता में फँसाने वाली माया का प्रतीक है। कबीर आदि के यहाँ नारी की निन्दा कम नहीं है। लेकिन तुलसीदास जितनी नारी-निन्दा किसी अन्य सगुण भक्त के यहाँ नहीं मिलेगी। केवट, शबरी, जटायु को सहानुभूति देने वाली तुलसी की सहृदयता नारी की बुराई करते समय कहाँ चली जाती है ? शबरी राम से कहती है–अधम ते अधम अधम अति नारी। तिन्ह महँ मैं मतिमन्द अधारी'–जबकि उन्हें लिखना चाहिए था–'दीन ते दीन दीन अति नारी' !

यहाँ तुलसीदास के विचार और उनकी सहृदयता में परस्पर विरोध था। तुलसीदास के जीवन में किसी नारी ने या नारियों ने क्या किया था–यह आज कोई नहीं जानता। लेकिन एक बात तय है कि उन्होंने नारियों को विविध रूपों में समझा-बूझा था। उन्होंने नारी-जीवन का गहरा पर्यवेक्षण किया था, परिचय प्राप्त किया था। इसी परिचय ने सम्भवतः उन्हें नारियों का निन्दक और नारियों के प्रति अपार सहानुभूति रखने वाला बनाया था। अन्य वस्तुओं और व्यक्तियों की तरह नारियाँ भी अच्छी और बुरी दोनों होती हैं। नारी को जितने विविध रूपों में तुलसी ने चित्रित किया है, और नारी-चित्रण करते समय जितनी सहानुभूति तुलसी ने नारी-पात्रों को दी है, उतनी मध्यकाल के किसी अन्य कवि ने नहीं दी। नायिका-भेद के आधार पर काव्य-रचने वाले रीतिकालीन कवियों, नायिका-भेद का विवेचन करने वाले काव्य-शास्त्रियों और अपने आश्रयदाता सामन्तों के अनेक विवाह कराने वाले चन्दवरदाई जैसे आदिकालीन कवियों ने भी नहीं। स्त्री नायिका ही नहीं है, वह माँ, पत्नी और पुत्री भी होती है, वह सुख-दुःख में पति का साथ देती है, वह सरल और कुटिल होती है, वह परद्वेषी, चुगलखोर और सहनशीला होती है–इस सबका चित्रण तुलसीदास के यहाँ जितना मिलता है किसी अन्य कवि के यहाँ नहीं। नारी को नायिका-भेद तक ही सीमित न रखने वाले हिन्दी के अन्य महा-कवि हैं सूरदास। उनके नारी के रूपों की इतनी विविधता नहीं है तो नारी-निन्दा भी नहीं है।

तुलसी को नारी का पुत्री रूप सर्वाधिक प्रिय है फिर माँ का रूप और फिर पत्नी का रूप। वे नारी के रमणी-रूप के प्रभाव की महिमा से भी बहुत अधिक परिचित, और परिचित-प्रभावित क्या, संत्रस्त और अभिभूत हैं। 'मृगनयनी के नयन सर को अस लाग न जाहि'–'नयन सर' ह्रस्व सरल व्यंजनों की योजना तीर की तरह सीधी लगने वाली है। कामदेव के प्रभाव से अछूते लता-वृक्ष, तालाब, नदी समुद्र भी नहीं फिर साधारण लोगों की क्या बिसात ! लेकिन बाबा बहुत जतन से ऐसे स्थानों को चित्रण-वर्णन करना बचा जाते हैं, खुलते बहुत कम हैं, पकड़ में और भी कम आते हैं। ख़ैर उनके द्वारा अंकित नारी के इस रूप की चर्चा बाद में।

तुलसी ने सीता की वन्दना रामचरितमानस के प्रारम्भ में इस प्रकार की है–

जनक सुता जग जननि जानकी। अतिसय प्रिय करुणानिधान की ॥

इस अर्धाली में नारी के तीनों रूपों में सीता की वन्दना की गई है; सीता पुत्री हैं, माँ हैं और करुणानिधान राम की अतिशय प्रिय हैं। नारी के तीनों रूपों में एक ही स्थल पर किसी अन्य देवी की स्तुति या वन्दना मुझे नहीं दिखलाई पड़ी है। तुलसी नारी की निन्दा काफ़ी करते हैं किन्तु रामकथा के विन्यास में उन्होंने नारी जीवन का जो चित्रण किया है, उतना विशद चित्रण किसी अन्य मध्यकालीन कवि ने नहीं किया। उतनी करुणा और सहानुभूति भी किसी अन्य कवि ने नहीं दी है। इस क्षेत्र में केवल सूरदास का नाम लिया जा सकता है। आधुनिक काल में नारी-जीवन का तुलसी से भी बढ़कर चित्रण केवल प्रेमचन्द के साहित्य में मिलता है।

कन्या का विवाह करना कठिन होता है, यह कन्या का पिता जानता है। विशेष कर सवर्ण समाज में। कोई ब्राह्मणवादी, ठाकुरवादी, कायस्थवादी अपने लड़के की शादी में दहेज़ कम नहीं माँगता। यहाँ उसका वर्णवाद हवा हो जाता है ! इस समूचे जटिल विधान में सबसे करुण स्थिति कन्या की होती है। उसके हृदय में सुन्दर पति पाने की कामना का अंकुर उगा होता है। पिता को कन्या की कामना से सहानुभूति रखने की फुर्सत और औक़ात नहीं होती। केवल माँ ऐसी होती है जो कुरूप या अयोग्य जामाता पाने की आशंका से मन-ही-मन काँपती रहती है। वह पति की परेशानियों को जीवन क्षेत्र में उतर कर बँटा नहीं सकती। पिता की अपनी परेशानियाँ होती हैं। वह भी अपनी लड़की के लिए सुन्दर वर चाहता है, लेकिन समाज और धन के ठेकेदार आड़े आते हैं। किस पिता की इच्छा सुन्दर और सुशील जामाता पाने की नहीं होती, कि उसकी पुत्री का जीवन सुखी रहे। निराला ने 'सरोज-स्मृति' में इसी स्थिति की अभिव्यक्ति करते लिखा था–

ऐसे शिव से गिरिजा विवाह।
करने की मेरी नहीं चाह॥

गिरिजा सुन्दर कन्या सरोज और शिव अशुभ-वेशी गँवार लड़के।

नारद ने सती का हाथ देखकर बताया कि और सब तो ठीक है लेकिन पार्वती को जो पति मिलेगा वह थोड़ा टेढ़-बाँकुर होगा। उसके हृदय में काम की भावना ही नहीं होगी। पार्वती को ऐसा पति मिलेगा जो नंगा रहेगा और हृदय में 'अकाम' होगा—विवाह करके जोगी रहेगा—

जोगी जटिल अकाम मन नगन अमंगल वेष।
अस स्वामी एहि कहँ मिलिहि परी हस्त अस रेख॥

बात तो झूठी हो नहीं सकती ! 'होइ न मृषा देवरिषि भाखा।' हिमाचल तो भाग्य का खेल समझकर चुप हो रहे। लेकिन एकान्त पाकर पार्वती की माँ ने पार्वती के पिता हिमाचल से अपनी पीड़ा कही और 'देवरिषि' ने जो कुछ कहा उसके विरुद्ध जाने की भी प्रेरणा दी—अगर घर-बार और कुल अच्छे हों और पुत्री के योग्य हों, तभी विवाह कीजिए। नहीं तो चाहे पार्वती कुआँरी ही रह जाए, अयोग्य विवाह न कीजिए। नाथ ! पार्वती मुझे प्राणों से भी ज़्यादा प्रिय है—

जौं घरु बरु कुलु होइ अनूपा। करिअ बिबाहु सुता अनुरूपा॥
न त कन्या बरु रहौ कुआँरी। कंत उमा मम प्रान पियारी॥

बाद में जब शिव अपने अनुसार बारात भी लेकर आ ही पहुँचे पार्वती को ब्याहने और रुद्र का विकट वेष देखकर नगर की अबलाओं को विशेष भय हुआ तो पार्वती की माँ मैना की पीड़ा असह्य हो उठी। मैना कन्या को गोद में बिठलाकर रोने लगी, 'जिस भगवान ने तुम्हें ऐसा सुन्दर रूप दिया उसने तुम्हें ऐसा बौड़म और बावला वर दिया ! मैं तुम्हें लेकर पर्वत से कूद पड़ूँगी, आग में कूद पड़ूँगी, पानी में डूब जाऊँगी, चाहे घर उजड़ जाए, चाहे कलंक लगे मैं जीते जी यह विवाह नहीं होने दूँगी'—

जेहिं बिधि तुम्हहिं रूपु अस दीन्हा। तेहिं जड़ बरु बाउर कस कीन्हा॥
कस कीन्ह बरु बौराह बिधि जेहिं तुम्हहिं सुन्दरता दई।
जे फल चहिअ सुरतरुहिं सो बरबस बबूरहि लागई॥
तुम्ह सहित गिरि तें गिरौं पावक जरौं जलनिधि महुँ परौ।
घरु जाउ अपजसु होउ जग जीवत बिबाहु न हौं करौं॥

यह तुलसीदास के एक नारी-पात्र का विद्रोह है तत्कालीन नारी-विरोधी व्यवस्था के प्रति। यह विद्रोह कल्पित केवल इस अर्थ में है कि तुलसी ने अपनी आँखों से देखे हुए नारी-विद्रोह को पार्वती की माँ के साथ जोड़ दिया है।

मध्यकालीन समाज में नारियाँ दमघोंटू व्यवस्था में सिर्फ कुढ़ती ही नहीं थीं, कभी-कभी उससे त्राण पाने के लिए कुआँ-तालाब भी धर लेती थीं। आज भी असहाय स्त्रियाँ कई कारणों से ऊबकर जल मरती हैं, रेल की पटरी के नीचे कट जाती हैं। ऐसी घटनाएँ भारत में बहुत दिनों से होती आ रही हैं। मध्यकाल में होती थीं—आज भी गाँवों में होती हैं। नारी का यह विद्रोह उस व्यवस्था और सामाजिक वातावरण के प्रति होता है जिसमें वह पूर्ण रूप से विवश है। वह व्यवस्था से लड़ने की स्थिति में नहीं है, तो अपने को ही समाप्त करके अपनी पीड़ा का अन्त करती है। नारी की इस विवशता का कारण उसकी पराधीनता है। यह पराधीनता उसकी आर्थिक पराधीनता के कारण है। तुलसी इस पराधीनता के कारण को नहीं जानते रहे होंगे; लेकिन नारी-पराधीनता को पहचानते थे—

कत बिधि सृजी नारि जग माहीं। पराधीन सपनेहुँ सुख नाहीं॥

तुलसी को नारी-निन्दक घोषित करने वाले इस अर्धाली को कभी उद्धृत नहीं करते। वे यह कभी नहीं कहते कि मध्यकाल के कई अन्य कवियों ने भी तुलसी की ही तरह और तुलसी से भी बढ़कर नारी-निन्दा की है। वे यह भी नहीं बताते कि किस अन्य मध्यकालीन कवि ने नारी को पराधीन कहा है !

उस काल में कन्या स्वेच्छा से विवाह नहीं कर सकती थी। कन्या का पिता अपनी हैसियत के अनुसार वर तलाश करता था। पुष्प-वाटिका में राम को देख कर सीता का मन उनकी ओर आकृष्ट हुआ तो उन्हें अपनी इस विवशता का भी ध्यान आया कि वे अपने नहीं, पिता के अधीन हैं—

धरि बड़ि धीर राम उर आने। फिरी अपनपउ पितु बस जाने॥

चित्रकूट में जानकी की माँ जानकी से मिलीं। यह भेंट अत्यन्त विपत्ति के समय हुई थी। सीता और उनकी माँ दोनों को बहुत सांत्वना की आवश्यकता थी। दिनभर सीता अपनी माँ के डेरे पर रहीं। शाम होते ही उन्हें ध्यान आया—'इहाँ बसब रजनी भल नाहीं।' पति की इच्छा के विरुद्ध या उनकी अनुमति के बिना मायके ठहरना पत्नी के लिए अनुचित यानी उसके वश में नहीं। इसी विवशता और पराधीनता को मध्यकालीन भारतीय समाज नैतिकता में रूपान्तरित करके स्त्री को पूरी तरह चारदीवारी के अन्दर रखता था। अनसूया ने सीता को जो उपदेश दिया है उसमें कई बातें आज भी अनुचित नहीं हैं। पतिव्रता का अनादर कोई व्यवस्था नहीं करेगी। लेकिन कुल मिलाकर अनसूया का सीता को दिया गया उपदेश उस मध्यकालीन एकांगी नैतिकता पर आधारित है जो पुरुष और स्त्री को समाज में बराबरी का स्थान नहीं देता था। इस विषमता को राम का चरित्र तोड़ता है। इस विषमता-युक्त व्यवस्था की एकांगिता और हृदय-हीनता से तुलसी को भी

चोट पहुँचती थी।

जिस प्रकार राज्य-व्यवस्था की दृष्टि से तुलसी का आदर्श रामराज्य है, उसी प्रकार विवाह की दृष्टि से तुलसी का आदर्श प्रेम-विवाह प्रतीत होता है। इसीलिए उन्होंने विवाह के पूर्व सीता और राम का मिलन पुष्पवाटिका में कराया है। राम को देखकर सीता के हृदय में जो आकर्षण-विक्षोभ उत्पन्न होता है और उसका जो चित्रण तुलसीदास ने किया है वह कन्या के हृदय में छिपी हुई मासूम कामना से परिचित सहृदय कवि ही कर सकता है। पुष्पवाटिका में सीता-राम का परस्पर दर्शन, राम की वन-यात्रा, चित्रकूट में राम-भरत का मिलन सम्भवतः रामचरितमानस के उत्कृष्ट काव्य-स्थल हैं। पुष्पवाटिका में किशोरवय के दो व्यक्तियों के प्रेमोदय का वर्णन-चित्रण है। उस चित्रण की मार्मिकता का आधार वह स्वभाविक और सहज संकोच है जो इस किशोरवय के प्रेमोदय की विशेषता होती है।

किशोरी सीता ने सुना कि वाटिका में दो सुन्दर राजकुमार आए हैं तो वे किशोरी मृगी के समान चकित और सभय होकर चारों ओर देखने लगीं। सभय इसलिए कि कहीं कोई यह न देख ले कि वे राजकुमारों को देखने के लिए आतुर हैं। जवान लड़की सुन्दर लड़के को देखने के लिए चारों ओर जल्दी-जल्दी नज़र दौड़ा रही है, उसके मन में आतुरता, व्यग्रता, संकोच, भय और सुन्दर रूप देखने की लालसा, सब कुछ है—लेकिन इन सब के साथ वह स्वयं कितनी सुन्दर लग रही है यह भी देखने की बात है—

चकित बिलोकति सकल दिसि जनु सिसु मृगी सभीत।

राम ने सीता को पहले देखा। उनके नयन सीता के चन्द्रमुख के चकोर हो गए। परमब्रह्म, अज, अमर, 'राम ब्रह्म चिन्मय अविनासी' साधारण राजकुमार हो गए और किशोरी सीता पर मुग्ध हो गए। तुलसी अपने राम को किसी और के मुखचन्द्र का चकोर बनाएँ, यह असम्भव लगता है। लेकिन यह तुलसी ने चित्रित किया है। राम बात तो अनुज से कर रहे हैं लेकिन मन सीता के रूप में लगा है। उनका मन मधुप के समान सीता के मुख-कमल के छवि-मकरन्द का पान कर रहा है—

करत बतकही अनुज सन मनु सिय रूप लोभान।
मुख सरोज मकरन्द छवि करइ मधुप इव पान॥

राम के इसी रूप को सीता ने देखा। देखकर वे स्नेह-विभोर हो गईं। जिस प्रकार राम उनके मुख-चन्द्र के चकोर हो गए थे उसी प्रकार वे राम के मुख-चन्द्र की चकोरी हो गईं। उन्होंने नेत्रों के मार्ग से लाकर राम के रूप को मन में स्थित कर लिया। आँखों का कपाट बन्द कर लिया। जब देर हो गई और सखी ने

झकझोरा और वे आपे में आईं तो सबसे पहले उन्हें पिता के प्रण को याद करके क्षोभ हुआ—

सुमिरि पिता पनु मनु अति छोभा।

यह क्षोभ उन्हें अपनी विवशता के ही कारण आया होगा। अगर उन्हें राम से बात करने और ब्याह करने की स्वतंत्रता होती तो यह क्षोभ न होता। सीता को प्रेम के कारण परवशा देखकर सखियों को बहुत डर लगा। एक सखी ने उन्हें इशारा समझाते हुए कहा—'कल इसी वक्त यहीं फिर चली आइएगा।'' यानी फिर मुलाक़ात कर लीजिएगा, आज चलिए बहुत देर हो गई है। सीता ने सखी की यह गूढ़ गिरा सुनी 'तो देर हो गई है' यह समझकर मन में डरीं। यह भी सोचा कि वे तो पिता के वश में हैं—

गूढ़ गिरा सुनि सिय सकुचानी। भएउ बिलंबु मातुभय मानी॥
धरि बड़ि धीर रामु उर आने। फिरी अपनपउ पितु बस जाने॥

नारी की पराधीनता का उल्लेख तुलसी ने पार्वती के प्रसंग में किया था। उन्होंने सीता के हृदय में 'क्षोभ' और 'विवशता' का उल्लेख किया है। निश्चय ही इस पराधीनता और विवशता की पीड़ा तुलसी को थी।

तुलसी ने शृंगार का वर्णन बहुत मर्यादित ढंग से किया है। उनके यहाँ नारी का रीतिकालीन नायिका-भेद वाला रूप नहीं उभरा है। फिर भी तुलसी नारी रूप से काफ़ी प्रभावित कवि मालूम पड़ते हैं। जहाँ कहीं अवसर मिला है उन्होंने मुनियों-उदासियों की बड़ी दुर्गत कराई है। मोहिनी के रूप पर मुग्ध नारद की हास्यास्पद स्थिति का वर्णन—

जप तप कछु न होइ तेहिं काला। हे बिधि मिलै कउन बिधि बाला॥

स्वयंवर-सभा में मोहिनी कपि-मुख नारद की ओर देखना भी नहीं चाहती और मुनि महाराज उछल-उछल कर उसे अपना मुँह दिखाने का प्रयास कर रहे हैं—

पुनि पुनि मुनि उकसहिं अकुलाहीं।

कामदेव का प्रभाव ऐसा होता है कि नर, नारी, देवता, मुनि, ज्ञानी, पशु-पक्षी, प्रकृति सब विवश हो जाते हैं। ऐसे अवसर पर विवेक भग जाता है, सद्ग्रन्थ पर्वत-कन्दराओं में छिप जाते हैं। सभी स्त्री-पुरुष जाति के चर-अचर अपनी-अपनी मर्यादा छोड़कर कामदेव के वशीभूत हो जाते हैं—

जे सजीव जग अचर चर नारि पुरुष अस नाम।
ते निज निज मरजाद तजि भए सकल बस काम॥

ऐसा संसार में कौन है जिसे 'मृगनयनी का नयन सर' नहीं लगा—

मृगनयनी के नयन सर को अस लाग न जाहि।

तुलसी के यहाँ नारी नयन सर' ही नहीं मारती। उसका समस्त मोहक सौन्दर्य मंगल-विधायक भी है। वह करुणा से युक्त, सहानुभूतिमय, और उदार भी है। जनकपुरी, वन-मार्ग पर पड़ने वाले गाँवों और अयोध्या की नारियाँ राम और सीता के रूप पर मुग्ध होती हैं, उनसे सहानुभूति रखती हैं, उनका हृदय अपार शुभकामना से पूर्ण है। रावण बहुत अन्यायी है किन्तु उसकी स्त्री विवेक से युक्त है। त्रिजटा बन्दिनी सीता की सहायिका है, शबरी राम और लक्ष्मण का अपूर्व सत्कार करती है। शुभ अवसरों पर तुलसीदास मंगल-गान करने वाली सुन्दरी स्त्रियों को नहीं भूलते। वे 'कल-कंठी' 'कोकिल-बैनी' होती हैं। ये स्त्रियाँ तुलसी साहित्य में मंगल और सौन्दर्य की जीवित प्रतिमाओं के समान झुण्ड-की-झुण्ड दिखलाई पड़ती हैं। ये स्त्रियाँ प्रायः गान अवश्य करती हैं।

जनकपुरी की स्त्रियाँ झरोखों से राम-लक्ष्मण को अनुरागपूर्वक देखती हैं, वे हृदय में प्रसन्न हैं, पुष्प-वर्षा करती हैं–

जुबतीं भवन झरोखन्हि लागीं। निरखहिं रामरूपअनुरागी॥

x x x

हिय हरषहिं बरषहिं सुमन सुमुखि सुलोचनि वृन्द।

पुष्पवाटिका में सखियाँ–

संग सखीं सब सुभग सयानीं। गावहिं गीत मनोहरबानी॥

राम ने शिव का धनुष तोड़ा है और उनका विवाह होने वाला है, यह समाचार सुनकर अयोध्या के लोग अत्यन्त प्रसन्न हुए और नारियाँ ?

जहँ तहँ जूथ जूथ मिलि भामिनि। सजि नवसप्त सकल दुति दामिनि॥
बिधुबदनीं मृगबालकलोचनि। निज सरूप रति मानु बिमोचनि॥
गावहिं मंगल मंजुल बानी। सुनि कलरव कलकंठि लजानी॥

सीता-विवाह के अवसर पर जनकपुर की स्त्रियों की शोभा और गान का वर्णन ! वे सोलहों श्रृंगार से सुसज्जित हैं, मत्तकुंजरगामिनी हैं, उनका सुन्दर गान सुनकर मुनि ध्यान त्याग देते हैं और काम-कोकिलाएँ भी लज्जित हो जाती हैं, उनके मंजीर, नूपुर कंकण सब ताल की गति पर बज रहे हैं। ये स्त्रियाँ सीता को विवाह-मण्डप में ला रही थीं–

चलि ल्याइ सीतहि सखी सादर सजि सुमंगल भामिनीं
नव सप्त साजे सुन्दरीं सब मत्त कुंजरगामिनीं॥
कल गान सुनि मुनि ध्यान त्यागहिं काम कोकिल लाजहीं
मंजीर नूपुर कलित कंकन ताल गति बर बाजहीं॥

राम, सीता और लक्ष्मण के अवध लौटने पर अयोध्या की नारियों का

हर्षोल्लास—

दधि दुर्बा रोचन फल फूला। नव तुलसीदल मंगल मूला।
भरि भरि हेमथार भामिनी। गावत चलिं सिंधुरगामिनी॥

बहुत-सी स्त्रियाँ अटारियों पर चढ़कर पुष्पक विमान को देखने लगीं। उसे देखकर वे मधुर स्वर से मंगल गान करती हैं। कोई शुभ अवसर आते ही स्त्रियों का गान फूट पड़ता है। भारतीयों का कोई शुभ समारोह स्त्रियों के कल-गान के बिना नहीं होता था। गाँवों में अब भी यही स्थिति है।

अयोध्या नगरी उस अवसर पर समुद्र के समान राम रूपी पूर्णचन्द्रमा को देखकर बढ़ने लगी। समुद्र की लहरें पूर्णमासी की रात में ऊपर उठती हैं। इन लहरों में कोलाहल का रव भी होता है। अयोध्या लहरें मारते हुए समुद्र के समान बन गई, कल गान करती हुई नारियों का झुंड समुद्र की लहरों के समान हो उठा—

राकस ससि रघुपतिपुर सिंधु देखि हरषान।
बढ़यो कोलाहल करत जनु नारि तरंग समान॥

गाती हुई नारियों की उल्लसित तरंगों की उपमा पर ध्यान दीजिए और अनुमान कीजिए कि तुलसीदास नारी-सौन्दर्य से कितना गहरे प्रभावित होते थे। इसी के साथ एक और अर्धाली पर ग़ौर कीजिए—

प्रगटहिं दुरहिं अटन्ह पर भामिनि। चारु चपल जनु दमकहिं दामिनि॥

तुलसी में शृंगार और नारी-सौन्दर्य की कमी नहीं है। उनकी कविता में स्वाभाविक नारी-सौन्दर्य रीतिकालीन कवियों से बेहतर चित्रित है। लेकिन एक तो उनके यहाँ नारी-सौन्दर्य का उच्छृंखल चित्रण नहीं है, दूसरे उनके यहाँ नारी केवल रमणी नहीं है, वह कन्या, पत्नी, और माँ तीनों है। सीता का चरित्र ऐसा है कि वे अपने पति के दुःखों की सहभागिनी भी बनती हैं। सीता का चरित्र रीतिकालीन नारी-रूप को खण्डित करता है। सीता राम के साथ जीवन और वन के बीहड़ मार्गों पर राम का साथ देती हैं वे वन के कष्टों के भय से पति का साथ छोड़कर राजभवन में नहीं बैठ रहतीं। राजभवन में बैठ रहतीं और विरह की नवों-दसों दशाओं को प्राप्त होतीं तो रीतिकालीन नायिका बनकर रह जातीं। उनके दुःख में उनका कष्ट और संघर्ष भी शामिल है। इसीलिए उनका दुःख और विरह भी महान् है। सीता का दुःख राम से कम नहीं, सम्भवतः अधिक है। राम के दुःख को अत्यन्त तीव्र रूप में चित्रित करने वाले महाकवि भवभूति सीता के दुःख को नहीं भूले हैं। भागीरथी सीता की माँ धरती को आश्वासन देती हैं तो धरती कहती है—'सीता को उत्पन्न करके मैं आश्वासन कैसे धारण करूँ ?'—सीता प्रसूय कथ आश्वसिमि। सीता पृथ्वी-कन्या हैं। वे राम की जीवन-सहचरी हैं। सीता का चित्रण तुलसी ने उस

भारतीय पत्नी के रूप में किया है जो आपत्काल में खरी उतरती है–

धीरज धरमु मित्र अरु नारी। आपतकाल परखियइ चारी॥

वे राजकन्या और सम्राज्ञी का सुख कहाँ भोग पाती हैं ! हाँ, विपत्ति के दिनों में पति की सेवा उत्साहपूर्वक करने में सुख अवश्य अनुभव करती हैं। वनगमन के अवसर पर उनका उत्साह देखिए–

मोहि मग चलत न होइहि हारी। छिनु छिनु चरन सरोज निहारी॥
सबहि भाँति पिय सेवा करिहौं। मारग जनित सकल श्रम हरिहौं॥
पाय पखारि बैठि तरु छाहीं। करहिउँ बाउ मुदित मन माहीं॥
श्रम कन सहित स्याम तन देखें। कहँ दुख समउ प्रान पति पेखें॥
सम महि तृन तरु पल्लव डासी। पाय पलोटिहि सब निसि दासी॥

तुलसी केवल स्त्रियों से ही पातिव्रत्य धर्म की अपेक्षा नहीं करते। उनके राम भी पत्नीव्रती थे। रामराज्य में पुरुषों का जो वर्णन किया गया है वे सब भी एक पत्नीव्रती हैं–

एकनारिव्रत रत सब झारी। ते मन बच क्रम पति हितकारी॥

तुलसी को नारी-निन्दक घोषित करने वाले 'विद्वानों' को पता लगाना चाहिए कि मध्यकाल के किस अन्य कवि ने पुरुष के लिए 'एकनारीव्रत' की व्यवस्था दी है ? तुलसी असुविधाजनक कवि हैं, वे कई समकालीन प्रतिष्ठित कवियों और आलोचकों को भी परेशान करते हैं।

तुलसी के यहाँ खल नारी-पात्रों में प्रमुख शूर्पणखा, मंथरा और कैकेयी हैं। शूर्पणखा तो बहुत-कुछ मोहिनी के रूप पर विमुग्ध नारद का नारी संस्करण है। वह भी हास्यास्पद है। राम और लक्ष्मण पहले दोनों उसका मज़ाक उड़ाते हैं। राम अपने को विवाहित बताकर, लक्ष्मण अपने को राम का दास बताकर शूर्पणखा को टालते हैं। मुझसे शादी करके तुम्हें क्या मिलेगा, मैं तो राम का सेवक हूँ, राम से विवाह करोगी तो मौज में रहोगी, राम का विवाह हो गया है तो क्या हुआ ! राम बड़े हैं, राजा हैं–

जो कछु करहिं उनहिं सब छाजा।

यहाँ 'जो कछु' का मतलब है 'अनुचित'। एक पत्नी के रहते हुए दूसरा विवाह करके 'अनुचित' भी करेंगे तो वे राजा हैं। 'उनहिं सब छाजा' में दूसरे ब्याह का अनौचित्य और राम ऐसा कदापि न करेंगे इस निश्चय के कारण विनोद भी है। विवेकहीन कामी पात्रों का मज़ाक उड़ाने में तुलसी सिद्धहस्त हैं।

स्त्रियों की संकीर्णहृदयता, परद्वेष, चुगल-खोरी, त्रिया-चरित्र, त्रिया-हठ आदि का चित्रण तुलसी ने मंथरा और कैकेयी के माध्यम से किया है। मंथरा हिन्दी प्रदेश

में चुगलखोर और परद्रोही स्त्रियों का प्रतीक बन गई है। मंथरा ऐतिहासिक पात्रों की अपेक्षा कम नहीं बल्कि ज़्यादा मशहूर है। उसकी उक्ति–'कोउ नृप होहि हमहि का हानी। चेरि छाड़ अब होब कि रानी' तो निष्क्रिय और अपने को तटस्थ कहने वाले लोगों का वेद-वाक्य बन गई है। मंथरा और कैकेयी का संवाद पढ़कर अनुमान किया जा सकता है कि तुलसी ने हिन्दी प्रदेश की मंथरा जैसी औरतों और उनके मुहावरों का भी अध्ययन-पर्यवेक्षण कितनी गहराई से किया था। औरतों की, ख़ास तौर पर गाँव की बुड्ढी वाचाल औरतों की जुबान की मुहावरेबाज़ी सुनने की चीज़ होती है। किसी बोली के मुहावरों का ताज़ा मज़ा लेना हो तो दो बुढ़ियों का संवाद सुनिए सौभाग्य मिले तो झगड़ा देखिए और सुनिए। पढ़ी-लिखी औरतों की बात तो हम नहीं कहते, लेकिन साधारण औरतें मुहावरों के बिना पाँच वाक्य भी नहीं बोलतीं।

कैकेयी रूप-गर्विता और दशरथ के बुड्ढे प्यार से बिगड़ी हुई युवती रानी है, और मंथरा उसकी बुड्ढी लेकिन अन्तरंग सेविका। मंथरा ठेठ शेक्सपियरीय पात्र है। अच्छे से अच्छे व्यक्ति के चित्त को द्वेष और शंका के विष से भर देने में उसका सानी नहीं, वह कैसियस और इयागो से कम कुशल नहीं है। अपने शिकार की मनःस्थिति के परिवर्तनों और अपने वाक्यों के उस पर पड़ने वाले प्रभावों को ताड़ने में वह अचूक है। अपने-अपने दाँव में चतुर व्यक्तियों के संवाद में उक्ति शृंखला की विशेषता होती है; यानी एक व्यक्ति जो बोलता है, दूसरा उसी के द्वारा प्रयुक्त किसी शब्द का प्रयोग करके अपने उत्तर को ज़्यादा घातक बनाता है। कैकेयी ने मंथरा को बिलखते हुए देखकर कारण पूछा तो मंथरा चुप रही। उसके चुप रहने पर कैकेयी ने कहा 'अच्छा तेरे गाल बहुत बड़े हो गए हैं' (तेरी बहुत हिम्मत बढ़ गई है, तू बहुत ढीठ हो गई है) मालूम पड़ता है लक्ष्मण ने तुझे अच्छी तरह सीख दे दी है। तेरी मरम्मत कर दी है'–

हँस कह रानि गालु बड़ तोरें। दीन्हि लखन सिख अस मन मोरें॥

इस पर मंथरा का उत्तर–माई, हमें कोई सीख क्यों देगा और मैं किसके बल पर गाल करूँगी'–

कत सिख देइ हमहिं कोउ माई। गाल करब केहि कर बलु पाई॥
रामहिं छाड़ि कुसल केहि आजू। जिन्हहि जनेसु देइ जुबराजू॥
भएउ कौसिलहि बिधि अति दाहिन। देखत गरब रहत उन नाहिन॥
देखहु कस न जाइ सब सोभा। जो अवलोक मोर मनु छोभा॥
पूतु बिदेस न सोचु तुम्हारें। जानतिहहु बस नाहु हमारें॥
नींद बहुत प्रिय सेज तुराई। लखहु न भूपकपट चतुराई॥

कहने का मतलब यह कि 'तुम तो सीधी, सरल हृदय की हो। कौशल्या, राम और दशरथ की चालाकी तुम क्या समझो'। जिसको अपने रास्ते पर लाना हो उसको सीधा और ईमानदार कहना और सारी दुनिया को उसका दुश्मन बताना कपटाचारियों का पहला पैंतरा होता है। जो हमें अच्छा, सरल कहे वह एक तो हमें ठीक से समझता है दूसरा हमारा इतना हितू है कि हमें इतने सारे दुश्मनों से बचाना चाहता है।

लेकिन कैकेयी इतनी जल्दी फँसने वाली नहीं थी। उसने मंथरा को डाँटकर कहा—'घर फोरी (घर फोड़ने वाली !) तूने ऐसी बात दुबारा कही तो तेरी जुबान बाहर निकलवा लूँगी'—

पुनि अस कबहुँ कहसि घरफोरी। तउ धरि जीभ कढ़ावौं तोरी॥

'काने, लँगड़े, कुबड़े, बहुत कुटिल और कुचाली होते हैं उसमें भी स्त्री और चेरी तो विशेष'। इतना कहने के बाद कैकेयी को लगा कि वह ज़रूरत से ज़्यादा गुस्से में आ गई है, या यह लगा हो कि मंथरा के कूबड़ का मज़ाक उड़ाकर उसने बहुत ज़्यादती की है, इसलिए यह दिखाने के लिए कि वह विनोद कर रही थी, हँस पड़ी और कुबड़ी मंथरा को प्रियवादिन कहकर संबोधन करने लगी—

काने खोरे कूबरे कुटिल कुचाली जानि।
तिस विसेषि पुनि चेरि कहि भरतं मातु मुसुकानि॥

कैकेयी के पूछने पर मंथरा ने उत्तर दिया—एक ही बार बोलने से आपने मेरी सारी आशाएँ पूरी कर दीं अब दूसरी जिह्वा लगाकर मैं क्या बात करूँ (एक जिह्वा तो आपने मेरी निकलवा ली)। मेरा कपाल (सिर, तक़दीर) ही फोड़ने योग्य है, जो भला कहते हुए भी आपको बुरा लगता है। जो आपके सामने झूठी बातों को सच्चा बनाकर कहते हैं, वे ही आपको प्यारे लगते हैं। मैं भी अब ठकुरसोहाती (ठाकुर, मालिक को अच्छी लगने वाली) बात कहूँगी, नहीं तो चुप ही रहूँगी। मुझे तो ब्रह्मा ने ही कुरूप बनाकर परवश किया, जो मैंने पूर्व जन्म में बोया था वही काटा, जो दिया था वह पाया। कोई राजा हो मुझे क्या, मुझे चेरी से रानी नहीं बनना है। क्या करूँ, मेरा स्वभाव ही जला देने योग्य है जो तुम्हारा अनभल देखा नहीं जाता—

एकहिं बार आस सब पूजी। अब कछु कहब जीभ करि दूजी॥
फोरइ जोगु कपारु अभागा। भलेउ कहत दुख रौरेहिं लागा॥
कहहिं झूठ फुरि बात बनाई। ते प्रिय तुम्हहिं करुइ मैं माई॥
हमहुँ कहबि अब ठकुरसोहाती। नाहिं त मौन रहब दिनु राती॥
करि कुरूप विधि परबस कीन्हा। बवा सो लुना लहिअ जो दीन्हा॥
कोउ नृप होउ हमहि का हानी। चेरि छाड़ि अब होब कि रानी॥
जारइ जोगु सुभाउ हमारा। अनभल देखि न जाइ तुम्हारा॥

थोड़ा आगे कैकेयी द्वारा 'घरफोरी' विशेषण का प्रत्युत्तर उसी शब्द-प्रयोग के द्वारा–तुम तो पूछती हो और मुझे बताने में डर लगता है, तुमने मेरा घर-फोरी' नाम रख दिया है'–

तुम्ह पूँछहु मैं कहत डेराऊँ। धरेहु मोर घरफोरी नाऊँ॥

मंथरा ने बहुत 'गढ़-छोल' कर बातें कीं। 'भामिनि अब तुम दूध की माखी हो गईं। राम राजा होंगे, लक्ष्मण उनके नायब और भरत बन्दीगृह में क़ैद !'

कैकेयी का मन डिगना शुरू हुआ और मंथरा को शिकार जाल में फँसता हुआ दिखलाई पड़ा तो उसने दाँतों से जुबान दबा ली। यह मंथरा की ऐसी क्रिया रही होगी जिसे कैकेयी ने नहीं देखा होगा। वस्तुतः यह 'अब फँसा' की शारीरिक व्यंजना है जिसे देखकर ही जाना जा सकता है, वस्तुतः मंथरा की यह क्रिया रंगमंच पर होने वाला 'जनान्तिक अभिनय' है जिसे पाठक, सामाजिक तो समझ और देख लेते हैं लेकिन अन्य पात्र नहीं देख सुन पाते। मंथरा की यह क्रिया पाठकों के मन में उसकी कुटिलता को और उजागर कर देती है।

कैकेयी मंथरा के द्वारा गुमराह होना शुरू होती है, अन्धविश्वास की प्रक्रिया से। व्यक्ति गुमराह होने से पहले आत्मविश्वास खोता है। कैकेयी राम, कौशल्या, दशरथ और भरत के स्वभाव पर सन्देह ही नहीं कर सकती थी, बिना आत्म विश्वास खोए। जो कुछ उसका अपना अनुभव था, उस पर विश्वास करने के बजाए जब वह मंथरा के कहे पर भरोसा करने लगी तो उसके दिमाग़ में सपनों और सगुन-असगुन की बातें आने लगीं–

सुनु मंथरा बात फुरि तोरी। दहिनि आँखि नित फरकइ मोरी॥
दिन प्रति देखौं राति कुसपने। कहौं न तोहि मोहबस अपने॥
काह करौं सखि सूध सुभाऊ। दाहिन बाम न जानौं काऊ॥
अपने चलत न आजु लगि अनभल काहुक कीन्ह।
केहि अध एकहि बार मोहि दैअँ दुसह दुखु दीन्ह॥
नैहर जनमु भरव बरु जाई। जिअत न करबि सवति सेवकाई॥

मंथरा ने कैकेयी से कहा था 'तुम सीधी हो, राजा का कपटाचार समझ नहीं पातीं'। कैकेयी भी अपने बारे में कहती है–

अपने चलत न आजु लगि अनभल काहुक कीन्ह।
केहि अध एकहि बार मोहि दैअँ दुसह दुख दीन्ह॥

मंथरा की चाल में फँस जाने के बाद कैकेयी उसके कहने पर सब कुछ करने को तैयार हो जाती है। यहाँ तक कि अपने पति और पुत्र को भी त्याग सकती है कुएँ में कूद सकती है–

परौ कूप तुअ बचन पर सकौं पूत पति त्यागि।
कहसि मोर दुखु देखि बड़ कस न करब हित लागि॥

राजा दशरथ और कैकेयी के संवाद से पता चलता है कि तरुणी वृद्ध के लिए सचमुच विष होती है। कैकेयी अपने वृद्ध पति पर इतना हावी है कि दशरथ अपनी विवशता भली भाँति महसूस करते हैं—बीच-बीच में अशक्त पतियों की तरह भुनभुनाते ज़रूर रहते हैं, व्यक्तित्व और शारीरिक शक्ति के अभाव में ज़ुबान की ताक़त दिखाते हैं। वे कैकेयी की इच्छापूर्ति के लिए क्या नहीं कर सकते ? उसकी इच्छा अच्छी है या बुरी, इसे समझने की बात उनके दिमाग़ में नहीं आती। कैकेयी को मनाते हुए उनकी ठेठ सामन्ती डींग देखिए। कामग्रस्त सामन्त ने प्रजा का हित भी चहेती बीबी को सौंप दिया है। कैकेयी से बोलना शुरू करते समय दशरथ का मन एक ही प्रिय सम्बोधन से नहीं भरता। वे एक साथ उसे 'सुमुखि', सुलोचनि' पिकबचनि', गजगामिनि', इन चार विशेषणों से सम्बोधित करते हैं—

बार बार कह राउ सुमुखि सुलोचनि पिकबचनि।
कारन मोहि सुनाउ गजगामिनि निज कोप कर॥
अनहित तोर प्रिया केहु कीन्हा। केहि दुइ सिर केहि जमु चह लीन्हा॥
कहु केहि रंकहि करौं नरेसु। कहु केहि नृपहि निकासौं देसू॥
सकौ तोर अरि अमरौ मारी। काह कीट बपुरे नर नारी॥
जानसि मोर सुभाउ बरोरू। मनु तव आननचंदचकोरू॥
प्रिया प्रान सुत सरबसु मोरें। परिजन प्रजा सकल बस तोरें॥

अगर सन्दर्भ न ज्ञात हो तो पता लगाना मुश्किल है कि ये पंक्तियाँ दशरथ की हैं या रावण की।

वृद्धराजा दशरथ युवतीरानी कैकेयी को मनाते हुए उसकी ओर हाथ भी बढ़ा रहे हैं, और वह 'परसत पानि पतिहिं नेवारई'—उनका हाथ झटक देती है। यह चित्र कल्पित करके सोचिए तो पता चलेगा कि तुलसी तरह-तरह की नारियों के स्वभाव और उनकी विशिष्ट स्थितियों के बारे में काफ़ी कुछ जानते थे। निराला की साहित्य-साधना' के प्रथम खण्ड में डॉ. रामविलास शर्मा ने दिखाया है कि निराला तुलसी के इस छन्द को स्वर के किस उतार-चढ़ाव से पढ़ते थे। उसे यहाँ उद्धृत न करना प्रस्तुत पुस्तक को पढ़ने वालों के साथ अन्याय होगा—

वह (निराला) तुलसीदास से भी उनके शब्दानुप्रास वाली पंक्तियाँ छाँटकर दोहराते थे—

केहि हेतु रानि रिसानि परसत पानि पतिहिं नेवारई।

इसे धीमी गति से पढ़ते मानो दशरथ धीरे-धीरे कैकेयी की ओर हाथ बढ़ा

रहे हों–

मानहु सरोष भुअंगभामिनि विषम भाँति निहारई ॥

उनका स्वर बल खाता हुआ उठता मानो नागिन फुफकार रही हो–
दोउ बासना रसना दसन बर मरमठाहरु देखई।
स्वर कुछ उतरता; समतल भूमि पर बढ़ता मानों कैकेयी का सौन्दर्य देखकर वह मोह में पड़ गए हों–

तुलसी नृपति भवितव्यता बस काम कौतुक लेखई ॥

यहाँ उनका स्वर शान्त-स्निग्ध हो जाता मानों अब ट्रैजेडी का अन्त आ गया हो।"

इस उद्धरण से पता चलता है कि निराला उस चित्र को देखकर (मन में) इन पंक्तियों को पढ़ते थे–उस चित्र को, जिसे तुलसीदास ने इन पंक्तियों से खींचना चाहा था। चित्र का हल्का-गहरा रंग निराला के स्वर के उतार-चढ़ाव में आकर प्रकट होता था। अच्छी कविता का रस ग्रहण कर पाने और ठीक से पढ़ पाने की यही कसौटी है। वास्तविक घटनाओं की सम-विषम क्रियाओं की अर्थ-सम्पदा सम-विषम ध्वनियों में अनुशासित होकर बँधती है। उसे पा लेने वाले पाठक के स्वर के उतार-चढ़ाव में भी वह प्रकट होती है। यहाँ तो नहीं लेकिन अवसर हुआ तो कहीं दिखाया जाएगा कि तुलसी की कविता का रस-कोष हमारे युग में सबसे अधिक रामचन्द्र शुक्ल और निराला के हिस्से में आया है। अस्तु !

कहने का तात्पर्य यह कि तुलसीदास को एक झटके में नारी-निन्दक कह देने से काम नहीं चलेगा, उन्होंने नारी-निन्दा की है, खुलकर की है। इस विषय में तुलसी की सफाई देने की कोशिश भी उचित नहीं है। लेकिन तुलसी ने सिर्फ नारी-निन्दा ही नहीं की है, उन्होंने अपने युग के नारी-जीवन का अपूर्व एवं मार्मिक चित्रण भी किया है। यह चित्रण उनकी नारी-निन्दा से कहीं अधिक वास्तविक, सजीव और महत्वपूर्ण है। मध्यकाल के किसी अन्य हिन्दी कवि ने नारी की पीड़ा और उसकी पराधीनता को, उसकी विविध-रूपता को भी इतनी अच्छी तरह नहीं चित्रित किया है।

तुलसी के एकाध दोहों में सती-प्रथा को आधारित करके असामान्य उपमान और वक्तव्य प्रस्तुत किए गए हैं। हमें उन पर भी ध्यान देना चाहिए। परमार्थ की प्राप्ति तो सती को चिता में जल जाने से मिलेगी। तुलसी सती का आदर्श वही मानते थे जो रूढ़िग्रस्त समाज में परम्परा से गृहीत था। लेकिन वे यह भी देखते थे कि स्त्रियाँ चिता से उठकर अधजली भाग निकलती हैं। चिता से निकलकर जलती हुई भागती स्त्री का दृश्य कितना लोमहर्षक है ! मध्यकाल में

हमारे देश में ऐसे दृश्य आए दिन लोगों के सामने आते होंगे। साहित्य में इसका चित्र मुझे तुलसी के यहाँ ही मिला—

परमारथ पहिचानि मति लसति विषयँ लपटानि।
निकसि चिता तें अधजरति मानहुँ सती परानि॥

इस अमानुषिक सती-प्रथा का विरोध तो नहीं—सम्भवतः तुलसी मृत पति के शव के साथ स्त्री के मर जाने को परम पुण्य का कार्य समझते रहे होंगे—किन्तु जीवित रहते हुए मृत पति के वियोग-सहन को भी वे सती होने के समान मानते हैं। तुलसी का तर्क कुछ-कुछ इस प्रकार का है—चिता में भस्म होकर सती हो जाना सर्वोत्तम है, किन्तु यह दुष्कर है, ऐसा कोई विरला ही कर सकती है। चिता में भस्म न होने वाली, मृत पति के वियोग में पूरा जीवन काट देने वाली स्त्री भी 'सती' है। सती केवल चिता पर भस्म होने वाली ही नहीं है। तुलसी के दोहे से ऐसा लगता है कि उस काल में सर्वत्र विधवा को विवश करके जलाया ही नहीं जाता था, प्रिय लोग उसे चिता में जलकर सती होने से रोकते भी थे। कुछ भी हो, तुलसी इस प्रथा की अमानवीयता से प्रभावित हुए थे—

सीस उधारन किन कहेउ बरजि रहे प्रिय लोग।
घरहीं सती कहावती जरती नाह वियोग॥

तुलसी के जीवन से सम्बन्धित एक घटना भी किंवदन्ती के रूप में प्रचलित है कि उन्होंने एक विधवा के पति को जीवित कर दिया था। उर्दू के महान् कवि शायरेइन्क़लाब जोश मलीहाबादी ने तुलसी-विषयक इस किंवदन्ती को आधार बनाकर एक लम्बी कविता लिखी है।

देश-प्रेम देश की प्रकृति, देश की जनता से प्रेम करने के साथ की भाषाओं से प्रेम में प्रकट होता है। सच्चे देशभक्त को देश की भाषाओं से प्रेम होगा। यह भी जनता के प्रति प्रेम होने का ही अन्य रूप है। देशवासियों से प्रेम, तो देशवासियों की भाषा से भी प्रेम। तुलसी के समय में फ़ारसी राज्याधिकारियों की भाषा थी और संस्कृत धर्माधिकारियों की। संस्कृत और फ़ारसी दोनों जनभाषाओं का गला दबोचे थीं। जैसे, हमारे समय में गाँधीजी को अंग्रेज़ी बहुत अच्छी आती थी। लेकिन उन्हें गुजराती, हिन्दी और अन्य भारतीय भाषाओं से अपार प्रेम था। गाँधी का अंग्रेज़ी-ज्ञान और अंग्रेज़ी का विरोध दोनों प्रसिद्ध हैं। इसका गहरा सम्बन्ध उनके देशप्रेम से है। यही बात तुलसीदास के बारे में समझिए। तुलसीदास के संस्कृत-ज्ञान के विषय में किसी को सन्देह नहीं। भारत मे ऐसे बहुत कम कवि पैदा हुए होंगे जिन्होंने ज्ञान के विविध क्षेत्रों का इतना गहन अध्ययन किया हो। लेकिन तुलसी ने काव्य-रचना संस्कृत में नहीं की—'भदेस भाखा' में की। तुलसी

ने अवधी और ब्रज की पंक्तियों में संस्कृत और फ़ारसी के शब्द इस खूबी से घुलाए-मिलाए हैं कि वे अपने अस्तित्व का बोध नहीं कराते। लेकिन अनुमानतः तुलसी फ़ारसी भी जानते थे। उनकी रचनाओं में फ़ारसी आदि भाषाओं के शब्द अवधी और ब्रजी की प्रकृति में घुल-मिलकर प्रयुक्त हुए हैं। उनके यहाँ ऐसे अनेक शब्द मिल जाएँगे जिनका प्रयोग करने के लिए आज भी हिन्दी लेखकों को साहस से काम लेना पड़ेगा–

'गनी', 'गरीब' ग्राम नर नागर।
बहु जिनस' प्रेत पिसाच जोगि 'जमात' बरनत नहि बनै।
राम चाप तोरब सक' नाहीं।
(सक–शक)
'गुनह' लखन कर हम पर रोषू।
भै बकसीस' जाचकन्हि दीन्हा।
कुमरी 'करि कबुली' कैकेई।
(करि कबुली–कबूल करवाके)
कुमत कुबिहग 'कुलह' जनु खोली।
तात गलानि करहु जियँ 'जाएँ'।
(जाएँ–ज़ाया व्यर्थ)
इन्ह कर 'हुनर' न कबनिहुँ ओरा।
तब कछु कीन्ह राम 'रुख' पाई।
'खबरि' लीन्ह सब लोग नहाए।

तुलसी का अत्यन्त प्रिय शब्द 'गरीबनेवाज' है। इस विशेषण का प्रयोग वे राम के लिए करते हैं। राम का प्रिय विशेषण फ़ारसी में ! रामचरितमानस से भी अधिक ऐसे शब्दों का प्रयोग 'कवितावली' 'दोहावली' में है। यहाँ ऐसे शब्दों के केवल कतिपय उदाहरण दिए जा सकते हैं–

'जाहिर' 'जहान' में 'जमानो' एक भाँति भयो।
'उमरि दराज' महाराज तेरी चाहिए।
बचन बिकारु करतबउ 'खुआर'।
(खुआर–ख्वार)
मोसो 'दगाबाज' दूसरो न।
लसम के 'खसम'।
कौनें ईस किए कीस-भालु 'ख़ास माहली'।
(खास माहली–ख़ास महल का)

मोसे दीन दूबरे कपूत कूर 'काहली'।
आरति निवारी प्रभु पाहि कहें 'पील' की।
(पील—फ़ील—हाथी)
देत दादि' दीनन की।
कहैं मैं विभीषन की कछु न 'सबील' का'।
(सबील--उपाय)
ढाहिबे-दाहिबे को 'कहरी' है।
(कहरी—क़हर ढानेवाला)
उठत 'हबूब' हैं।
(हबूब--बुलबुले)
अन्त 'फजीहत' होहिगे गनिका के से पूत।

तुलसी की वास्तविक शक्ति इस बात में नहीं है कि उन्होंने अरबी-फ़ारसी के शब्दों का इस्तेमाल किया है। फ़ारसी शब्दों का इस्तेमाल करना उनकी भाषा-विषयक उदारता को अवश्य प्रकट करता है लेकिन उनकी शक्ति इस बात में है कि वे इन शब्दों को ब्रजभाषा और अवधी की प्रकृति में घुला-मिलाकर ऐसा प्रयोग कर सकते हैं कि वे एक ही भाषा के शब्द लगें। हमारे मध्यकालीन भक्त कवियों को इस क्षेत्र में कमाल हासिल था। कबीर, सूर, मीरा—सभी इस कला में पारंगत हैं। उनकी इस कला-कुशलता का आधार उनकी भाषा-विषयक जनवादिता है। जनता बाहरी शब्दों को बहुत उदारता से स्वीकार करती है लेकिन उन्हें अपनी बोली की प्रकृति में घुला-मिलाकर। उन्हें वह अपनी बोली का शब्द बना लेती है। हमारे मध्यकालीन भक्त कवियों ने फारसी-अरबी शब्दों का जो रूप अपनी कविता में रखा है वह उनके मूल रूप को सुरक्षित रखकर नहीं, बल्कि सीधे जनता द्वारा व्यवहृत रूप को स्वीकार करके। वे इस दृष्टि से शुद्धतावादी नहीं थे। शुद्धतावादी दृष्टिकोण का परिणाम अरबी-फ़ारसी रूपों को सुरक्षित रखनेवाली उस शैली में देखा जा सकता है जिसे 'उर्दू' कहते हैं। संस्कृत-बोझिल हिन्दी' कह सकते हैं। ये दोनों शैलियाँ हमारी भाषा के स्वाभाविक रूप को नष्ट करती हैं। इनके प्रयोगकर्ताओं का भाषागत दृष्टिकोण जन-विरोधी या जन-निरपेक्ष होता है—ये लोग अपने संकीर्ण दृष्टिकोण के कारण हमारी भाषा के उस सहज सौन्दर्य को नष्ट करते हैं जिसे मध्यकालीन भक्त कवियों ने निखारा था।

तुलसी इस विषय में मध्यकालीन कवियों में सर्वाधिक कुशल हैं। अन्य भक्त कवि केवल तद्भव और अरबी-फ़ारसी-तुर्की शब्दों को एकमेक कर सकते हैं—

तुलसीदास संस्कृत शब्दों को भी हिन्दी की प्रकृति में घुला-मिला सकते हैं। वे संस्कृत शब्दों की ऐसी पूरी पंक्तियाँ लिख जाते हैं जो हिन्दी लगें—संस्कृत नहीं—'समन सकल भव रुज परिवारू' या 'कपटी कुटिल कलह-प्रिय क्रोधी'। इसका कारण है कि यद्यपि ये शब्द संस्कृत के हैं, किन्तु इनकी ध्वनि-योजना हिन्दी की है।

संस्कृत और फ़ारसी आदि भाषाओं को हिन्दी की प्रकृति में ढाल देते समय तुलसी हिन्दी के वाक्य-गठन और ध्वनि-प्रवृत्ति को सुरक्षित रखते हैं। वे मुहावरों से अपनी भाषा को कस देने वाले कवि हैं। वाक्य-गठन, ध्वनि-प्रवृत्ति हिन्दी की अपनी बनी रहे, मुहावरों का प्रयोग अक्षुण्ण रहे, बस इतना कि बिगड़ने न पाए तो तुलसी भाषा के साथ नवीन से नवीन प्रयोग कर सकते हैं। उनके यहाँ 'साहिब-द्रोही' जैसी समास रचना मिल सकती है—

लोग कहउ गुर साहिब द्रोही।

'सरीकता' जैसे प्रयोग मिल सकते हैं। सरीकता यानी 'शिरकत', सहभाग। शरीक से शिरकत नहीं बल्कि महानता वाला—'ता' जोड़कर सरीक + ता = सरीकता—

रावरी पिनाक में सरीकता कहाँ रही।

ये बीहड़ प्रयोग हमें खटकते नहीं, सहज लगते हैं क्योंकि इनका प्रयोग तुलसी ने हिन्दी की (यहाँ तात्पर्य ब्रजभाषा और अवधी से है) प्रकृति के अनुसार किया है। भाषा को समृद्ध करने का यही तरीक़ा आज भी है जो लोग 'मालूम' के ऐन, 'सुषमा' के मूर्धन्य 'ष' और अंग्रेजी 'दियर' के सघोष 'द' की उच्चारणगत शुद्धता को सुरक्षित रखकर के ही मयूर-मत्त बने रहते हैं, उन सड़े-गले विद्वानों की बात हम नहीं करते। भारत में व्यवहृत विदेशी भाषाओं की ध्वनि-प्रवृत्ति भारतीय बोलियों के अनुकूल होगी या अपने 'होमलैंडों' के अनुकूल। अब तो हमें आए दिन यह भी देखने को मिल जाता है कि विदेशी लोगों का हिन्दी उच्चारण हिन्दी की प्रकृति से कितना भिन्न होता है।

तुलसी में अपनी मातृभाषा के अतिरिक्त अन्य भाषाओं पर भी अधिकार प्राप्त कर लेने की महती क्षमता थी। हम इस विवाद में नहीं पड़ना चाहते कि वे कहाँ के रहनेवाले थे और उनकी अपनी माँ-बोली क्या थी। लेकिन यह तो निश्चित है कि ब्रजी, अवधी या कोई और बोली ही सही, केवल एक ही बोली उनकी माँ-बोली रही होगी। एक आदमी की माँ-बोली एक ही हो सकती है, अनेक नहीं। तुलसी ने ब्रजभाषा और अवधी—अपने समय की दोनों प्रमुख काव्य-भाषाओं में इतने समान अधिकार से काव्य-रचना न की होती तो सम्भवतः उनकी अपनी बोली का अनुमान लगाने में हमें कुछ कम कठिनाई होती। मध्यकाल में ऐसा कोई

दूसरा कवि नहीं दिखलाई पड़ता जिसने ब्रज और अवधी—मध्य देश की दोनों प्रमुख काव्यभाषाओं में इतना उत्कृष्ट काव्य समान अधिकार से रचा हो। तुलसी के द्वारा प्रयुक्त जनभाषाओं का सजीव उपयोग जनता से उनकी आत्मीयता प्रकट करता है। समाज के विविध वर्गों के पात्र उनके यहाँ अपने और अवसर के अनुकूल भाषा-शैली का प्रयोग करते हैं। हिन्दी की इन बोलियों की विविध भंगिमाओं का परिचय तुलसी ने अपने कठिन जीवन-संघर्ष के दौरान प्राप्त किया होगा।

यह तुलसी की लोकवादिता ही थी जो उन्होंने 'ग्राम्य-गिरा' में रामचरित का गुणगान किया। जो कवि कविता से यह अपेक्षा करता हो कि वह गंगा के समान सबका हित करने वाली हो, वह जन-भाषा का ही प्रयोग कर सकता था—देव-भाषा का नहीं। तुलसीदास ने रामचरितमानस के प्रारम्भ में और एकाध अन्य स्थलों पर भी भाषा में काव्य रचने की जो सफाई दी है, उससे लगता है कि या तो उनके मन में ही इस विषय में दुविधा थी या संस्कृतेतर भाषा में राम की कथा कहने के कारण उनकी आलोचना हुई थी—

भाषाभनिति भोरिमति मोरी। हँसिबे जोग हँसे नहिं खोरी॥

× × ×

गिरा ग्राम्य सियरामजस गावहिं सुनहिं सुजान॥

× × ×

सपनेहु साँचेहुँ मोहिं पर जौं हर गौरि पसाउ।
तौ फर होउ जो कहेउँ सब भाषाभनिति प्रभाउ॥

× × ×

भाषाबद्ध करिब मैं सोई। मोरे मन प्रबोध जेहिं होई॥

पहले तो तुलसी ने माना, संस्कृत भाषा देवताओं की वाणी है और हिन्दी मनुष्यों की। संस्कृत स्वर्णपात्र के समान है और जन-भाषा मिट्टी के बरतन की तरह। लेकिन कथा दोनों में कही जा सकती है। भोजन चाहे स्वर्ण के बर्तन में राँधा जाए चाहे मिट्टी की हाँड़ी में—सुअन्न का स्वाद दोनों में मिलता है—

हरिहर जस सुर नर गिरहुँ बरनहिं सुकबि समाज।
हाँड़ी हाटक घटित चरु राँधे स्वाद सुनाज॥

फिर एक और दोहे में बल थोड़ा जन-भाषा पर बढ़ जाता है। भाषा और संस्कृत में फ़र्क़ क्या है ? ज़रूरी तो सच्चा प्रेम है। कामरी से काम चल सकता है तो दुशाले की क्या ज़रूरत है। कामरी से काम चल सकता है यानी कामरी सुलभ है और कुमाच दुर्लभ है—

का भाषा का संस्कृत प्रेम चाहिए साँच।
काम जु आबै कामरी का लै करिअ कुमाच॥

संस्कृत की समानता तुलसी पहले दोहे में स्वर्णपात्र से करते हैं दूसरे में बढ़िया दुशाले से। भाषा मिट्टी की हाँड़ी है या कामरी है। ये उपमाएँ यों ही नहीं हैं, इनके पीछे तुलसी के जीवन-मूल्य हैं, वह जीवन-मूल्य लोक-मंगल का है जिसके प्रतिपादक राम हैं। लोक, राम, भाषा, देश, तुलसी की कविता, उनका जीवन—ये सब एक-दूसरे से अनुस्यूत हैं। तुलसी के व्यक्तित्व और कृतित्व में ये सब एक-दूसरे के पूरक और एक-दूसरे पर अवलम्बित हैं।

ख़ैर, तुलसी ने संस्कृत का स्वर्णपात्र और दुशाला नहीं स्वीकार किया, स्वीकार की भाषा की हाँड़ी और कामरी। मध्यकाल में संस्कृत और फ़ारसी दोनों उच्च वर्ग में प्रतिष्ठित भाषाएँ थीं—संस्कृत का प्रभाव शासन से घट रहा था। 'घट रहा था' का मतलब यह कि दिल्ली में फ़ारसी आ गई थी और दिल्लीश्वर के कृपापात्र हिन्दी प्रदेश के सामन्तों के प्रशासन में भी फ़ारसी आ रही थी। संस्कृत धर्म-भाषा के रूप में जीवित थी। स्वर्णपात्र और दुशाला वह अब भी दिलाती थी। फ़ारसी और संस्कृत दोनों उच्च वर्ग की भाषाएँ थीं लेकिन दोनों जीवन्त भाषाएँ, नहीं थीं। फ़ारसी इस देश में बिना जड़ के थी और संस्कृत 'अमर' हो चुकी थी। सर्जनात्मक साहित्य-रचना की सम्भावनाएँ जन भाषाओं में ही थीं। कबीर न संस्कृत जानते थे न फ़ारसी। उनके समाने किसी तरह की दुविधा होने का सवाल ही नहीं था। इसीलिए उन्होंने ठीक बात बेलाग और बेहिचक कही—'कबिरा संस्कृत कूप जल भाषा बहता नीर'। तुलसी के सामने संस्कृत का विकल्प भी था। वे संस्कृत को कूप-जल नहीं कहते लेकिन उसे 'स्वर्णपात्र' और 'दुशाला' से उपमा देकर एक बड़े सत्य को व्यंजित करते हैं। तुलसी ने संस्कृत की सर्जनात्मक निर्जीवता और अशक्ति को कवि-मन से अनुभव किया होगा। इसीलिए उन्हें प्रबोध केवल भाषा में ही रामकथा कहने से हो सकता था। संस्कृत में वे रामकथा कहते भी तो उन्हें प्रबोध न होता—

भाषाबद्ध करबि मैं सोई। मोरे मन प्रबोध जेहिं होई॥

यह किंवदन्ती भी है कि तुलसी ने रामचरितमानस पहले संस्कृत में ही रचना शुरू किया था—किन्तु कालान्तर में उन्होंने रामकथा को 'भाषाबद्ध' करने का ही संकल्प किया।

तुलसी के यहाँ सबसे विचित्र स्थिति शूद्र की है। तुलसी वर्णाश्रम-व्यवस्था के समर्थक थे। इस बात को लेकर उनकी काफ़ी आलोचना की गई है। हम इस आलोचना को काफी जायज़ और उचित समझते हैं। तुलसी ने शूद्रों की निन्दा

अपनी ओर से कम की है। किसी न किसी पात्र से कराई है। 'ढोल गवाँर सूद्र पसु नारी। सकल ताड़ना के अधिकारी'—भयभीत समुद्र की वाणी है। उस समय हमारे देश में सवर्णों का रुख़ अवर्णों के प्रति प्रायः संकीर्ण होता था। तुलसी के ऐसे वाक्य और वक्तव्य सवर्णों की मनोवृत्ति के सूचक हैं। तुलसीदास को शूद्रों के निन्दक के रूप में नहीं, वर्ण-व्यवस्था के समर्थक के रूप में देखना ज़्यादा उचित है। वस्तुतः तुलसीदास तत्कालीन अव्यवस्था को तोड़कर एक सामाजिक व्यवस्था देने का प्रयत्न करते हैं और चूँकि वे लोक के साथ वेद यानी पुरातनता को भी लेकर चलना चाहते हैं इसलिए उनका सामाजिक आदर्श वर्ण-व्यवस्था का ही बना रहता है। वर्ण-व्यवस्था के अनुसार पूजा विप्र की होनी चाहिए, शूद्र की नहीं। अतः विप्र गुणहीन हो तो पूजा उसी की होनी चाहिए, गुणवान् होने पर भी शूद्र की नहीं—

पूजिय बिप्र सकल गुण हीना। सूद्र न पूजिय परम प्रवीना॥

वर्णाश्रम-व्यवस्था के अनुसार शूद्र का काम है चारों वर्णों की सेवा करना, कुदाल उठाना; ब्राह्मण का काम है वेद पढ़ना और जनेऊ पहनना। अब अगर शूद्र कुदाल उठाना छोड़कर जनेऊ पहन ले, ब्राह्मणों से पूजा करवाने लगे, तेली, कुम्हार स्वपच, कोल-किरात, कलवार आदि वर्णों के लोग पत्नी के देहान्त और सम्पत्ति के नष्ट होने पर मूँड़ मुड़ाकर सन्यासी हो जाएँ, तो साक्षात कलियुग का प्रभाव माना जाएगा कि नहीं—

सूद द्विजन्ह उपदेसहिं ग्याना। मेलि जनेऊ लेहि कुदाना॥
जो बरनाधम तेलि कुम्हारा। स्वपच किरात कोल कलवारा॥
नारि मुई गृह सम्पति नासी। मूड़ मुड़ाइ होहिं संन्यासी॥
सूद्र करहिं जप तप व्रत नाना। बैठि बरासन कहहिं पुराना॥

निस्संदेह अवर्णों के प्रति ऐसी हृदयहीन पंक्तियाँ भी मध्यकाल के किसी अन्य कवि ने नहीं लिखी है। यह तुलसी का वर्ण-व्यवस्था के प्रति जड़ मोह है और घोर पुनरुत्थानवाद है जो जप-तप-व्रत करने और वरासन पर बैठने का अधिकार केवल ब्राह्माणों को देता है। जिस विवेक के महत्व का गुणगान करते हुए तुलसी नहीं थकते वह ऐसे अवसरों पर वर्णाश्रम-व्यवस्था की कट्टरता से ढँक जाता है। ऐसी पंक्तियों को लिखने के लिए तुलसी की सफाई देने की नहीं, उनकी और अधिक निन्दा करने वी ज़रूरत है। निर्गुण धारा के तेजस्वी कवियों के प्रभाव से उस समय अवर्णों में से भी कुछ को ऐसा साहस हो चला था कि वे वर्णाश्रम-व्यवस्था को जन्मना नहीं, कर्मणा मानने की बात करने लगे थे। वे कहते थे—'ब्रह्म को हम भी जानते हैं, अतः हम भी ब्राह्मण हुए'। तुलसी अवर्णों की इस प्रवृत्ति को भी

कलियुग का प्रभाव मानते थे–

बादहिं सूद्र द्विजन्ह सन हम तुम्हतें कछु घाटि।
जानइ ब्रह्म सो विप्रवर आँखि देखावहिं डाँटि॥

तुलसी का विचार था कि शूद्र व्यवस्था में सबसे नीचे हैं, तो उन्हें घट कर रहना ही चाहिए। तुलसी का शूद्र और अवर्णों के सम्बन्ध में यह विचार बद्धमूल है और उनकी रचनाओं में ऐसे कथन अनेक स्थलों पर मिलते हैं। वे यह नहीं समझ पाते थे कि यदि सबका 'दैहिक दैविक भौतिक ताप' समाप्त होना है यानी सच्चा 'रामराज्य' स्थापित होना है तो 'वर्णाश्रम व्यवस्था' को खतम होना होगा। भुखमरी, दरिद्रता, दीनता आदि से गहरा सम्बन्ध वर्णव्यवस्था का भी है, इसे तुलसी नहीं समझ पाते थे। अपने सवर्ण संस्कारों के कारण वे वर्णाश्रम-व्यवस्था के उस घातक रोग का अनुभव नहीं कर पाते थे जिसे नाथ-सिद्धों, कबीर, नानक और दादू आदि निर्गुण सन्तों ने इतनी अच्छी तरह देख लिया था। घातक रोग को रोग समझने की बात दूर, उल्टे वह उस व्यवस्था को उचित समझते थे। यदि आज वर्ण-व्यवस्था का समर्थन करने के लिए तुलसी का इतना विरोध हो रहा है तो वह अनुचित नहीं है। हमें तुलसी की कविता के इस दोष से सिर्फ बचने की नहीं बल्कि उसके दूषित प्रभाव को दूर करने की भी ज़रूरत है।

वर्ण-व्यवस्था तुलसी के यहाँ टूटती भी है, लेकिन व्यवस्था के रूप में नहीं। सामाजिक व्यवस्था के रूप में वे वर्ण-व्यवस्था को ही स्वीकार करते हैं। वर्ण-भेद को तुलसी भक्ति के द्वारा तोड़ते हैं। इस तथ्य को समझे बिना हम भक्ति विद्रोही और तत्कालीन व्यवस्था के विरोधी रूप को नहीं पहचान सकते। यह भी समझ लेना चाहिए कि तुलसी के यहाँ वर्ण-व्यवस्था का निषेध भी मिलता है। अवर्ण यदि राम का भक्त हो तो वह सवर्ण से घट कर नहीं, वह अभक्त सवर्ण से बढ़ कर है। रामचरितमानस में ऐसे अवर्ण पात्रों की कमी नहीं है जो राम के प्रिय हैं। केवट राम का सखा है, जटायु दशरथ के समान है। कोल-किरात अवर्ण ही हैं। बन्दर-भालू अगर किसी जाति में रखे जाएँगे तो अवर्णों की ही। तुलसी की दृष्टि में ये सब या तो पूज्य हैं या सभी के आदर्श हैं। तुलसी के यहाँ मनुष्य की सार्थकता इस बात में बताई गई है कि वह जात-पाँत, धन, धर्म, बड़ाई, परिवार, घर–सब छोड़कर राम को हृदय में बसा ले–

जाँति-पाँति धनु धरमु बड़ाई। प्रिय परिवार सदन सुखदाई॥
सब तजि तुम्हहि रहइ लठ लाई। तेहि कें हृदय रहहु रघुराई॥

मनुष्य ऊँची जाति का हो, अच्छे कुल का हो, धार्मिक हो, बड़ा हो, धनी हो, बलवान, गुणी, चतुर हो, किन्तु भक्ति से विहीन हो तो वह जल के बिना मेघ की

तरह है—

जाति पाँति कुल धर्म बड़ाई। धन-बल परिजन गुन चतुराई॥
भगतिहीन नर सोहइ कैसा। बिनु जल बारिद देखअ जैसा॥

तुलसी के यहाँ वर्ण-व्यवस्था का समर्थन अवश्य है। किन्तु उनके यहाँ सर्वाधिक महत्वपूर्ण मूल्य 'भक्ति' और 'सदाचार' हैं।

आचरणहीन ब्राह्मणों की तुलसी के यहाँ कम निन्दा नहीं है। अपने समय के ब्राह्मणों की निन्दा करते हुए तुलसी ने लिखा—ब्राह्मण वेदों को बेचने वाले (ज्ञान का व्यापार करने वाले) हो गए हैं, उनका चिह्न जनेऊ मात्र रह गया है, वे निरक्षर, लालची, कामी, आचारहीन, शठ और निम्नजाति की स्त्रियों को घर मे रख लेने वाले हो गए हैं—

बिप्र निरच्छर लोलुप कामी। निराचार सठ वृषली स्वामी॥

कहने का तात्पर्य यह कि तुलसी ने अपने देश और देशवासियो के जीवन, उनकी अच्छाइयों-बुराइयों, उनके गुणों-अवगुणों को बहुत गहराई से देखा-परखा था। उनका अपना जीवन इतना ऊँचा-नीचा, सम-विषम था कि उन्हें अपने देश की सुन्दरता-कुरूपता, विविधता को देखने का पूरा अवसर मिला था। उनकी दृष्टि इस देश के परिचित प्रदेश की सुन्दर से सुन्दर वस्तु और कुरूप से कुरूप और नगण्य से नगण्य पदार्थ पर गई है। उनकी दृष्टि द्वन्द्वात्मक है। वे अच्छे को देखते हैं तो बुरे को भी, जलज को देखते हैं तो जोंक को भी। दोनों जल में ही उत्पन्न होते हैं, अपने-अपने गुणों के अनुसार अलग होते हैं—

उपजे एक संग जग माहीं। जलज जोंक जिमि गुन बिलगाहीं॥

भले और बुरे दोनों इस संसार में हैं। यह संसार विषमता जौर द्वन्द्वात्मकता से युक्त है, अच्छे और बुरे को ज्ञान द्वारा अलग किया जाता है—

भलउ पोच सब बिधि उपजाए। गनि गुन दोष बेद बिलगाए॥

तुलसी को अधिक कष्ट मनुष्यों की कुटिलता से होता है। वे खलों के परम आलोचक और सज्जनों के परम प्रशंसक हैं—'दुष्ट संग जनि देइ बिधाता।' मानस के प्रारम्भ में खलों की जैसी 'वन्दना' उन्होंने की है, उसका सम्बन्ध किसी न किसी रूप में उनके व्यक्तिगत अनुभव से ज़रूर होगा। उन्होंने अपने देश में सज्जन देखे थे तो दुर्जन भी। सत्संग का सुपरिणाम और कुसंग का दुष्परिणाम देखा था। सज्जन और दुर्जन का सूक्ष्म अन्तर जिस कवि ने इतनी सूक्ष्मता और मार्मिकता से वर्णित किया है, वह निश्चय ही उन दोनों को झेल चुका था—

बिछुरत एक प्रान हरि लेई। मिलत एक दुख दारुन देई॥

खलों की इस प्रतिकूलता का जो गहरा क्लेशकर प्रभाव तुलसी के मन पर

पड़ता है उसे वे व्यंग्य-विनोद से जीतते हैं। कभी-कभी वे निन्दकों और द्वेषियों पर बहुत गहरी मार भी लगाते हैं—

बंदौं खल जस सेष सरोषा। सहस बदन बरनै पर दोषा॥
पुनि प्रनवौं पृथुराज समाना। पर अघ सुनइ सहम दस काना॥
बहुरि सक्र सम बिनवौं तेही। संतत सुरानीक हित जेही॥
बचन बज्र जेहि सदा पिआरा। सहस नयन पर दोष निहारा॥

खल रोषयुक्त शेषनाग के समान वन्दनीय है जो हज़ार मुखों से दूसरों का दोष वर्णन करता है, दूसरों का दोष बखानते समय उसके हज़ार मुँह हो जाते हैं; खल पृथुराज के समान वन्दनीय है, जो दूसरों की बुराई सुनते समय दस हज़ार कान कर लेता है। यहाँ सुनानेवाले से सुननेवाला दसगुना है। मदिरा जिनको नीकी और हितकारी लगती है, जिनके वचन वज्र हैं और जो दूसरों के दोषों को हज़ार नेत्रों से देखते हैं, उनकी वन्दना उन्हें इन्द्र समझकर करता हूँ।

इस अपूर्व वन्दना के बाद यह निश्चित-कथन भी—

मैं अपनीं दिसि कीन्ह निहोरा। तिन्हि निज ओर न लाउब भोरा॥

तुलसी ने अपनी रचनाओं में जिस जीवन और जगत् को चित्रित किया है, यह परस्पर-विरोधी गुणों से युक्त है। तुलसी का दृष्टिकोण द्वन्द्वात्मक है—उनके यहाँ द्वन्द्वात्मक भाववाद है। इस द्वन्द्वत्मकता का पूर्ण शमन उनके यहाँ राम और राम की भक्ति में होता है। लौकिक जीवन में और आचरण में इस द्वन्द्वात्मकता को तुलसी 'विवेक' से सुलझाने के पक्ष में हैं—

जड़ चेतन गुन दोष मय, बिस्व कीन्ह करतार।
संत हंस गुन गहहिं पय, परिहरि बारि विकार॥
हंस विवेक का प्रतीक है।

जगत् में परस्पर विरोधी गुणों वाले व्यक्तियों और पदार्थों की स्थिति का उल्लेख तुलसी-साहित्य में बहुत मिलता है—

उपजहिं एक संग जग माहीं। जलज जोंक जिमि गुन बिलगाहीं॥
सुधा सुरा सम साधु असाधू। जनक एक जग जलधि अगाधू॥
भल अनभल निज निज करतूती। लहत सुजस अपलोक बिभूती॥
सुधा सुधाकर सुरसरि साधू। गरल अनल कलिमल सरि ब्याधू॥

× × ×

दुख-सुख पाप पुन्य दिन राती। साधु असाधु सुजाति कुजाती॥
दानव देव ऊँच अरु नीचू। अमिअँ सुजीवनु माहुरु मींचू॥
माया ब्रह्म जीव जगदीसा। लच्छि अलच्छि रंक अवनीसा॥

कासी मग सुरसरि क्रम नासा। मरु मालव महिदेव गवासा॥
सरग नरक अनुराग विरागा। निगमागम गुन दोष विभागा॥

जिन्हें हम अच्छा और बुरा समझते हैं, उनकी अच्छाई और बुराई सापेक्षिक है। उपयोग करने की पद्धति, संग एवं देशकाल के कारण अच्छी चीज़ें बुरी हो सकती हैं और बुरी अच्छी–

गगन चढ़ै रज पवन प्रसंगा। कीचहि मिलै नीच जल संगा॥
साधु असाधु सदन सुक सारीं। सुमिरहिं राम देहिं गनि गारीं॥
धूम कुसंगति कारिख होई। लिखिअ पुरान मंजु मसि सोई॥
सोइ जल अनल अनिल संघाता। होइ जलद जग जीवन दाता॥
ग्रह भेषज जल पवन पट पाइ कुजोग सुजोग।
होहिं कुबस्तु सुबस्तु जग लखहिं सुलच्छन लोग॥

मैंने अपनी ओर से प्रार्थना की है, वे अपनी ओर से चूकनेवाले नहीं हैं।

सारा आत्म-निवेदन और अपनी अविकर्म-विषयक अक्षमता वर्णित कर देने के बाद, काव्य-निन्दकों पर यह चोट पेशगी में–

एनहु पर करहहिं ते असंका। मोहिं ते अधिक जे जड़मति रंका॥

अपनी कविता के भावी निन्दकों पर इतना 'बाँका प्रहार' शायद ही किसी और ने किया हो।

तुलसी को बहुत अधिक पीड़ा होती थी देशवासियों की दरिद्रता देखकर। उन्होंने स्वयं भी दरिद्रता झेली थी–'बारे ते ललात बिललात द्वार द्वार दीन।' उनके राम 'गरीबनेवाज' और 'दीनबन्धु' हैं। इस दरिद्रता को उनके राम दूर करते हैं रामराज्य की स्थापना से। आगे हम यह देखेंगे कि तुलसी ने अपने देशकाल की विषमता का जो चित्रण कलियुग-वर्णन के बहाने से किया है, उसमें दरिद्रता, अकाल, भुखमरी को विशेष रूप से रेखांकित किया है। इस समस्त विषमता को दूर करनेवाली एक व्यवस्था का जो वे स्वप्न देखते हैं, वही राम-राज्य है। जिस देश और समाज को तुलसी ने देखा था वही उनके कलियुग, एवं रामराज्य का आधार है। वही उनकी कविता का भी आधार है।

तुलसी की कविता अपने देश और काल के यथार्थ पर उगी हुई कविता है। तुलसी भक्त थे। वे भक्ति के सामने कविता को कोई ख़ास महत्व भी नहीं देते थे। लेकिन उनकी भक्ति और उस भक्ति को वहन करने वाले उनके व्यक्तित्व में वे तत्व मौजूद थे जिनके कारण वे महान् कवि बन गए। इन तत्वों में सर्वाधिक महत्वपूर्ण था देश से प्रेम। सच पूछिए तो तुलसी के राम, उनकी भक्ति और उनकी कविता–तीनों देश-प्रेम की ही भूमि पर स्थित हैं।

देश-प्रेम अपना स्वरूप समाजैतिहासिक यथार्थ से ग्रहण करता है। यथार्थ विषमता से युक्त होता है, और सच्चा देश-प्रेम इस विषमता की उपेक्षा नही करता। जो लोग यथार्थ की विषमता नहीं देख सकते, वे यथार्थ नहीं देख सकते। यथार्थ की विषमता को देखने वाला इस विषमता की पीड़ा का भी अनुभव करेगा, और यदि वह पीड़ा का अनुभव करता है तो उसमें इस पीड़ा से देश को उ़बारने की छटपटाहट भी अवश्य होगी। यही कारण है कि महान् रचना में समाजैतिहासिक यथार्थ का चित्रण और उस यथार्थ की विषमताओं को दूर करने की प्रेरणा भी मौजूद होती है तुलसी अपनी भाववादी द्वन्द्वात्मक दृष्टि से अपने देशकाल की अच्छाइयों और बुराइयों–दोनों को देख लेते हैं। वे अपने देश की प्रकृति के सौन्दर्य और कुरूपता, उसके सुखद और दुःखद दोनों पक्षों को आँकते हैं। वे हमें बताते और दिखाते हैं कि जल में कमल और जोंक दोनों होते हैं। बाह्य प्रकृति की भाँति मानव-प्रकृति भी परस्पर-विरोधी गुणों से युक्त है। मानव-समाज भी अच्छे-बुरों, दुर्जनों-सज्जनों, खलों-साधुओं से युक्त है। इस घोर विषमता से पूर्ण जीवन और जगत् में मनुष्य का सबसे बड़ा सम्बल विवेक है।

तुलसीदास ने अपने समाज की विषमताओं को बेजोड़ ढंग से उजागर और चित्रित किया है। उन्होंने अपने समय के समाज में व्याप्त दरिद्रता, रोग, अन्धविश्वास को स्थान-स्थान पर अनेकानेक वर्णनों, एवं सादृश्य-विधानों के द्वारा मार्मिक ढंग से व्यंजित किया है। उन्होंने सामन्ती व्यवस्था की व्यवस्था-रूप में आलोचना न करते हुए भी उस व्यवस्था के शोषक रूप पर तीव्र प्रहार किया है। उन्होंने कपटी-कुटिल भूपों, कराल दंड-नीति की निन्दा की है और व्यवस्था दी है कि जिस राजा के राज्य में प्रजा दुःखी हो उसे नरक में भेजो–

जासु राज प्रिय प्रजा दुखारी। सो नृप अवसि नरक अधिकारी॥

उन्होंने अकाल, भुखमरी और महामारी का ही वर्णन नहीं किया, नारियों की पराधीनता को भी पहचाना। संस्कृत के विद्वान होते हुए भी जनभाषाओं में राम की कथा कही। वे राम-कथा के पात्रों शबरी, केवट, जटायु, बन्दर-भालुओं को अपार सहानुभूति देते हुए भी शूद्रों की करुण स्थिति से प्रभावित, पीड़ित नहीं हो पाए, यह उनकी मानवीयता और उनके देश-प्रेम की बहुत बड़ी कमज़ोरी है।

अपने समाज की विषमता को दूर करने की पीड़ा के बूते पर तुलसी राम-राज्य का स्वप्न प्रस्तुत करते हैं जो सर्वसुखद है, जहाँ दैहिक, दैविक, भौतिक तापों का शमन हो जाता है और जहाँ तुलसी की कविता, तुलसी की भक्ति और तुलसी के राम को सार्थकता प्राप्त होती है। यही सार्थकता देश-प्रेम की भी है।

कलियुग और रामराज्य

राम की कथा लिखते समय तुलसीदास अपने युग की विषमताओं को नहीं भूलते। उन्होंने कलियुग के वर्णन के रूप में अपने युग अर्थात् 16वीं-17वीं शताब्दी के भारत, विशेषतः हिन्दी-भाषी क्षेत्र का ही वर्णन किया है। राम की कथा का माहात्म्य बताते हुए यह बात उन्होंने बार-बार कही है कि वह कलियुग के दुष्प्रभाव को दूर करने वाली है। अपनी रचना सुनने के लिए श्रोताओं को निमंत्रित करते समय भी तुलसीदास कहते हैं कि यह कथा बुधजनों को आराम देने वाली, सभी लोगों के चित्त को प्रसन्न करने वाली है। राम की कथा कलियुग की बुराइयों को दूर करने वाली है, वह कलियुग-रूपी साँप के लिए मोर के समान है और विवेक की आग को प्रज्ज्वलित करने वाली लकड़ी के समान है—

बुधविश्राम सकलजनरंजनि। रामकथा कलिकलुषबिभंजनि॥
रामकथा कलिपन्नगभरनी। पुनि बिबेकपावक कहुँ अरनी॥

तुलसीदास ने रामचरितमानस के प्रारम्भ, और अन्त तथा 'कवितावली' में विशेष रूप से कलियुग का उल्लेख विविध प्रकार से किया है। वे सत्संग, राम-नाम और रामकथा का माहात्म्य बताते हुए प्रायः सर्वत्र कह देते हैं कि इनसे कलियुग का दुष्प्रभाव दूर होता है। तुलसी के अनुसार सत्संग तीर्थराज प्रयाग के समान है जिसमें विधि-निषेध से युक्त कर्मों की कथा कलियुग के पापों को हरने वाली यमुना के रूप में प्रवाहित हो रही है—

मुद मंगलमय संतसमाजू। जो जग जंगम तीरथराजू॥
विधिनिषेधमय कलिमलहरनी। करमकथा रबिनंदनि बरनी॥

तुलसी के अनुसार उनके रामचरितमानस की रचना 'भदेस' अवश्य है किन्तु वह जग का मंगल करने वाली है। राम की कथा मंगल करने वाली और कलियुग के पापों को दूर करने वाली है। उनकी भदेस कविता की गति टेढ़ी अवश्य है किन्तु गंगा के समान पवित्र जल़ वाली है। कविता बुरी हुई तो क्या हुआ, उसमें राम का गुणगान तो किया गया है। काली गाय का दूध ख़ास तौर पर लाभकारी होता है, उसी तरह गाँवों की भाषा में लिखी गई राम की कथा

भी ज़्यादा गुणकारी होगी—

मंगलकरनि कलिमलहरनि तुलसी कथा रघुनाथ की।
गतिकूर कबिता सरित की ज्यों सरित पावनपाथ की॥
स्यामसुरभिपय बिसद अति गुनद करहिं सब पान।
गिराग्राम्य सियरामजस गावहिं सुनहिं सुजान॥

कलिकाल में कुपंथ, कुतर्क, कपट, कुचाल, दम्भ और पाखंड बहुत है, राम के गुण उन बुराइयों को जलाने के लिए प्रचण्ड ईंधन और आग के समान हैं—

कुपथ कुतरक कुचालि कलि कपट दंभ पाखंड।
दहन रामगुनग्राम जिमि ईंधन अनल प्रचंड॥

यह रामकथा मानसरोवर से प्रवाहित होने वाली वह वेगवती नदी है जो कलियुग के घास-पात और वृक्षों को समूल उखाड़कर बहा ले जाती है—

नदी पुनीत सुमानसनंदिनी। कलिमलतृनतरुमूलनिकंदिनि।

रामकथा की इस नदी का जल रामचन्द्र के प्रति प्रेम को पुष्ट करता है, कलियुग के समस्त पापों और उनसे उत्पन्न ग्लानि को दूर कर देता है, संसार के श्रम को सोखकर सन्तोष प्रदान करता है। वह कलियुग के दुःखों, दोषों और दरिद्रता को दूर करने वाला है—

राम सुपेमहि पोषत पानी। हरत सकल कलिकलुषगलानी।
भवश्रमसोषक तोषक तोषा। समन दुरितदुखदारिददोषा॥

कलियुग हिन्दू पुराणों में अपनी बुराइयों के लिए बहुत बदनाम है। वह पापयुग का प्रतीक बनकर लगभग एक अवधारणा बन गया है। लेकिन तुलसीदास जब कलियुग का उल्लेख करते हैं तब वे पौराणिक कलियुग का उल्लेख नहीं करते बल्कि अपनी आँखों देखे उस समाज का वर्णन करते हैं जो अनेक प्रकार के पाप, ताप दोष और दरिद्रता से पीड़ित है। तुलसी सामन्ती व्यवस्था के पोषक हैं या नहीं, नारी-निन्दक हैं या नहीं—यह सब विवादास्पद हो सकता है। जो बात निर्विवाद है वह यह कि तुलसी 'मानवीय करुणा' के अन्यतम कवि हैं और कवि होने का अर्थ यह है कि वे जो कुछ देखते हैं उसका शब्दों के माध्यम से मार्मिक चित्रण कर सकते हैं, ऐसा चित्रण जो विवेक और लोक-मंगल की भावना से प्रेरित है। कलियुग का उल्लेख मात्र कर देने से तुलसी के समाज का मार्मिक चित्र नहीं प्रस्तुत होता, बुराइयों की तालिका प्रस्तुत कर देने से भी बात नहीं बन सकती थी। तुलसी कलियुग के नाम पर अपने समाज का जो वर्णन करते हैं वह विशिष्ट दृश्यों और घटनाओं से युक्त है, इसलिए वह पाठक के लिए दृश्य और चित्र बन जाता है। कलियुग का वर्णन तुलसीदास ने रामचरितमानस और 'कवितावली' में

विशेष रूप से किया है। तुलसी के अनुसार कलियुग का सबसे बड़ा लक्षण है कपट और मिथ्या आचरण। सब लोग स्वच्छन्द आचरण करते हैं, जो ज़्यादा गाल बजाता है वही पंडित माना जाता है, जो मिथ्या दम्भ में रत है वही सन्त कहलाता है, दूसरे का धन हर लेनेवाला, झूठ बोलने वाला और मसखरी करनेवाला गुणवान माना जाता है, आचरणहीन ज्ञानी विरागी कहलाते हैं, लम्बे-लम्बे नाखूनों और जटा वाले तापस रूप में प्रसिद्ध हैं–

मारग सोइ जा कहुँ जोइ भावा। पंडित सोइ जो गाल बजावा॥
मिथ्यारम्भ दम्भ रत जोई। ताकहुँ सन्त कहइ सब कोई॥
सोइ सयान जो परधन हारी। जो कर दम्भ सो बड़ आचारी॥
जो कह झूँठ मसखरी जाना। कलियुग सोइ गुनवंत बखाना॥
निराचार जो श्रुतिपथ त्यागी। कलियुग सोइ ग्यानी सो बिरागी॥
जाकें नख अरु जटा बिसाला। सोइ तापस प्रसिद्ध कलिकाला॥

तुलसीदास अपने समाज की बुराइयाँ कथनी और करनी में अन्तर के आधार पर करते हैं। गुरु ऐसे हैं जो शिष्य का धन हरण करते हैं। शिक्षा संस्कार के लिए नहीं बल्कि पेट भरने के लिए सीखी जाती है। नारी-नर ब्रह्मज्ञान को छोड़कर और कोई बात नहीं करते लेकिन लालची इतने हैं कि एक कौड़ी के लिए ब्राह्मण और गुरु को मार डालते हैं–

हरइ सिष्यधन सोक न हरई। सो गुर घोरनरक महुँ परई॥
मातु पिता बालकन्हि बोलावहिं। उदर भरइ सोइ धर्म सिखावहिं॥
ब्रह्मग्यान बिनु नारि नर कहहिं न दूसरि बात।
कौड़ी लागि मोह बस करहिं बिप्र गुरुघात॥

कलियुग की बुराइयों का दूसरा कारण तुलसीदास के अनुसार वर्णाश्रम-व्यवस्था का परित्याग है। इस विषय में तुलसीदास कुछ ऐसी बातें कह जाते हैं जिन्हें हम आज स्वीकार नहीं कर सकते। निस्सन्देह तुलसीदास वर्ण-व्यवस्था को एक जीवन और सामाजिक मूल्य के रूप में स्वीकार करते हैं। लेकिन वे किसी शूद्र की निन्दा इस आधार पर नहीं करते कि वह शूद्र है, बल्कि इसलिए कि उसने अपना कर्म छोड़ रखा है। अपना कर्म छोड़नेवाला समान रूप से निन्दनीय है, चाहे वह शूद्र हो चाहे ब्राह्मण। शूद्र यदि इसलिए निन्दनीय हैं कि वे स्त्री के मर जाने पर और सम्पत्ति नष्ट हो जाने पर मूँड़ मुँड़ाकर संन्यासी हो जाते हैं, कुदाल छोड़कर जनेऊ पहन लेते हैं, तो ब्राह्मण इसलिए निन्दनीय हैं कि वे अपढ़, लोभी, कामी, दुराचारी, दुष्ट और अन्य जाति की स्त्रियों से अनुचित सम्बन्ध रखते हैं–

सूद्र द्विजन्ह उपदेसहिं ग्याना। मेलि जनेऊ लेहिं कुदाना॥
बादहिं सूद्र द्विजन्हसन हम तुम्ह ते कछु घाटि।
जानइ ब्रह्म सो ब्रिपवर आँखि देखावहिं डाँडि॥
बिप्र निरच्छर लोलुप कामी। निराचार सठ वृषली स्वामी॥

कलियुग का ऐसा प्रभाव है कि संन्यासी धनी हैं और गृहस्थ दरिद्र ! राजा पापी हो गए हैं, वे प्रजा को दंडित करते हैं और नित्य ही उसकी दुर्दशा करते हैं—

तपसी धनवंत दरिद्र गृही। कलि कौतुक तात न जात कही॥
नृप पाप परायन धर्म नहीं। करि दंड बिडम्ब प्रजा नितहीं॥

सच्चे कवियों के लिए दुनिया में उदार आश्रयदाताओं का टोटा पड़ गया है। दोष निकालनेवाले बहुत हैं, गुनी कोई नहीं। कलियुग का सबसे बड़ा दोष यह है कि बार-बार अकाल पड़ता है, लोग अन्न के बिना दुःखी होकर मर रहे हैं। लोग धर्म, कर्म, यज्ञ आदि तामस भाव से करते हैं, दैव जल नहीं बरसाते, बीज बोने से धरती पर धान नहीं जमता। लोग धन-हीन और दुःखी हैं, लोग पीड़ित हैं, वे भोग भी नहीं कर सकते। लोगों की आयु क्षीण हो गई है। कलिकाल ने मनुष्यों को बेहाल कर दिया है। अच्छी और बुरी सभी जातियों के लोग भिखारी हो गए हैं—

कलि बारहिं बार दुकाल परै। बिनु अन्न दुखी सब लोग मरै॥
नर पीड़ित रोग न भोग कहीं। अभिमान विरोध अकारन ही॥
लघु जीवन संवतपंचदसा। कलपांत न नास गुमानु असा॥
कलि काल बिहाल किए मनुजा। नहिं मानत कोउ अनुजा तनुजा॥
नहिं दोष विचार न सीतलता। सब जाति कुजाति भए मँगता॥

अपनी आँखों से देखे कलियुग अर्थात् अपने समाज का वर्णन तुलसीदास ने 'कवितावली' में और जमकर किया है। 'कवितावली' में 'कलियुग-वर्णन' नाम से जो अंश है वह तो है ही, अकाल-वर्णन, महामारी-वर्णन भी है। इस सबसे तुलसी के समकालीन समाज की आर्थिक विषमता और दुरवस्था पर प्रकाश पड़ता है। 'रामचरितमानस' में कलियुग-वर्णन पौराणिक पद्धति पर कथा के रूप में एक पात्र से करवाया गया है किन्तु 'कवितावली' में तो तुलसीदास ने खुले तौर पर अपने समाज की विषमता का चित्रण किया है। 'रामचरितमानस' में सामाजिक आचार-भ्रष्टता और वर्णाश्रम-व्यवस्था के शिथिल हो जाने का अधिक रोना रोया गया है, जबकि 'कवितावली' में दरिद्रता, और अकाल का चित्रण अधिक है। 'कवितावली' के वर्णन अपेक्षाकृत अधिक यथार्थपरक, वास्तविक और मार्मिक हैं।

कलिकाल में दरिद्रता, दुर्भिक्ष, दुःख, दुर्वृत्ति और कुशासन दिनों-दिन दूने होते जा रहे हैं, सुख और अच्छे कार्य घटते जा रहे हैं–

दिन-दिन दूनो देखि दारिदु, दुकालु, दुखु,
दुरितु, दुराजु सुख-सुकृत सकोच है।

वेद-पुराण का मार्ग ख़तम हो गया, कुमार्ग चल निकला है, समय कराल है, राजा कृपालु नहीं है, राज-समाज तो बड़ा ही छली है, वर्णाश्रम-व्यवस्था नहीं है, दुनिया दुःख, दोष और दरिद्रता से पीड़ित है–

बेद-पुरान बिहाइ सुपंथु, कुमारग कोटि कुचालि चली है।
कालु कराल, नृपाल कृपाल न, राज समाजु बड़ोई छली है।
बर्न बिभाग न आश्रम धर्म, दुनी दुख-दोष-दरिद्र दली है।

किसान के पास खेती नहीं है, भिखारी को भीख नहीं मिलती, वणिक का व्यापार बन्द है, चाकर को चाकरी नहीं मिलती, जीविका-विहीन होकर दुःखी लोग इधर-उधर घूमते हुए एक-दूसरे से कह रहे हैं–कहाँ जाएँ, क्या करें ! वेद-पुराण कहते हैं और लोक में भी यही देखा गया है कि संकट के समय राम ही कृपा करते हैं। दीनबन्धु राम ! दुनिया को दरिद्रता-रूपी रावण ने दबोच लिया है। उसके अत्याचार की यह ज्वाला देखकर तुलसीदास हा-हाकार करते हैं–

खेती न किसान को, भिखारी को न भीख, बलि,
बनिक को बनिज, न चाकर को चाकरी।
जीविका बिहीन लोग सीद्यमान सोच बस,
कहैं एकएकन सौं 'कहाँ जाई का करी'॥

x x

दारिद-दसानन दबाई दुनी दीनबन्धु
दुरित-दहन देखि तुलसी हहा करी !॥

दरिद्रता रावण है जिसे मारने की प्रार्थना तुलसी राम से कर रहे हैं।

श्रमिक, किसान, वणिक, भिखारी, भाट, चाकर, फुर्तीले नट, चोर, दूत, जादूगर सभी लोग पेट के लिए ही पढ़ते हैं, विद्या सीखते हैं, पहाड़ पर चढ़ते हैं घनघोर जंगलों में मारे-मारे फिरते हैं, शिकार करते हैं, लोग ऊँचे-नीचे करम, धरम-अधरम करते हैं–यहाँ तक कि बेटा-बेटी भी बेच देते हैं, पेट के लिए। यह पेट की आग बड़वाग्नि से भी अधिक भयंकर है। उसे केवल राम-रूपी घनश्याम (बरसनेवाला बादल) ही बुझा सकते हैं–

किसबी, किसानकुल, बनिक भिखारी भाट,
चाकर, चपलनट, चोर, चार, चेटकी।

पेट को पढ़त, गुन गढ़त, चढ़त गिरि,
अटत गहन-गन अहन अखेट की॥
ऊँचे-नीचे करम धरम अधरम करि,
पेट ही को पचत, बेचत बेटा बेटकी।
तुलसी बुझाइ एक राम घनस्याम ही तें
आगि बड़वागि तें बड़ी है आगि पेट की॥

यहाँ राम पेट की आग को शान्त करनेवाले बादल हैं।

लेकिन तुलसी ने अपनी आँखों से जिस समाज को देखा है उसकी विषमता का वर्णन केवल कलिकाल के अन्तर्गत ही नहीं किया है। उन्होंने अपने समय की स्थिति का बयान और भी प्रसंगों में व्यंजित किया है। दरिद्रता और दुर्भिक्ष का वर्णन उन्होंने कलिकाल और अकाल के वर्णन में ही नहीं किया है। अन्नपूर्णा देवी की स्तुति जिस ढंग से उन्होंने की है, उसमें अन्नपूर्णा का माहात्म्य व्यंजित होता है भुखमरी के यथार्थ और सजीव चित्रण से—जब तक अन्नपूर्णा भवानी द्रवित होकर कृपालु नहीं होतीं तब तक लालची लल्लाते रहते हैं, दीन दरवाजे-दरवाजे बिललाते घूमते हैं, उनका मुख मलिन रहता है, मन में चिन्ता बनी रहती है, वे श्राद्ध, विवाह या किसी उत्सव-समारोह की बाट जोहते रहते हैं, इधर-उधर डोलते-फिरते हैं, ढोल और तुरही की आवाज़ सुनकर लोगों से बूझते हैं कि यह क्यों बज रहा है। प्यासे को पानी तक नहीं मिलता, भूखे को चार चने तक नहीं मिलते। लोग चाहते हैं कि आहार का पर्वत ही मिल जाएँ तो खा लें किन्तु घूरे पर पड़ी हुई दाल भी उन्हें नसीब नहीं होती—

लालची ललात, बिललात द्वार-द्वार दीन
बदन मलीन, मन मिटै न बिसूरना।
ताकत सराध, कै बिबाह, कै उछाह कछू
डोलै लोल बूझत सबद ढोल तूरना॥
प्यासेहूँ न पावै बारि, भूखें न चनक चारि,
चाहत अहारन पहार, दारि घूरना।
सोक को अगार, दुखभार भरो तौलौं जन
जौलौं द्रवै न भवानी अन्नपूरना॥

तुलसीदास के काशी-निवास के दौरान काशी में भयंकर महामारी पड़ी थी। तुलसीदास ने उसे कलिकाल का प्रभाव बताते हुए उसका बयान किया है :

गौरीनाथ, भोलानाथ, भवानीनाथ ! आपकी पुरी में कलिकाल की दुहाई फिर गई है। वेदों तक ने कह दिया है कि आपकी कृपा से काशी के पुरुष शंकर के

समान और स्त्रियाँ पार्वती के समान हैं। इस नगर के लोग तो आपको अपने पुत्रों--कार्तिकेय और गणेश के समान प्यारे हैं। फिर भी वे व्याकुल और बेहाल हैं। नगरी-रूपी लता को कलियुग-रूपी किरात काट रहा है। आप अपने माथे का तीसरा नेत्र खोलकर उसे भस्म कर दीजिए--

गौरीनाथ, भोरानाथ, भवत भवानीनाथ!
बिस्वनाथपुर फिरी आन कलिकाल की।
संकर-सेनर गिरिजा-सी नारी कासी बासी
बेद कही, सही, सही ससि सेखर कृपाल की।
छमुख-गनेस तें महेस के पियारे लोग
बिकल बिलोकियत, नगरी बिहाल की।
पुरी-सुरबेलि केलि काटत किरात कलि
निठुर निहारिए उधारि डीठि भाल की॥

शंकर के अलावा वे हनुमान से महामारी दूर करने की प्रार्थना करते हैं। काशी में महामारी के साथ दरिद्रता भी है। लोग दरिद्र, दुःखी, भिखारी और भीरु हो गए हैं।

कलियुग यहीं तक सीमित नहीं है। तुलसीदास ने जो वर्णाश्रमी परम्परा प्राप्त की थी उसके कारण एक और तरह का कलियुग वे स्वयं झेलते हैं, उससे पीड़ित होते हैं, उसका वर्णन भी खूब करते हैं, लेकिन उसे 'कलियुग' कह नहीं पाते। तुलसीदास को जिस वर्णाश्रम-व्यवस्था ने पीड़ित किया था, उसका वे समर्थन करते हैं। तुलसी को गरीबी, अकाल, महामारी, बाहु-पीड़ा ने ही पीड़ित नहीं किया था, काशी के कट्टर पंडितों और वर्णाश्रम-व्यवस्था ने भी पीड़ित किया था। किन्तु वे इस पीड़न को कलियुग का दुष्प्रभाव नहीं कहते, उल्टे उस व्यवस्था का समर्थन करते हैं। वर्णाश्रम-व्यवस्था का विरोध करने के लिए उन्हें कबीरदास की भाँति जुलाहे के घर में पैदा होना पड़ता। लेकिन तुलसीदास का पाठक इस बात को लक्षित किए बगैर नहीं रह सकता कि सिद्धान्ततः वर्णाश्रम-व्यवस्था का समर्थन करनेवाले तुलसी कई ऐसी पंक्तियाँ भी लिख गए हैं जिनमें वर्ण-व्यवस्था के प्रति कबीरदास जैसा आक्रोशपूर्ण विरोध है। व्यक्तिगत स्तर पर तुलसीदास वर्ण-व्यवस्था की कट्टरता के शिकार हुए थे। वे अब्दुलरहीमखानखाना और नाभादास के ही अभिन्न मित्र नहीं थे, दर्जनों अवर्ण व्यक्ति उनके अन्तरंग थे। उनके व्यक्तित्व के इस उदास पक्ष पर उसी वर्ण-व्यवस्था ने तीव्र और मर्मान्तक प्रहार किए थे जिसका कि तुलसी समर्थन करते हैं। लोक और वेद दोनों में ताल-मेल बिठाने के चक्कर में तुलसी इस विडम्बना को ठीक-ठीक नहीं पहचान सके। वैसे, जात-पाँत,

ऊँच-नीच की धारणा ने उनके साथ कैसा सलूक किया था यह उनकी कविता में एकाध स्थल पर नहीं, अनेकानेक स्थलों पर देखने को मिलता है।

मुझे धूर्त कहो, अवधूत कहो, राजपूत कहो या जोलाहा कहो। मुझे किसी की बेटी से अपने बेटे की शादी करके उसकी जाति नहीं बिगाड़नी है। तुलसी राम का सरनाम गुलाम है, जिसकी जो इच्छा हो कहे। मैं माँग के खाना खा लूँगा, मस्जिद में सो जाऊँगा। मुझे एक लेना नहीं है, किसी को दो देना नहीं है—

धूत कहौ अवधूत कहौ रजपूत कहौ जोलहा कहौ कोऊ।
काहू की बेटी सों बेटा न ब्याहब, काहू की जाति बिगार न सोऊ॥
तुलसी सरनाम गुलामु है रामु को, जाको रुचै सो कहै कछु ओऊ।
माँगि कै खैबो, मसीत को सोइबो, लैबो एकु न दैबे को दोऊ॥

मेरी कोई जात-पाँत नहीं है, मैं किसी की जात-पाँत नहीं जानना चाहता। मेरे कोई काम का नहीं है, मैं भी किसी के काम का नहीं हूँ। मेरा लोक-परलोक सब रघुनाथ के हाथ है। तुलसी को उनके नाम का ही भारी भरोसा है। मेरी जाति पूछनेवाले लोग कितने अनजान हैं, वे यह उक्ति भी नहीं समझ पाते कि मालिक की जाति ही गुलाम की भी जाति होती है। मैं साधु हूँ, असाधु हूँ, भला हूँ, बुरा हूँ, मुझे इसका कोई अफसोस नहीं है। मैं जो कुछ हूँ राम का हूँ, क्या मैं किसी के दरवाजे पर पड़ा हूँ—

मेरे जाति-पाँति न चहौं काहू की जाति-पाँति
मेरे कोऊ काम को न हौं काहू के काम को।
लोकु परलोकु रघुनाथ ही के हाथ सब
भारी है भरोसो तुलसी के एक नाम कौ॥
अति ही अयाने उपिखानो नहिं बूझै लोग
'साह ही को गोतु गोतु होत है गुलाम को'॥
साधु कै असाधु कै भलो कै पोच, सोचु कहा
का काहू के द्वार परौं जो हौं सो हौं राम को॥

अकेलेपन की भावना एक प्रकार के निर्वासन की भावना है। हमारे देश में सवर्ण लोग उस आदमी का सामाजिक बहिष्कार कर देते हैं जो अपने वर्ण के आचार-नियमों को तोड़ देता है—या जिसका वंश या व्यवहार वर्ण-विशेष के संकीर्ण एवं कठोर नियमों के ज़रा भी प्रतिकूल होता है। तुलसी के विषय में जो प्रामाणिक, अर्ध-प्रामाणिक किंवदन्तियाँ और आलेख मिलते हैं, उनसे ज्ञात होता है कि वे कई मुस्लिम और अवर्ण व्यक्तियों के अभिन्न मित्र थे। उनकी मित्र-मंडली में पासी, चमार, अहीर, धाढ़ी, जुलाहा, केवट सभी जातियों के लोग

थे। कहा जाता है कि उन्होंने काशी में जो रामलीला शुरू कराई थी उसमें रामकथा के शबरी, केवट जैसे अवर्ण पात्रों का अभिनय उसी जाति के लोग करते थे। अवर्ण जाति के लोगों से तुलसी की इतनी अभिन्नता के कारण काशी के कट्टर ब्राह्मणों और पंडितों में कैसा प्रवाद फैला होगा, इसकी कल्पना की जा सकती है। तुलसी के जन्म और माता-पिता-विषयक प्रवाद ने भी इस प्रवाद को बहुत तीव्र और क्लेशकर बना दिया होगा। 'काहू की बेटी सो बेटा न ब्याहब', 'मेरे कोऊ काम को न हौं काहू के काम कौं', 'साह ही को गोतु गोतु होत है गुलाम को' जैसे टुकड़े उसी अकेलेपन और अमर्ष को व्यंजित करते हैं। तुलसी के विषय में नाना प्रकार के प्रवाद उठे थे, इसका संकेत और भी कई स्थलों पर मिलता है! इसलिए 'धूत', 'अवधूत', 'रजपूत', 'जुलाहा' वाली बात केवल विनम्रता-सूचक या मुहावरे का इस्तेमाल नहीं है।

कोई कहता है कि तुलसी छली-कपटी है, बड़ा दगाबाज़ है, कोई कहता है कि राम का खरा गुलाम है। साधु उसे महासाधु समझते हैं, और दुष्ट बहुत दुष्ट समझते हैं। उसके विषय में तरह-तरह की झूठी-सच्ची बातों के बुलबुले उठते रहते हैं। वह किसी से कुछ नहीं चाहता, किसी की करनी कुछ नहीं कहता, सबकी सहता है; मन में ऊबता नहीं है। तुलसी का भला-बुरा रघुनाथ के ही हाथ है। राम की भक्ति-रूपी भूमि पर तुलसी की मति-रूप दूब उगती है—

कोऊ कहै, करत कुसाज, दगाबाज बड़ो,
कोऊ कहै राम को गुलामु खरो खूब है।
साधु जानैं महासाधु, खल जानैं महाखल
बानी झूँठी-साँची कोटि उठति हबूब है॥
चहत न काहूसौं न कहत काहू की कछू
सबकी सहत उर अन्तर न ऊब है।
तुलसी को भलो-पोच हाथ रघुनाथ ही के
राम की भगति-भूमि मेरी मति दूब है॥

जब तुलसी लिखते हैं 'उर अन्तर न ऊब है' तब यही प्रकट होता है कि वे कभी-कभी जरूर ऊबते रहे होंगे और उस ऊब से पराजित न होने के लिए संघर्ष भी करते रहे होंगे। उनकी कुछ पंक्तियों से लगता है कि शायद वे कभी अकेलेपन, ऊब और निष्फलता की भावना से कुछ देर के लिए हार भी जाते थे। ऐसा न होता तो वे ऐसी पंक्तियाँ न लिखते—

कियो न कछू करिबो न कछू मरिबोई रह्यो है।

x x

जीवे की न लालसा, दयाल महादेव ! मोहि,
मालुम है तोहि मरिबेई को रहतु हौं।

× ×

दीबे जोग तुलसी न लेत काहू को कछुक
लिखी न भलाई भाल, पोच न करत हौं।

तुलसीदास की इस खिन्नता, उदासीनता और क्षणिक मरणेच्छा से उन लोगों का गहरा सम्बन्ध होगा जो तुलसीदास को 'धूत', 'अवधूत', 'रजपूत', 'जोलाहा', दगाबाज़, कहते थे और जिनकी विशद 'वन्दना' तुलसीदास ने 'रामचरितमानस' के प्रारम्भ में की है। 'मिलने मात्र से दारुण दुःख देनेवाले', ओले के समान स्वयं नष्ट होकर भी फसल चौपट कर देनेवाले, उजड़ने पर हर्ष और बसने पर विषाद अनुभव करनेवाले, 'अघ अवगुन धन धनी धनेस', 'धीग धरमध्वज धधंक धोरी', 'सियनिदंक अध ओध कुतर्की', वज्र के समान वचन बोलनेवाले खल भी कलियुग-वर्णन के अन्तर्गत माने जाने चाहिए। इसके अतिरिक्त तुलसी ने रामकथा के सभी पात्रों को कलियुग का यानी अपने समय और समाज का बना दिया है जो उन जैसे लोकवादी महाकवि द्वारा ही सम्भव था। कलियुग अर्थात् तुलसी के समसामयिक समाज में सिर्फ बुरे लोग ही नहीं थे, अच्छे लोग भी थे। अगर न होते तो सत्संग की इतनी महिमा कैसे होती। गुण-दोषमय विश्व तुलसी के कलियुग में भी था। तुलसी के रावण, कैकेयी, मंथरा ही उनके समाज के नहीं हैं, राम, भरत, हनुमान शबरी और केवट भी उसी कलियुग के हैं जिसका वर्णन उन्होंने किया है। तुलसीदास के समसामयिक समाज में सिर्फ कलियुग ही नहीं था, रामराज्य की स्थापना करनेवाले तत्त्व भी थे। इन तत्त्वों ने मिलकर तुलसी की रचनाओं को बहुत गहरे जाकर रचनात्मक स्तर पर भी प्रभावित किया है। इस प्रभाव को रचनात्मकता से जोड़े बिना तुलसी महाकवि—इतने महान् महाकवि नहीं बन सकते थे। जो लोग रावण को तत्कालीन मुस्लिम सम्राट का प्रतिनिधि बनाने जैसी गलत और ओछी बातें कहते हैं उन्होंने तुलसीदास को समझने की कौन कहे, पढ़ा भी नहीं है। तुलसी ने एकाध स्थल पर बताया है कि रावण और निशिचर कौन हैं। आप देख चुके हैं कि एक जगह तुलसी ने दरिद्रता को रावण कहा है, ऐसा रावण जिसने दुनिया को दबोच रखा है—

दारिददसानन दबाई दुनी दीनबन्धु
दुरित दहन देख तुलसी हहा करी।

लंका के राक्षसों का वर्णन करते समय तुलसी ने लिखा कि वहाँ दुष्ट, चोर, जुआरी, लम्पट, दूसरे का धन, दूसरे की स्त्री छीन लेनेवाले, माता-पिता को देवता

न माननेवाले, सज्जनों से अपनी ही सेवा करनेवाले बहुत बढ़ गए। इसके फौरन बाद उन्होंने जोड़ा—

जिन्ह के यह आचरन भवानी। ते जानेहु निसिचर सब प्रानी।

'हनुमान बाहुक' में बाहुपीड़ा को राहु की माता सिंहिका राक्षसी, (केसरी किसोर रनरोर बरजोर बीर बाहुपीर राहुमातु ज्यों पछारि मारिए), मकरी राक्षसी (पोखरी बिसाल बाँहु-बलि बारिचर पीर, मकरी ज्यों पकरि कै बदन बिदारिए), लंकिनी राक्षसी (महाबीर बाँकुरे बराकी बाँह पीर क्यों न, लंकिनी ज्यों लात धात ही मरोरि मारिए), पूतना (पूतना पिसाचिनी ज्यों कपिकान्ह तुलसी की बाँहपीर महाबीर, तेरे मारे मरैगी) कहा गया है। उन्होंने कुरोग को निर्दय राक्षस कहा है (खाए हुते तुलसी कुरोग राढ़ राकसनि, केसरी किसोर राखे बीर बरियाई है)।

दरिद्रता, दीनता, रोग, जाति-पाँति की विषमता आदि ने तुलसीदास को व्यक्तिगत रूप से पीड़ित किया था। ये ही वे तत्त्व हैं जो कलियुग के प्रधान दुर्गुण हैं—ये ही तुलसीदास के समसामयिक समाज के प्रधान दोष हैं। वर्ण-व्यवस्था का यद्यपि तुलसीदास समर्थन करते हैं किन्तु वही व्यवस्था तुलसीदास को पीड़ित करती है। इस अन्तर्विरोध से तुलसीदास का कृतित्व बुरी तरह ग्रस्त है। वे डंके की चोट पर ब्राह्मण को पूज्य, प्रणम्य, महीसुर घोषित करते हैं किन्तु परशुराम, नारद, रावण आदि ब्राह्मणों को हास्यास्पद एवं मोहग्रस्त रूप में चित्रित करते हैं। जो सकल गुणहीन होने पर भी पूज्य हैं वही 'द्विज देवता धरहिं के बाढ़े', 'कबहुँ न परे सुभट रन गाढ़े' भी हैं। जो शूद्र परम प्रवीन होने पर भी अपूज्य हैं वही निषाद, कोल-किरात राम को भरत के समान प्रिय हैं।

तुलसीदास का व्यक्तित्व सबसे अधिक दुःखी और त्रस्त दरिद्रता से है। दरिद्रता और रोग तुलसी की रचनाओं में सिर्फ ऊपरी स्तर पर नहीं आए हैं। राम का जो गुणगान तुलसी ने किया है, रामकथा का जो वर्णन किया है, उसमें दरिद्रता और भूख उनकी रचनात्मकता का अभिन्न अंग बनकर आए हैं। मार्मिक से मार्मिक प्रसंगों में तुलसी को निर्धनता विस्मृत नहीं होती। रामकथा के परम्परा-प्राप्त रूप को अत्यन्त मार्मिक बनाते समय तुलसी अनेकानेक स्थानों पर, 'रंक', 'दरिद्र', 'गरीब', 'भूख' आदि की सहायता से अपने जिस अत्यन्त प्रभावशाली काव्य-संसार का सृजन करते हैं वह उनके व्यक्तित्व एवं कृतित्व को समझने की दृष्टि से उपेक्षणीय नहीं है। रामकथा पर आधारित काव्यों की कमी नहीं है, किन्तु तुलसी की अपनी विशेषता और उनकी महान् लोकप्रियता का कारण तुलसी की वह भावनात्मक दृष्टि है जिससे उन्होंने रामकथा को उपस्थित किया और जो स्वयं तुलसी के व्यक्तित्व और तुलसी के समाज की विशेषताओं

पर आधारित है।

तुलसी ने केवल ऐसी ही पंक्तियाँ नहीं लिखीं–

नहिं दरिद्र सम दुख जग माहीं। संतमिलन सम सुख जग नाहीं॥

तुलसीदास बात कर रहे हैं मोह को दूर करने की, लोभ को जीत लेने की। लेकिन मोह को मोह न कहकर मोह-रूपी दारिद्र्य कहते हैं–

मोहदरिद्र निकट नहिं आवा। लोभबात नहिं ताहि बुझावा॥

'रामचरितमानस' में केवट और राम का जो प्रसंग चित्रित किया है, वह मध्यकालीन साहित्य में अद्वितीय है। केवट प्रेम-विभोर है। देवता फूल बरसाते हैं और उसके भाग्य से ईर्ष्या करते हैं। केवट अपने परम सौभाग्य को प्रकट करता हुआ कहता है–

नाथ आजु मैं काह न पावा। मिटे दोषदुख दारिददावा॥
बहुत काल मैं कीन्हि मजूरी। आजु दीन्ह बिधि बनि भलिभूरी॥

राम के दर्शन करने से, उनके चरण धोने से केवट का मानों दारिद्र्य मिट गया, उसे पुरानी सारी मजूरी मिल गई !

तीर्थराज के दर्शन करने से जो पुण्य होता है उसका वर्णन करते हुए तुलसी कहते हैं–

चवँर जमुना अरु गंग तरंगा। देखि होहिं दुखदारिद भंगा॥

'रामचरितमानस' में एक ऐसा प्रसंग है जिसके विषय में पं. रामचन्द्र शुक्ल का विचार है कि वहाँ तुलसी ने तापस-वेष में स्वयं राम के दर्शन करने का वर्णन किया है। प्रयाग से चित्रकूट जाते समय रास्ते में राम-लक्ष्मण-सीता को एक तापस मिलता है जो तेज का पुञ्ज, अल्पवय का और सुन्दर था। वह कवि था, उसकी गति अलिखित थी या कवि ने उसकी गति लिखी नहीं। वह मन, कर्म और वचन से राम का अनुगामी था। वह तापस-कवि कथा में सहसा बिना किसी भूमिका के आता है और फिर कभी नहीं दिखलाई पड़ता। शुक्लजी का अनुमान है कि राजापुर यानी अपनी जन्मभूमि के निकट पहुँचने पर राम, लक्ष्मण और सीता का स्वागत स्वयं तुलसी ने तापस-कवि के रूप में किया है। जो हो, प्रसंग मार्मिक है और शुक्लजी का अनुमान ठीक मानें तो परम आत्मीय है। यहाँ राम से मिलने पर तापस को जो परम सुख होता है, उसमें 'रंक' विद्यमान है–

सजल नयन तन पुलकि निज इष्टदेउ पहिचानि।
परेउ दंड जिमि धरनितल दसा न जाइ बखानि॥
राम सप्रेम पुलकि उर लावा। 'परम रंकु' जनु पारसु पावा॥

प्रिय जनों का समागम पूरा हो। भरत और हनुमान तो वहाँ कथा-क्रम के

कारण उपस्थित हो नहीं सकते थे। निषादराज उपस्थित हो सकते थे, वे हैं। और तुलसी राम के सौन्दर्य का पान करके पुलकित हैं—इतना पुलकित हैं जितना भूखा भोजन पाकर होता है—

पिअत नयनपुट रूपुपियूषा। मुदित सुअसनु पाइ जिमि भूखा॥

तुलसीदास के राम-प्रेम के आदर्श भरत हैं। भरत का 'भायप' तुलसी के अगाध स्नेही हृदय में डूबकर ही इतना निर्मल और कान्तिमान् बन सकता था। तुलसी के सबसे परम आत्मीय पात्र भरत हैं। उन्होंने राम से मिलने के लिए जाते हुए दूर से चित्रकूट स्थित राम के आश्रम के बन-पर्वत समूह को देखा तो उन्हें इतना आनन्द हुआ, जितना आनन्द भूखे व्यक्ति को सुअन्न (का भोजन) पाकर होता है—

सेवक बचन सत्य सब जाने। आश्रम निकट जाइ निअराने॥
भरत दीख बन सैल समाजू। मुदित छुधित जनु पाइ सुनाजू॥

इसी प्रकार—

बरनि न जाइ दसा तिन्ह केरी। लहि जनु रंकन्ह सुरमनि ढेरी॥

x x x

भई मुदित सब ग्राम बधूटीं। रंकन्ह रायरासि जनु लूटीं॥

x x x

कंद मूल फल भरि-भरि दोना। चले रंक जनु लूटन सोना॥

x x x

तात गलानि करहुँ जिए जाएँ। डरहु दरिद्रिहि पारसु पाएँ॥

—आदि

तुलसी की रचनाएँ इस प्रकार के उदाहरणों से परिपूर्ण हैं। उन सबको इकट्ठा करें तो एक पुस्तक बन जाएगी—पुस्तक बहुत पतली नहीं होगी। सुख, पुलक, ब्रह्मानन्द से बढ़कर राम के दर्शन, उनसे आलिंगित होने का सुख—यह सब वर्णित और चित्रित करते समय तुलसी दरिद्रता, और भूख को नहीं भूलते। 'नहीं भूलते' लिखना कितना अपर्याप्त है ! यदि तुलसी भूख और दरिद्रता का अनुभव इतने गम्भीर और तीव्रतम रूप में न करते होते, यदि वे अपनी समसमायिक निरन्न और निर्वस्त्र जनता की—जिसमें वे स्वयं भी थे, बड़वाग्नि से भी भयंकर दुःख-दायिनी 'पेटागि' की ज्वाला का अनुभव न करते और उसे दूर करने की गहरी छटपटाहट उनमें न होती तो वे राम से भेंटने के आनन्द की तुलना अन्न, भोजन से न करते। राम के सामने जाकर तुलसी के ग़रीब पात्र सिर्फ़ पुलकित ही नहीं होते, वे अपनी भौतिक स्थिति का भी बयान करते हैं। केवट राम से कहता है—

पात भरी सहरी सकल सुत बारे-बारे केवट की जात कछू बेद न पढ़ाइहौं।

(पत्तल-भरी मछली मेरे सभी छोटे-छोटे बच्चे खाते हैं, नाव को छोड़कर मेरी और कोई जीविका नहीं है। मैं ब्राह्मण नहीं हूँ जो मेरे बच्चे वेद पढ़ेंगे।)

चित्रकूट के कोल-किरात राम से कहते हैं—हम तो रात-दिन पाप करते हैं फिर भी हमारी कमर में लंगोटी नहीं और कभी हमें भरपेट भोजन नहीं मिलता—

पाप करत निसि बासन जाहीं। नहिं पट कटि नहिं पेट अघाहीं॥

तुलसी की रचनाओं में तत्कालीन राजाओं के प्रति निन्दा का भाव भी मिलता है। वे किसी राजा का नाम लेकर विरोध नहीं करते। सामान्यतः सभी भक्त कवियों का और विशेष रूप से तुलसी का जीवन और कृतित्व तत्कालीन सामन्ती शासन-व्यवस्था का विरोध करता है। ऐसा नहीं है कि तुलसी सामन्तवादी व्यवस्था के स्थान पर किसी जनवादी या समाजवादी व्यवस्था की कल्पना करते हैं 16वीं-17वीं शताब्दी में कोई व्यक्ति कहीं भी समाजवादी व्यवस्था की कल्पना नहीं कर सकता था। तुलसी सामन्ती व्यवस्था की त्रुटियाँ ही देख सकते थे, प्रजा के सुखी और राजा के प्रजापालक रूप की ही कल्पना कर सकते थे—उन्होंने राम-राज्य के रूप में यही कल्पना की थी। तुलसी ने कलियुग का वर्णन करते समय तत्कालीन व्यवस्था यानी सामन्ती व्यवस्था की त्रुटियों का उल्लेख किया है। यदि तुलसी आजीवन किसी राजा के दरबार में नहीं गए तो उसका कारण तत्कालीन राजाओं-सामन्तों के प्रति तुलसी की उपेक्षा और घृणा का भाव ज्ञात होता है। उनके अनुसार तत्कालीन शासकों का सबसे बड़ा दोष यह है कि वे प्रजा को दंडित करके उसकी दुर्दशा करते हें—वे पाप-परायण हैं, धार्मिक नहीं—

नृप पापपरायन धर्म नहीं। करि दण्ड बिडंव प्रजा नितहीं॥

दण्ड की बात 'दोहावली' के दोहे में भी आई है। वह दोहा और भी कई दृष्टियों से विचारणीय है—

गोंड गवाँर नृपाल महि जमन महा महिपाल।
साम न दाम न भेद कलि केवल दंड कराल॥

अर्थात् गोंड और गँवार राजा हैं, और यवन महामहिपाल है। कलियुग में राजनीति साम, दाम और भेद पर स्थित न होकर केवल करालदण्ड पर स्थित है। वर्णाश्रम-व्यवस्था के समर्थक तुलसी की दृष्टि से राजा और महामहिपाल क्षत्रिय को होना चाहिए था, गोंड और यवन को नहीं। कुशासन का कारण राजनीति का केवल 'कराल दण्ड' पर स्थित होना है। यह यवन सम्राट की, और उसकी कराल दंड-नीति की निन्दा है। जहाँ तक क्षत्रिय राजा के शासन की बात है, उसका

शासन केवल इसीलिए नहीं अच्छा हो जाता कि 'गोंड और 'यवन' के स्थान पर क्षत्रिय 'नृप' और 'महामहिपाल' हो जाए। क्षत्रिय राजा की करतूतों के विषय में तुलसी की उक्ति गोंड और यवन शासकों की अपेक्षा ज़्यादा स्पष्ट हैं–

छत्री पुनि बैरी पुनि राजा। छल बल कीन चहइ निज काजा॥

'पुनि' पर ध्यान दीजिए तो 'छत्री', 'गोंड' और 'यवन' से ज़्यादा ख़तरनाक प्रतीत होगा।

अतः यह कहना ठीक नहीं है कि तुलसी दरबार में इसलिए नहीं गए क्योंकि उनके समय में मुगल-सम्राट का शासन था। तुलसी दरबार में इसलिए नहीं गए क्योंकि वे अपरिग्रही भक्त थे। उस काल में मुगल-सम्राट का दरबार एक ही था, लेकिन हिन्दू राज-दरबार कई थे। तुलसी के कई समकालीन कवि हिन्दू राजदरबारों के कवि थे, जिनमें केशव सर्वप्रसिद्ध हैं। इस्लाम के विरोध में हिन्दुत्व की रक्षा की साम्प्रदायिक चिन्ता से वे अधिक ग्रस्त होते तो अकबर से लोहा लेने वाले महाराणा प्रताप के दरबार में चले जाते या उनकी वीरता के गीत गाते। तुलसी ने ऐसा नहीं किया क्योंकि 'प्राकृत जनों' की स्तुति करना वे सरस्वती को दुःखित करना समझते थे। राजदरबारों में न जाने से हमारे भक्त कवियों की भक्ति और उनका स्वाभिमान दोनों सुरक्षित रह गए हैं। कबीर, सूर, तुलसी और सैकड़ों अन्य भक्तकवियों ने तत्कालीन किसी सम्राट या हिन्दू-मुस्लिम सामन्त का आश्रय स्वीकार नहीं किया। तुलसी ने लिखा कि प्राकृत जन का गुणगान करनें से सरस्वती अपना सिर धुनने लगती हैं–

कीन्हें प्राकृतजन गुनगाना। सिर धुनि गिरा लागि पछिताना॥

कबीर इस विषय में ज़रा और भी बढ़े-चढ़े थे–

जिनको कछू न चाहिए वे शाहन के शाह।

अष्टछाप के एक कवि किसी तरह सीकरी पहुँचे भी तो घर लौटकर ग्लानि हुई। पछतावा हुआ तो इस बात का कि आते-जाते जूता टूट गया–

संतन को कहा सीकरी सों काम।
आवत जात पनहियाँ टूटीं बिसरि गयो हरिनाम॥

संतकवि को सम्राट की कृपा प्राप्त न होने का पछतावा नहीं हुआ, पछतावा हुआ तो 'पनहियाँ' टूटने का। इससे ज़ाहिर होता है कि हमारे संतकवि तत्कालीन सम्राट समेत सभी हिन्दू-मुस्लिम शासकों की क्या औक़ात समझते थे। आज सब कोनों से लूट-खसोट करनेवाले और साहित्य बेचकर सुविधा जुटाने में रत कई लेखक-साहित्यकार भक्त कवियों को संकीर्ण और सामन्तवादी व्यवस्था का पोषक मानते हैं। वे यह नहीं देख पाते कि जिस प्रकार छायावाद का साहित्य अंग्रेजी

साम्राज्यवाद का विरोध करता है, उसी प्रकार भक्ति-साहित्य सामन्तवादी व्यवस्था का विरोध कर रहा था।

तुलसी के यहाँ तत्कालीन राजाओं का विरोध और भी कई रूपों में मिलता है। कराल कलिकाल में राजा भूमि-चोर हो गए हैं, अर्थात् वे प्रजा की भूमि हड़प लेते हैं–

बेदधर्म दूरि गए, भूमिचोर भूप भए।

वे कृपालु नहीं हैं–'महिपाल न कृपाल चित'। कलिकाल ऐसा राजा है जिससे राम को छोड़कर और कोई नहीं बचा सकता–'सुनिए कराल कलिकाल भूमिपाल तुम्ह जाहि घालो चाहिए, कहौ धौं, राखै ताहि को'। तुलसी ने 'दोहावली' में राजनीति से सम्बन्धित लगभग बीस दोहे लिखे हैं जिनमें से अधिकांश 'कर'-सम्बन्धी हैं। उनके अनुसार जो दशा बवंडर में पड़ी हुई पतंग की होती है, चिन्ताओं में पड़े हुए विवेक की होती है, वही दशा बुरे राज्य में कर्म, धर्म, सुख, सम्पत्ति की हो जाती है–

चढ़े बघूरें चंग ग्यान ज्यों सोक समाज।
करम धरम सुख सम्पदा त्यों जानिबे कुराज॥

जैसे खजूर की हज़ारों शाखाएँ ज़मीन पर काँटे-काँटे बिखेरकर खुद भी गिर पड़ती हैं, उसी प्रकार दुष्ट राजा भी कुचाल और अन्याय करके स्वयं भी नष्ट होते हैं।

सामन्ती व्यवस्था में प्रजा की अधिकांश विपत्तियों का ज़िम्मेदार राजा होता है। जिस राजा के राज्य में प्रिय प्रजा दुःखी है, वह अवश्य ही नरक का अधिकारी है–

जासु राज प्रिय प्रजा दुखारी। सो नृप अबसि नरक अधिकारी॥

महाराओं के प्रति उनकी विरक्ति या घृणा है। ये राजे-महाराजे उस शासक-पोषक सत्ता के प्रतीक हैं जो कलियुग के कुराज का संरक्षक है।

इस कुराज से समाज को उबारने की कल्पना तुलसी के साहित्य में मिलती है। 'रामचरितमानस' और उनकी अन्य कृतियों में अनेकानेक स्थलों पर 'सुराज' की कल्पना विविध रूपों में दिखलाई पड़ती है। यह प्रजातन्त्र की कल्पना नहीं है लेकिन सामन्तवादी व्यवस्था के यथासम्भव त्रुटिहीन रूप की कल्पना है, जिसमें साधारण प्रजा के दुःख-सुख और उसके सम्मान का पूरा ध्यान रखा गया है। तुलसी का 'रामराज्य' तुलसी के भाववादी मस्तिष्क की कल्पना है, ऐसी कल्पना जो उनके समसामयिक समाज के दुःख-द्वन्द्व, विषमताओं, त्रिविध ताप से मुक्त है–वहाँ ईति, भीति, दुखित प्रजा, त्रिविध ताप, ग्रहों की मार नहीं है। देश सुखी है, वहाँ सुराज है। राम के राज्य में सम्पत्ति शोभित है। प्रजा सुराज

पाकर सुखी है–

ईति भीति जनु प्रजा दुखारी। त्रिबिध ताप पीड़ित ग्रह मारी॥
जाइ सुराज सुदेस सुखारी। होहिं भरत गति तेहि अनुहारी॥
राम बास बन संपत्ति भ्राजा। सुखी प्रजा जनु पाइ सुराजा॥

'कलियुग' और 'रामराज्य'–तुलसी का विषमताग्रस्त समसामयिक समाज और आदर्श समाज, दोनों एक-दूसरे से जुड़े हैं। तुलसी का राम-राज्य, उनके कलियुग के पेट में से निकलता है। जिस तरह कलियुग तुलसी की मुख्य कृतियों में–विशेषतः 'रामचरित' में आद्यन्त, अनेकानेक स्थलों पर विविध रूपों में विद्यमान है उसी प्रकार रामराज्य भी। कलियुग और रामराज्य तुलसी के कृतित्व के संरचनात्मक घटक हैं। एक-दूसरे के विरोधी किन्तु साथ-साथ सर्वत्र विद्यमान ! 'जड़-चेतन गुन दोषमय बिस्व कीन्ह करतार।'

दरिद्रता, रोग, कुसंग, खल इत्यादि दोष कलियुग के हैं–ये सुराज में नहीं होते। याद रखिए, तुलसी का 'सुराज' 'जनतन्त्र' नहीं है, वह 'रामराज्य' है। तुलसी यह नहीं सोच सकते थे कि 'रामराज्य' से उसका जो अभीष्ट है, वह सामन्तवादी व्यवस्था में प्राप्त नहीं हो सकता। उस काल में तुलसी जनतन्त्र और समाजवाद का स्वप्न नहीं देख सकते थे। वे ऐसी समग्र शासन-व्यवस्था का ही स्वप्न देख सकते थे जिसमें सब सुखी हैं, सब वर्णाश्रम-व्यवस्था को मानते हैं, सभी को न्याय मिलता है। राम का राज्य समस्त पृथ्वी पर है–'भूमि सप्त सागर मेखला। एक भूप रघुपति-कोसला।' यह रामराज्य तुलसी के केवल उत्तरकाण्ड में वर्णित नहीं है, वह 'सुराज' के रूप में 'रामचरितमानस' में तथा अन्य कृतियों में अनेकानेक स्थलों पर विद्यमान है–

अर्क जवास पात बिनु भयेऊ। जस सुराज खल उद्यम गयेऊ॥

तुलसी के सुराज में खलों का उद्यम समाप्त हो जाता है। वे वर्षाकालीन अर्क-जवास के समान नष्ट हो जाते हैं। 'सुराज' का माहात्म्य समझने के लिए उन खलों का स्मरण कीजिए जिनकी वन्दना तुलसीदास ने 'मानस' के प्रारम्भ में की है। वे ओलों के समान फ़सल को नष्ट करके ही दम लेते हैं और स्वयं भी नष्ट हो जाते हैं–'जिमि हिम उपल कृषी दल गरहीं'। लेकिन 'सुराज' की वर्षा फ़सल को नहीं, अर्क-जवास को नष्ट करती है–

बिबिध जन्तु संकुल महि भ्राजा। प्रजा बाढ़ जिमि पाइ सुराजा॥

x x x

पंक न रेनु सोह असि धरनी। नीति निपुन नृप कै जसि करनी॥

x x x

जीति मोह महिपालु दल सहित बिबेक भुआलु।
करत अकंटक राजु पुर सुख सम्पदा सुकालु॥

x x x

अलिगन गावत नाचत मोरा। जनु सुराज मंगल चहुँ ओरा॥

तुलसीदास की दृष्टि में यह सुराज वहीं है, जहाँ राम हैं। राम और 'सुराज' एक-दूसरे से अलग नहीं हो सकते। राम 'बिबेक भुआलु' हैं। राम अपने जीवनचरित्र में दो स्थानों पर विशेष रूप से रमे, चित्रकूट में और अयोध्या में। चित्रकूट में भी रामराज्य था। चित्रकूट को देखते ही भरत को ऐसी प्रसन्नता हुई जैसे किसी क्षुधित व्यक्ति को अच्छा अन्न मिल जाए। जिस प्रकार 'इति' के भय, त्रिविध तापों और ग्रहों से पीड़ित एवं दुःखी प्रजा सुन्दर देश में सुराज पाकर सुखी होती है, वही दशा भरत की हो गई। 'ईति'—फ़सल को नष्ट करने वाले छः पदार्थ हैं—अतिवर्षण, अवर्षण, चूहों, टिड्डियों, चिड़ियों और राजा के आक्रमण का उत्पात। तुलसी की दृष्टि में 'सुराज' का प्रथम लक्षण भूखे को अन्न मिलना और भरपूर फ़सल है। तुलसी की कविता की लोकप्रियता का एक बहुत बड़ा कारण भारत की प्रकृति और कृषि सम्बन्धी वस्तुओं का रचनात्मक उपयोग है। यहाँ चित्रकूट के 'सुराज' का वर्णन देखना अपेक्षित है—

भरत दीख बन सैल समाजू। मुदित छुधित जनु पाइ सुनाजू॥
ईति भीति जनु प्रजा दुखारी। त्रिबिधि ताप पीड़ित ग्रह मारी॥
जाइ सुराज सुदेस सुखारी। होहिं भरत गति तेहि अनुहारी॥
राम बास बन संपत्ति भ्राजा। सुखी प्रजा जनु पाई सुराजा॥
सचिव बिरागु बिबेकु नरेसू। बिपिन सुहावनु पावन देसू॥
भट जमनियम सैल रजधानी। सांति सुमति सुचि सुन्दर रानी।
सकल अंग संपन्न सुराऊ। राम चरन आस्रित चित चाऊ॥
जीति मोह महिपालु रत्न सहित बिबेकु भुआलु।
करत अकंटक राजु पुर सुख संपदा सुकालु॥
बन प्रदेश मुनि बास घनेरे। जनु पुर नगर गाउँगन खेरे॥
बिपुल बिचित्र बिहग मृग नाना। प्रजासमाजु न जाइ बखाना॥
खगहा करि हरि बाघ बराहा। देखि महिष वृष साजु सराहा॥
बयरु बिहाइ चरहिं एक संगा। जहँ तहँ मनहुँसेन चतुरंगा॥
झरना झरहिं मत्तगज गाजहिं। मनहुँ निसान बिबिध बिधि बाजहिं॥
चक चकोर चातक सुकपिक गन। कूजत मंजु मराल मुदित मन॥।

अलिगन गावत नाचत मोरा। जनु सुराज मंगल चहुँ ओरा॥
बेलि बिटप तृन सफल सफूला। सब समाजु मुद मंगल मूला॥

चित्रकूट में सुराज है, वहाँ सुख-सम्पत्ति है। विवेक नरेश है, विराग सचिव है, यम, नियम वीर हैं। पशु-पक्षी, मुनि जन सब प्रसन्न हैं। शासक को विवेकी, मंत्री को मोहरहित, और शक्तिशालियों को संयमी होने की कितनी आवश्यकता है, यह हम आज की सामाजिक व्यवस्था में बखूबी अनुभव करते हैं। आज हम तुलसी और उनके देश-काल की सीमाओं को समझते हुए कह सकते हैं कि किसी एक व्यक्ति के शासन यानी राजतंत्र में 'सुराज' सम्भव नहीं है। फिर भी विवेक, विराग, यम, नियम भी आज आवश्यक हैं। जनतन्त्र में भी शासक, मंत्री विवेकहीन, लोभी और भ्रष्टाचारी होते हैं। जनतन्त्र में विवेक आदि के बिना 'सुराज' सम्भव नहीं है। भूखे को अन्न, इति-भीति से परित्राण आदि की प्राप्ति की बात ही तो असल बात है।

तुलसी के रामराज्य या सुराज का महत्वपूर्ण अंग 'कृषि' या भरपूर फ़सल है। अपने देश की शस्य-श्यामला धरती, यहाँ की प्रकृति, नदी, पर्वत-वृक्षादि से तुलसी को अपार प्रेम था। उनके राम इस लोक में ही रमने वाले हैं। जो कुछ जगत में सुन्दर और मंगलकारी है, राम उस सबके पर्याय और पूर्ण योग कहे जा सकते हैं। नित्य पुष्पित और पल्लवित और नवीन होते रहने वाला यह संसार वृक्ष राम का ही रूप है—

पल्लवत फूलत नवल नित संसार बिटप नमामहे।

स्वर्ग कौन जाएगा, नर्क कौन जाएगा—यह सब किसे ज्ञात है ! तुलसी अज्ञात को नहीं, ज्ञात को प्रेम करते हैं। यह जगत् और जीवन तुलसी को बहुत प्रिय है—

को जानै को जैहै सुरपुर कौन नरक धन-धाम को।
तुलसी बहुत भलो लागत जग-जीवन रामगुलाम को॥

'अलख' को जपने वाले को डाँटते हुए तुलसी ने कहा भी था—

तुलसी अलखहिं का लखै रामनाम जपु नीच !

तुलसीदास निराकार ब्रह्म की सत्ता अस्वीकार नहीं करते किन्तु उनके 'बाहरजामी राम' अन्तरजामी राम' से बड़े हैं। प्रभु पत्थर से, दृश्यमान जगत् के अकिंचन जड़ पदार्थ से प्रकट हुए, प्रह्लाद के हृदय से नहीं—

अतंरजामिहुतें बड़े बाहेर जामि हैं राम, जेनाम लिए तें।
पैज परें प्रह्लाद को प्रगटे प्रभु पाहनतें, न हिए तें॥

कहने का तात्पर्य यह कि राम ऐसे राजा हैं जो इस लोक से सम्बद्ध हैं। तुलसी के राम वाल्मीकि के राम की भाँति इस लोक का त्याग करके स्वर्गस्थ नहीं होते।

रामचरितमानस की राम-कथा की समाप्ति 'रामराज्य' और राम के इस लोक में बने रहते होती है—

तेहि अवसर मुनि नारद आए करतल बीन !

राम और 'रामराज्य' का इस लोक में बने रहना संकेतपूर्ण है। तुलसी के राम इस संसार में ही रत हैं। वे इस संसार को छोड़ नहीं सकते। 'राम' और 'रामराज्य' तुलसी की सनातन कल्पना है, आदर्श है। इस संकेत को समझने पर ही 'रामराज्य' का प्रतीकार्थ खुलता है। 'रामराज्य' तुलसी द्वारा कल्पित ऐसा स्वप्नलोक है जो सम्पूर्णतः सुखद है। वह हमारे मध्यकाल के सबसे महान् लोकवादी कवि द्वारा कल्पित स्वप्नलोक है जो अपने समय की सीमाओं से युक्त होते हुए भी हमारे लिए सन्दर्भवान् और प्रेरणाप्रद है। आज भी राज्य-व्यवस्था इतनी त्रुटिहीन नहीं हो गई है कि वह 'रामराज्य' से आगे बढ़ गई हो। तुलसी के रामराज्य का महत्व हमारे युग के श्रेष्ठ भारतीय गाँधी ने समझा था। इसीलिए उन्होंने अपने युग के आन्दोलन का लक्ष्य 'रामराज्य' को बनाया। रामराज्य कोई आध्यात्मिक या अन्तस्साधनात्मक उपलब्धि नहीं है। वह ब्रह्मानन्द या 'अमृत सरोवर' का रस पीने या परमसमाधि की स्थिति नहीं है; वह संसार के दैहिक, दैविक, भौतिक तापों से मुक्त हो जाने की स्थिति है—

दैहिक दैबिक भौतिक तापा। रामराज्य काहुहिं नहिं ब्यापा ॥

राम के राजा होने पर सभी के शोक दूर हो गए। लोग हर्षित हो गए। शोक के दूर होने और हर्षित होने के कई कारण थे।

किसी को किसी से बैर नहीं रह गया और राम के प्रताप से विषमता दूर हो गई। यह विषमता भौतिक दुःखों की जड़ है, वह चाहे जिस प्रकार की हो। लोगों को शोक नहीं है, रोग दूर हो गए। किसी की अल्प आयु में मृत्यु नहीं होती; सभी सुन्दर हैं, सबके शरीर नीरोग हैं। कोई दरिद्र, दुःखी और दीन नहीं है, कोई मूर्ख और लक्षणहीन नहीं है—

अल्प मृत्यु नहिं कवनिउँ पीरा। सब सुन्दर सब विरुज सरीरा ॥
नहिं दरिद्र कोउ दुखी न दीना। नहिं कोउ अबुध न लच्छनहीना ॥

मनुष्य का सुख प्रकृति के व्यवहार पर निर्भर है। रामराज्य में प्रकृति भी सुखद और अनुकूल है। वृक्ष और वन फूलते-फलते हैं। हाथी और शेर एक साथ रहते हैं, पशु-पक्षी तक आपस में बैर भूल कर प्रीतिपूर्वक रहते हैं। वे नाना प्रकार के मनोहर शब्द करते हैं। शीतल, मन्द, सुगन्ध वायु बहती है, भ्रमर मकरन्द वहन करते हुए विहार कर रहे हैं। लता और वृक्ष माँगते ही मधु-वर्षण करते हैं, गाएँ यथेच्छ दुग्ध देती हैं ! धरती अन्न से सम्पन्न रहती है, त्रेता में भी मानो सतयुग

आ गया है। विविध पर्वतों में नाना प्रकार की मणियाँ प्राप्त होती हैं सभी नदियों में सुन्दर जल प्रवाहित होता है, उनका जल निर्मल और सुस्वादु है। सागर अपनी मर्यादा में है, वह तटों पर स्वयं रत्न डाल जाता है। तालाब कमलों से पूर्ण हैं, दसों दिशाओं के प्रदेश प्रसन्न हैं। रामचन्द्र के राज्य में चन्द्रमा अपनी किरणों से पृथ्वी को भर देता है, सूर्य अनुकूल मात्रा में ही तपता है। बादल आवश्यकतानुसार बरसते हैं।

निश्चय ही यह एक सुखद स्वप्नलोक है जिसे तुलसी अपने समय के समाज को दिखाते हैं। स्वप्न स्वप्न ही होता है। लेकिन महत्वपूर्ण यह है कि कवि कितना बड़ा स्वप्न प्रस्तुत करता है, उसका स्वप्न कितने लोगों के सुख-दुःख से सम्बन्धित है। कवि का स्वप्न समाज का स्वप्न बन सकता है या नहीं ? चन्द्रमा और सूर्य रावण की इच्छा के भी वश में थे। लेकिन वहाँ वे केवल रावण की चाकरी करते थे। राम के राज्य में वे राम की ही नहीं, समाज की, सब की सेवा करते हैं। कलियुग में 'कलि बारहिं बार दुकाल' पड़ता था। रामराज्य में धरती अन्न से सम्पन्न है। प्रकृति और मनुष्य एक-दूसरे के सहयोगी हैं प्रकृति किसी एक ही व्यक्ति की इच्छाओं के अनुकूल आचरण नहीं करती, सबके सुखों का ध्यान रखती है—

फूलहिं फरहिं सदा तरु कानन। रहहिं एक संग गज पंचानन॥
खग मृग सहज बयरु बिसराई। सबन्हि परस्पर प्रीति बढ़ाई॥
कूजहिं खग मृग नाना बृन्दा। अभय चरहिं बन करहिं अनंदा॥
सीतल सुरभि पवन बह मन्दा। गुंजत अलि लै चलि मकरंदा॥
लता बिटप माँगे मधु चवहीं। मन भावतो धेनु पय स्रवहीं॥
ससि संपन्न सदा रह धरनी। त्रेता भइ कृतजुग कै करनी॥
प्रगटी गिरिन्ह बिबिध मनि खानी। जगदातमा भूप जग जानी॥
सरिता सकल बहहिं बर बारी। सीतल अमल स्वाद सुखकारी॥
सागर निज मरजादा रहहीं। डारहिं रतन तटन्हि नर लहहीं॥
सरसिज संकुल सकल तड़ागा। अति प्रसन्न दस दिसा बिभागा॥
बिधु महि पूर मयूरखन्हि रबि तप जेतनेहि काज।
माँगे बारिद देहिं जल रामचन्द्र कें राज॥

यह स्वप्न जनता से प्रेम करने वाले कवि का है, या नहीं ? तुलसी राम के भक्त हैं। लेकिन तुलसी के राम के राज्य में प्रजा सुखी है। जहाँ तक प्रजा की इच्छा को सर्वोपरि समझने का सवाल है, तुलसी इस विषय में अपने समय से थोड़ा आगे ही हैं। रामचरितमानस के राम राजा होने के नाते यह ज़रूर चाहते हैं कि

लोग उनका अनुशासन मानें। लेकिन वे यह भी कहते हैं कि यदि मैं कोई अनुचित बात करूँ तो वे निर्भय होकर मुझे टोक दें—

सोइ सेवक प्रियतम मम सोई। मम अनुसासन मानै जोई॥
जौं अनीति कुछ भाषौं भाई। तौ मोंहि बरजहु भय बिसराई॥

तुलसी को राजा राम का असाधारण, अलौकिक रूप नहीं, लोक-सामान्य व्यवहार ही प्रिय है। वे प्रजाजन से बातें करते हुए उन्हें भाई कह कर सम्बोधित करते हैं। तमाम सेविकाओं के रहते हुए भी सीता घर का काम अपने हाथों करती हैं—

जद्यपि गृहँ सेवक सेवकिनी। बिपुल सदा सेवा बिधि गुनी॥
निज कर गृह परिचरजा करईं। रामचन्द्र आयसु अनुसरई॥

तुलसी के 'रामराज्य' में लोग वर्णाश्रम-व्यवस्था के अनुसार आचरण करते हैं, ब्राह्मणों की पूजा करते हैं। यह बात 'रामराज्य' के वर्णन में बार-बार आती है। जैसा कि आलोचकों ने लिखा है, तुलसीदास वर्णव्यवस्था के कट्टर समर्थक थे। इस विषय में उनकी दृष्टि अपेक्षाकृत संकीर्ण थी। तुलसीदास पर परम्परा का गहरा प्रभाव था। वह प्रभाव तुलसी को वर्णव्यवस्था और ब्राह्मणों के प्रति अनावश्यक रूप से आस्थावान बना देता था। रामराज्य में अयोध्यावासी उदार, परोपकारी ही नहीं हैं, विप्रों के चरणसेवक भी हैं—

सब उदार सब पर उपकारी। बिप्रचरन सेवक नर नारी॥

लोग वर्णाश्रम-व्यवस्था के अनुसार अपने-अपने धर्मों का पालन करते हुए वेदपथ पर चल कर सुख पाते हैं। उन्हें भय, शोक और रोग नहीं हैं—

बरनाश्रम निज निज धरम निरत वेद पथ लोग।
चलहिं सदा पावहिं सुखहिं नहिं भय सोक न रोग॥

आज हम जानते हैं कि भय, शोक और रोग से छुटकारा पाने का उपाय वर्णाश्रम-व्यवस्था के भीतर नहीं है। आज वर्णाश्रम-व्यवस्था सबको सुखी बनाने का नहीं, बल्कि दुःखी बनाने का कारण है। काम्य वर्णाश्रम-व्यवस्था नहीं, सबका सुख है। तुलसी के रामराज्य की कल्पना का यह अंग आज बहुत पीछे पड़ गया है, आज हमें उसे अस्वीकार करना होगा।

लेकिन इस विषय में दो बातें ध्यान देने योग्य हैं। एक तो रामचरितमानस के राजा राम शूद्र तपस्वी शम्बूक का वध नहीं करते, दूसरे सीता को बनवास नहीं देते। भवभूतिने भी 'उत्तररामचरित' में शम्बूक-वध करते समय राम का अन्तर्द्वन्द्व व्यक्त किया है। तुलसी ने उस प्रकरण को ही राम-कथा से निकाल दिया है। सीता का परित्याग भी रामचरितमानस में वर्णित नहीं किया गया है। इन दोनों प्रसंगों को स्थान न देने का कारण यही प्रतीत होता है कि तुलसी द्वारा कल्पित

'राम-राज्य' में शूद्र को तपस्या करने के अधिकार से वंचित नहीं किया जा सकता। शूद्र वर्णाधम है, यह तुलसी सिद्धान्ततः मानते हैं, यहाँ तुलसी की पैरवी नहीं की जानी चाहिए। लेकिन वही शूद्र यदि राम का भक्त हो जाए तो ?

आपु आपने तें अधिक जेहि प्रिय सीताराम।
तेहि की पग की पानहीं तुलसी तनु को चाम॥

जिसके लिए तुलसी अपनी खाल का जूता बनवाने को तैयार हैं, उसे वे बड़ा मानते हैं या नीच !

तुलसी के शूद्र-विषयक विचार उनके अन्तर्विरोध को प्रकट करते हैं। यह अन्तर्विरोध किसी न किसी मात्रा में उनके द्वारा कल्पित रामराज्य में भी मौजूद है। किन्तु इस अन्तर्विरोध के कारण उनके द्वारा चित्रित समाज की विषमता और उस विषमता से रहित सर्व प्रकार से सुखी और सम्पन्न 'रामराज्य' के स्वप्न का महत्व आज भी हमारे लिए कम नहीं हो जाता। दैहिक, दैविक, भौतिक तापों से रहित शस्य-सम्पन्न धरती की जो कल्पना तुलसी ने की थी, वह हमारी भी लालसा है। विवेक, न्याय, संयम आदि सद्‌गुण हमारे लिए अनावश्यक नहीं हो गए। इसीलिए तुलसी का रामराज्य आज भी हमारी अनुभूतियों को उद्‌बुद्ध करता है।

तुलसी की कबिताई

हमारे आचार्यों ने साहित्य की विशेषता पर विचार करते हुए दिखाया है कि उसमें शब्द और अर्थ दोनों की स्थिति समान महत्वपूर्ण होती है। वे परस्पर-सपर्धी होते हैं। इसी परस्पर-स्पर्धिता से चारुता उत्पन्न होती है। जो अर्थ है उसे शब्दों में बाँध देना साहित्य है। अर्थ से तात्पर्य दृश्यमान् जीवन-जगत् और चित्त पर होने वाली उसकी प्रतिक्रिया से उद्भूत अनुभूति सम्पदा से भी है। प्रत्यक्ष जीवन में जिन वस्तुओं और परिस्थितियों की प्रतिक्रिया हमारी चेतना में होती है वे शब्दबद्ध होकर 'विभाव' बन जाती हैं। भावानुभूति के लिए 'विभाव' अनिवार्य है। कवि के लिए चुनौती यह है कि वह जीवन और जगत् से जैसा प्रभावित हुआ है, वैसा ही ज्यों का त्यों शब्दों में ऐसा बाँध दे कि पढ़ने-सुननेवाला भी उसी की तरह प्रभावित हो जाए। यह असम्भव है।

यह जितना असम्भव है, कवि की ज़िद और साधना भी उतनी ही अथक है।

खून-पसीने से लथपथ होते हुए भी कवि की यह लालसा तुष्ट नहीं होती दीखती कि जीवन और जगत् ने उसकी चेतना को जो सम्पदा भेंट की है, वह उसी टटकेपन और जीवन्तता की सारी थरथराहटों और छायाओं के सहित समाज को सौंप सके।

लालसा का यह असंतोष, अपनी कवित्व-शक्ति की अक्षमता की यह कचोट महान् कवि की अनिवार्यता है–

है य' वो लफ्ज जो शर्मिन्दए मानी न हुआ।

लफ्ज़ (शब्द) की मानी (अर्थ) से शर्मिन्दा न होने की स्थिति की पीड़ा गालिब जैसे महान् कवि को ही नसीब होती है।

तुलसीदास के पाठक जानते हैं कि उनके यहाँ कवि-कर्म की अक्षमता की घोषणा इतनी अधिक और इतनी बार मिलती है कि कवि के असंस्कृत पाठक ऊब जाते हैं। सच्चा पाठक नहीं ऊबता क्योंकि वह सिर्फ अक्षमता की घोषणा ही नहीं देखता। वह शब्दों में न बँध पानेवाली उस अर्थ-सम्पदा को भी देखता है, जो इस अक्षमता का कारण है। और पाठक-श्रोता ने इसे देख लिया तो कवि-कर्म सफल।

शब्दों में न बाँध पाने की असमर्थता की घोषणा सार्थक हो गई।

तुलसीदास कवि-कर्म की अक्षमता की घोषणा मार्मिक स्थलों पर अवश्य करते हैं। वे भाषा और वर्ण्य, शब्द और अर्थ का मिलान करते चलते रहनेवाले अत्यन्त सतर्क कवि हैं। वे जितने ही भावना-प्रवण हैं, उतने ही विवेकवान्। इसीलिए उनके यहाँ शब्द और अर्थ का द्वन्द्व सर्वत्र विद्यमान है। मार्मिक प्रसंगों में कवि-कर्म की अक्षमता की घोषणा इसी का परिणाम है। यह एक और बात का प्रमाण है। तुलसी का भाव-जगत् उनके काव्य में प्रकट भाव-जगत् से अधिक महत् और सुन्दर है। सबकुछ नहीं प्रकट हो पाता। तुलसी कम से कम अपनी तरफ से अपने वर्ण्य को अपने काव्य से, अपने अर्थ को अपने शब्द से महत्तर मानते हैं—

कहँ रघुपति के चरित अपारा। कहँ मति मोरि निरत संसारा॥
सो मों सन कहि जात न कैसे। साक बनिक मन गुन गन जैसे॥

'रघुपति के चरित' का स्मरण ही तुलसी को भाव-विभोर बना देने के लिए काफी है। इसलिए 'रघुपति के अपार चरित' का नाम लेते ही उन्हें अपनी बुद्धि की असमर्थता का बोध हुआ। रघुपति का अपार चरित उनका कथ्य और वर्ण्य है।

राम और लक्ष्मण के सौन्दर्य से अधिक अभिभूतकारी वर्ण्य विषय क्या हो सकता है, तुलसीदास के लिए ! साँवले और गोरे राजकुमार का सौन्दर्य वर्णित कर पाने की असमर्थता को प्रकट करती हुई सखी कवियों की कठिनाई को अत्यंन्त समर्थ ढंग से कह जाती है—

स्याम गौर किमि कहौं बखानी। गिरा अनयन नयन बिनु बानी॥

देखती हैं आँखें और कहना है 'जुबान' को। आँखों को जुबान है नहीं। आँखों में और जुबान में फ़ासला भी है। अतः जो कुछ आँखों ने देखा है उसे ज्यों का त्यों बयान कर पाना वाणी के लिए असम्भव है। तुलसी की यह अर्धाली कविता की अक्षमता के अहसास को सक्षम तौर पर व्यक्त करती है। इसके आशय को पं. कृष्णशंकर शुक्ल ने एक स्थान पर बहुत अच्छी तरह व्याख्यायित किया है—"भावुक कवि बड़बड़िया नहीं होता। जिस कवि के पास कथ्य होता है, वह दूर की कौड़ी नहीं लाता।...जिन कवियों के पास अनुभूति-पोषित मार्मिकता है, वे दूर न जाकर अपने पास ही की वस्तु कुछ सूक्ष्मता तथा सहृदयता से देखते हैं। ऐसे कवि बड़े संयम से बहुत कुछ कहने के प्रलोभन को रोक लेते हैं। संयम से कहना पड़ा, क्योंकि साधारण कवियों से ऐसे अवसरों पर रुका ही नहीं जाता...भाव की अनिवार्यता जैसे उन्हें मूक कर देती हो। जिन कवियों के पास

वाणी है उनके नेत्र नहीं है, जिनके नेत्र हैं उनके वाणी नहीं रहती। जो बड़बड़ाते हैं उनके हृदय के नेत्र नहीं हैं, जिन्होंने भावों की मार्मिक अनुभूति प्राप्त की है, वे बड़बड़ाते नहीं–

गिरा अनयन नयन बिनु बानी।"

नयन कथ्य है, वाणी कविता है, कथ्य अर्थ है, वाणी शब्द है। कवि के अपने कथ्य, भाव या अर्थ का सौन्दर्य उसको मूक कैसे कर देता है, उसको कवि-कर्म-अक्षमता का अहसास कैसे करा देता है–इसकी आन्तरिक प्रक्रिया देखनी हो तो तुलसीदास की ये पंक्तियाँ देखिए–

भरत प्रीति नति बिनय बड़ाई। सुनत सुखद बरनत कठिनाई॥
जासु बिलोकि भगति लव लेसू। प्रेम मगन मुनिगन मिथिलेसू॥
महिमा तासु कहइ किमि तुलसी। भगति सुभाय सुमति हिय हुलसी॥
आपु छोटि महिमा बड़ि जानी। कबि कुल कानि मानि सकुचानी॥
कहि न सकति गुन रुचि अधिकाई। मति गति बाल बचन की नाईं॥
भरत बिमल जसु बिमल बिधु सुमति चकोरकुमारि।
उदित बिमल जन हृदय नभ एक टक रही निहारि॥

(भरत की प्रीति, नम्रता, विनय, बड़ाई सुनने में सुखद है लेकिन उसका वर्णन कर पाना कठिन है। जिसकी भक्ति का लव-लेश ही देखकर मुनिगण और मिथिलेश प्रेममगन हो गए, उनकी महिमा तुलसी कैसे कहे ! उनकी (भरत की) भक्ति और उनका स्वभाव तुलसी के हृदय में हुलस रहे हैं। सुमति अपने को छोटी और महिमा को बड़ी जानकर और कवि-कुल की मर्यादा को मन में लाकर संकुचित हो गई। भरत के गुणों में सुमति की रुचि बहुत अधिक है, और कह सकती नहीं। सुमति की गति बाल-बचन की-सी हो गई। भरत का विमल यश निर्मल चन्द्रमा है। सुमति चकोर-बालिका है। चन्द्रमा भक्त के हृदय आकाश में उदित है। सुमति की चकोर-बालिका उसे एकटक निहार रही है।)

भरत की भक्ति और उनका स्वभाव कवि का कथ्य है, वह सुमति (कवि की) के हृदय में हुलस रहा है। बुद्धि का हृदय ! भाव और बोध दोनों एकत्र। बुद्धि और हृदय का तनाव ! सुमति जितना ही अधिक आकृष्ट है भरत के गुणों पर, उतना ही अधिक वह संकुचित होती है, संकुचित होने और अपनी सीमा पहचानने का सबसे बड़ा लाभ यह है कि वह सतर्क होती है। बालक कहना बहुत कुछ चाहता है, ठीक से कह नहीं पाता। बालक को अपनी सीमाओं का ख़्याल शायद नहीं रहता, सुमति को है। लेकिन इस संकोच और सतर्कता के बाद जो कुछ वह बोल पाती है, वह बाल-वचन जितना ही मात्रा में कम और व्यंजना में अधिक

प्रभावशाली और हृदयग्राही होता है। मात्रा में कम, प्रभाव में अधिक। लेकिन बोलने के पहले वह भरत के गुणों से पूरी तरह अभिभूत होती है। कथ्य कवि से छिटककर अलग हो जाता है। कथ्य कवि के हृदय में ही है लेकिन वह आकाश का चन्द्रमा भी बन गया है। बुद्धि चकोरी के समान उसे एकटक निहार रही है। वह कथ्य-चन्द्रमा, अब कवि की सुमति चकोरी का नहीं है, सभी का है। कवि के हृदय का कथ्य सभी के हृदयों में उदित हो सकता है। विशेष निर्विशेष हो सकता है।

यहाँ भाव-बोध, इच्छा-क्रिया, रुचि-संयम, वर्ण्य विषय-अभिव्यक्ति, और अर्थ तथा शब्द—इन सबका द्वन्द्व विद्यमान है। इसी द्वन्द्व को कुछ लोग 'तनाव' कहना पसन्द करते हैं। इस जटिल प्रक्रिया से प्रकट होता है महान् काव्य का सौन्दर्य। कवि-कुल की मर्यादा का ध्यान रख कर सुमति यदि अपने हृदय के हुलास को संयमित करती है तो अन्त में उससे कवि-कुल की मर्यादा को गौरव मिलता है।

तुलसीदास का कथ्य और भाव-जगत् उनके लिए प्रायः प्रत्यक्ष हो उठता है। वे शब्दों द्वारा जो चित्रित करते हैं, वह चित्र उनके लिए कभी-कभी इतना सजीव और वास्तविक हो उठता है कि वह उनकी दृष्टि में भी उससे अलग होकर, देश और काल की सीमाओं को लाँघकर वास्तविकता में बदल जाता है, कल्पना कवि के लिए प्रत्यक्ष हो जाती है। वे इस प्रत्यक्षीकृत जगत् में फिर से प्रवेश करते हैं। कल्पना से निर्मित जगत् के सुख-दुःख का अनुभव वास्तविक जगत् के सुख-दुःख की भाँति करते हैं। उनके यहाँ वास्तविकता ही कल्पना में नहीं बदलती, कल्पना भी वास्तविकता में बदलती रहती है। ऐसा वर्ण्यविषय में तन्मयता के कारण होता है। कविता अपने चरमोत्कर्ष पर पहुँचकर टूट जाती है। वह वास्तविकता बनकर टूट जाती है। तुलसी फिर टूटती हुई कविता को वास्तविकता के आधार पर जोड़ते हैं। कविता के चरम उत्कर्ष, उसके टूटने और फिर उसकी पुनर्निर्मिति की यह क्रिया तुलसी के यहाँ बराबर चलती रहती है। उनके यहाँ कविता और कवि, कल्पना और यथार्थ अलग-अलग नहीं हैं। उनके यहाँ सारा काव्य-शिल्प, सारी अलंकार-योजना, सारी भावना-कल्पना वर्ण्य विषय को समर्पित है। वह तभी सार्थक और वांछित है जब रामचरित को उजागर कर सके। अन्यथा—

बिधु बदनी सब भाँति सँवारी। सोह न बसन बिना नर नारी॥

(चन्द्रमुखी चाहे जितना सजे, वस्त्र के बिना नहीं शोभित होती।)

तुलसी के लिए उनकी कविता कितनी वास्तविक हो जाती है, और 17वीं शती के कवि तुलसी काल की सीमाओं के पार उड़ते हुए अपने प्रत्यक्षीकृत काव्य-जगत् में कैसे पहुँच जाते हैं, इसका उदाहरण राम के वन-मार्ग का

तापस-प्रसंग है—राम, लक्ष्मण और सीता वन-मार्ग पर चलते हुए सुशोभित हो रहे हैं। वन-मार्ग पर पड़ने वाले गाँव के नर-नारी राम-लक्ष्मण-सीता की शोभा देखकर धन्य हो रहे हैं। तुलसी के राम, तुलसी के पात्र ! और तुलसी यहाँ कलियुग में पड़े रहें ! वे भी सीधे पहुँचे। मनोरंथानामगतिर्निवद्यते—

तेहि अवसरु एकु तापसु आवा। तेज पुंज लघुबयसु सुहावा॥
कबि अलिखित गति वेषु विरागी। मन क्रम बचन राम अनुरागी॥
सजल नयन तन पुलकि निज इष्ट देउ पहिचानि।
परेउ दंड जिमि धरनि तल दसा न जाइ बखानि॥
राम सप्रेम पुलकि उर लावा। परम रंकु जनु पारसु पावा॥
मनहुँ प्रेम परमारथु दोऊ। मिलत धरें तन कह सबु कोऊ॥
बहुरि लखन पायन्ह सोइ लागा। लीन्ह उठाइ उमगि अनुरागा॥
पुनि सिय चरन धूरि धरि सीसा। जननि जानि सिसु दीन्हि असीसा॥
कीन्ह निषाद दंडवत तेही। मिलेउ मुदित लखि राम सनेही॥
पिअत नयनपुट रूपु पियूषा। मुदित सुअसनु पाइ जिमि भूखा॥

प्रेम या भाव या कवि तुलसी है। प्रेम, भाव, कविता, कवि, भक्ति—इनके प्रतीक तुलसी परमार्थ, अर्थ, वर्ण्य-विषय—इन सब के रूप राम। राम मनुज-रूप धारण कर पृथ्वी पर आए। वे 17वीं शती के कवि तुलसी के भाव-जगत् में आ सकते हैं। तो तुलसी भी भाव-यंत्र पर उड़कर उनके पास पहुँच सकते हैं—

मनहुँ प्रेम परमारथु दोऊ। मिलत धरें तन कह सबु कोऊ॥

यह कवि और वर्ण्य-विषय का तादात्म्य है। माध्यम है भक्ति और कविता/पाठकों को अलग से बताने की ज़रूरत नहीं कि तुलसी के यहाँ कविता की समाई भक्ति में ही है। साहित्यजीवी आलोचक इसे तुलसी की कविता की 'दरारें' कहेंगे। कविता और कवि का तादात्म्य होने में बहुत कठिनाई होती है, कवि को प्रलोभन छोड़ने पड़ते हैं, केशवदास का नाम-धाम नहीं मिलता, लोग धूत, अवधूत रजपूत, जोलाहा कहते हैं, पेटाग्नि प्रबल होती रहती है, निराला, मुक्तिबोध की तरह जूझना पड़ता है। इसीलिए साहित्यकारों की कुशल इसी में है कि साहित्य अलग रहे, व्यक्तित्व अलग। साहित्य स्वायत्त रहे व्यक्तित्व अर्थतंत्र का चाकर। दोनों अपने-अपने रास्ते स्वतंत्र विकास करते रहें।

भक्ति तुलसी की प्रतिबद्धता है। लोकमंगल के विधायक, गरीबनेवाज, दीनबन्धु, रामराज्य के संस्थापक राम की भक्ति तुलसी की कविता और उनके व्यक्तित्व का सबसे बड़ा मूल्य है। इस पर उनका किसी से कोई समझौता नहीं। उनकी कविता राम पर न्यौछावर है। उनमें अपनी पक्षधरता के प्रति कट्टरता है। उनके लिए काव्य

का विषय खुद काव्य से बड़ा है। वह लोक से स्वतंत्र नहीं, सम्बद्ध है और उनके काव्य की भी व्यापकता और महानता का आधार है। शब्द और अर्थ एक हैं, भिन्न होते हुए भी अभिन्न हैं—सीता-राम के समान। लेकिन सीता-राम का वह संयुक्त रूप जो तुलसी का आदर्श काव्य है, उसे 'खिन्न' बहुत प्रिय हैं। 'गिरा' और 'अरथ,', 'जल' और 'बीचि' के समान भिन्न-अभिन्न होते हुए भी दुखियों के प्रति प्रेम से युक्त है। उनके काव्य-पुरुष राम को 'खिन्न' प्रिय हैं—

गिरा अरथ जल बीचि सम कहियत भिन्न न भिन्न।
बंदौं सीताराम पद जिन्हहिं परम प्रिय खिन्न॥

'लोक की यही खिन्नता' शब्द और अर्थ की अभिन्नता को खंडित करती है। अर्थ को पूरी तरह शब्दमय नहीं होने देती। 'परमारथु' पूरी तरह 'प्रेम' में नहीं अँटता। यह दीनबन्धुता, परदुःख-कातरता—यह खिन्नप्रियता शब्द से भिन्न होकर भी चूँकि बहुत बड़े अर्थ को व्यंजित कर देती है, इसलिए शब्द के महत्व को भी बहुत बढ़ा देती है।

तुलसी काव्य और काव्यार्थ दोनों का मिलान उस अवसर पर प्रायः कर देते हैं जहाँ वह अत्यन्त विभोर हो जाते हैं। तुलसी जहाँ अधिक तन्मय होते हैं, वहीं कविता का तार टूट जाता है। वे कविता की असमर्थता की पीड़ा व्यक्त करने लगते हैं। वे वर्ण्य का महत्व कविता का पल्ला छोड़कर सीधे-सीधे बखानने लगते हैं।

तुलसी की कविता 'मानस' में सम्भवतः सबसे अधिक तन्मय होती है राम-भरत के मिलाप के अवसर पर। वहाँ तुलसी का काव्यकौशल और तुलसी की भावुकता दोनों अभूतपूर्व ढंग से एक-दूसरे से सहयोग करते हैं। तुलसी ने भरत को राम से सीधे-सीधे नहीं मिलवा दिया है। काफ़ी नाटकीय योजना की है। राम ने भरत को नहीं देखा, भरत ने राम को देखा और भरत की आवाज़ लक्ष्मण ने पहचानी। लक्ष्मण तो राम की सेवा कर रहे थे, वे सेवा छोड़कर भरत को प्रणाम कैसे करते। सो 'तनाव' की स्थिति में रहे। इधर भरत का स्नेह, उधर राम की सेवा का भार। खिंची हुई पतंग की तरह उनकी गति हो गई। उन्होंने माथा नवाकर राम से इतना ही कहा, "रघुनाथ ! भरत प्रणाम कर रहे हैं।" भरत का नाम सुनते ही राम का पट एक तरफ़ तरकस एक तरफ़ धनुष-बाण एक तरफ़—सब अस्त-व्यस्त—

उठे राम सनि पेमअधीरा। कहुँ पट कहुँ निषंग धनु तीरा॥
बरबस लिए उठाइ उर लाए कृपानिधान।
भरत राम की मिलनि लखि बिसरे सबहिं अपान॥

राम प्रेम-अधीर उठे, बस अगली पंक्ति—'कहुँ पट कहुँ निषंग धनु तीरा' में क्रिया-पद एक नहीं। क्रिया-पद कहने की फुर्सत किसे है ? राम की प्रेम-अधीरता को विविध प्रकार से कहने की फुर्सत किसे है ? प्रेम-अधीर राम को कुछ और करने की फुर्सत थी ? उन्हें वस्त्र, तरकस, तीर, धनुष सँभालने की फुर्सत नहीं थी, इसीलिए ये सब अस्त-व्यस्त हो गए। राम ने 'भरत प्रणाम कर रहे हैं' यह सुना और 'बरबस लिए उठाइ उर लाए कृपानिधान'। 'बरबस' से यह व्यंजना कि भरत ने राम का चरण पकड़ने के लिए ज़ोर लगाया होगा, राम ने उन्हें ज़बर्दस्ती उठाकर हृदय से लगा लिया। जैसे राम को पट, तरकस, तीर, धनुष सँभालने की फुर्सत नहीं, वैसे तुलसीदास को क्रिया-व्रिया की फुर्सत नहीं। कविता राम के समानान्तर यानी वर्ण्य के समानान्तर चेष्टाएँ कर रही है कहना अनुचित है, वह वर्ण्य का ही एक और रूप है। यह मिलन देखकर सबको अपनी सुधि भूल गई। सबको अपनी सुधि भूल गई, तो तुलसी को भी तो यह सब प्रत्यक्षीकृत हो रहा था, वे भी तो भक्ति और कविता के सहारे वहीं पहुँच गए थे। जब अपनापा लौटा तो उन्होंने पाया कि कविता तो काफ़ी पीछे छूट गई। जिस कुछ को वे प्रत्यक्ष अनुभव कर रहे हैं, उस सबको ज्यों का त्यों कविता नहीं सँभाल सकती। शब्द समस्त अर्थ-सम्पदा को नहीं ढो सकते। वर्ण्य का आवेग इतना तीव्र है कि जैसे राम की अधीरता अपने और भरत के बीच पट, धनुष, विषंग-तीर कुछ नहीं सहन कर सकती—वैसे ही वर्ण्य की तीव्र अनुभूति बहुत तीव्र होकर शिल्प को नहीं सह पाती। कवि की जो अनुभूति है, वह जो कुछ अपनी आँखों से देख रहा है, उसे उसी तरह शब्द व्यक्त नहीं कर सकते। शब्द अर्थ के किसी पक्ष को ही व्यंजित करते है, पूरे अर्थ को नहीं। लेकिन कवि को तो केवल शब्दों और उन शब्दों में समा सकने वाले अर्थ का ही सहारा है। कवि शब्द-अर्थ का ही व्यापार करता है, जहाँ शब्द और उसके द्वारा अभिप्रेत अर्थ असमर्थ है वहाँ कवि किसका अनुसरण करे तुलसी ने राम और भरत के प्रेम-मिलन के चित्र को आँकने में शब्दार्थ की—कविता की यह सीमा बताई। राम और भरत का प्रेम-मिलन मन, बुद्धि, चित्त और अहं को विस्मृत करके हो रहा है, कविता भाव-सम्पदा को बाँधने के प्रयास में रची जाती है। शब्द और शब्दों द्वारा प्रकाशित अर्थ, कवि के हृदय में जो कुछ प्रत्यक्ष हो रहा है, उसकी छाया है। जब कवि उस प्रत्यक्ष उदित को ही देखने में तन्मय है, कवि छाया को भूल गया है, कविता कैसे हो ?

कहहु सुपेमु प्रगट को करई। केहि छायाँ कबि मति अनुसरई ॥

यह कवि की वही स्थिति है जिसमें कवि की सुमति भरत के उदित यश-चन्द्रमा को चकोरी की भाँति एकटक निहार रही है। उसको देखने में सुमति

तन्मय थी, और उसे कुछ सूझ ही नहीं रहा था, इसलिए काव्य-रचना नहीं हो रही थी–

भरत बिमल जसु विमल बिधु सुमति चकोरकुमारि।

इस प्रेम-मग्न स्थिति से ऊपर आने के बाद यानी शब्द-अर्थ का सहारा टटोलने के बाद कवि उस तन्मय स्थिति की अपार भाव-सम्पदा को व्याप्त कर पाने में शब्द और अर्थ को अक्षम पाता है। उस परमार्थ को शब्दों के अर्थ नहीं घेर पाते। लेकिन कवि को तो इन्हीं शब्दों द्वारा व्यक्त अर्थ का बल है। जो इस व्यक्त अर्थ के परे रह जाता है, बचा रहता है, उसकी पीड़ा उसे सालती रहती है। नट को ताल की गति पर ही नाचना है, जो ताल और गति में नहीं बँध पाता, बचा रह जाता है, उसे नर्तक अनुभव करके भी प्रकट नहीं कर पाता–

कबिहि अरथु आखरु बल साँचा। अनुहरि ताल गतिहि नटु नाचा॥

पहले कहा जा चुका है कि तुलसी के पाठक और श्रोता उस 'अव्यक्त' अर्थ-राशि का भी संकेत पा लेते हैं। कविता अपनी अक्षमता प्रकट करके और अधिक सक्षम हो जाती है, टूटकर और अधिक निखर जाती है। इसका मूल कारण है, तुलसी के कथ्य, वर्ण्य की महानता और वर्ण्य के प्रति तुलसी की भक्ति या प्रतिबद्धता। भक्ति को कई लोग अन्धविश्वास या पूर्ण समर्पण मात्र समझते हैं। यह नहीं समझते कि भक्ति के पेट में कितना तर्क और कितनी जटिलता हज़म हो चुकी है। सारे तर्क-वितर्क करने के बाद जब आप किसी निष्कर्ष पर पहुँच गए तब उसके प्रति समर्पित होना दूसरी बात है। तुलसी के यहाँ 'तर्क' नहीं 'कुतर्क' की निन्दा है–

हरि हर पद रत मति न कुतरकी।

भक्ति का आग्रह दुराग्रह नहीं, सत्याग्रह है। मार्क्स कहते थे–'सब चीज़ों पर संदेह करो' लेकिन वे समाजवादी व्यवस्था की स्थापना के लिए प्राणोत्सर्ग करने की भी प्रेरणा देते हैं। ज्ञान भावना का विरोधी नहीं, प्रेरक है। तुलसी ने अपनी रचनाओं में जितनी बार 'विवेक' शब्द का प्रयोग किया है उसी से प्रकट हो जाता है कि उनकी भक्ति किसी 'कठमलिया' की भक्ति नहीं थी, वह विवेक और लोकमंगल की भावना से युक्त और यथेष्ट जागतिक थी, उनकी भक्ति के आलम्बन राम और उस राम का गुणगान करने वाली कविता के समान।

यह विवेक जीवन में अच्छे-बुरे की पहचान कराता है, सम-विषम परिस्थितियों में कर्तव्याकर्तव्य का निर्णय कराता है, व्यक्ति और समष्टि के हितों को ध्यान में रखते हुए 'लोकमंगल' का स्वरूप स्पष्ट करता है। 'विवेक' जीवन की उस 'असिधार' पर चलने का प्रेरक है, जिसे ज्ञान प्रकट करता है, भक्ति असिधाराव्रती

का सम्बल है। इसे समझे बिना राम का चरित, तुलसी का व्यक्तित्व और तुलसी की कविता हृदयंगम कर पाना असम्भव है।

असि-धार पर कविता भी चलती है। नए आलोचक जिन विभिन्न तनावों की बात करते हैं वे सिर्फ कविता में नहीं होते, जीवन में भी होते हैं। विवेक से युक्त व्यक्ति सैकड़ों विकल्पों में से एक विकल्प चुनता है, कविता समानार्थक अनेक शब्दों में से कोई एक शब्द चुनती है। व्यक्ति के विवेक की परीक्षा जीवन-भर होती रहती है, कविता की परीक्षा पूरी कृति में और कृति के प्रत्येक शब्द में होती रहती है। जीवन में जिसे विवेक कहा जाता है, उसे काव्य में भी विवेक कहते हैं। तुलसी ने विनम्रता-वश इसी कविता-विवेक की अपने में कमी बताई थी–

कबितबिबेक एक नहि मोरें।

काव्यशास्त्र में काव्य-विवेक के लिए ज़्यादा प्रचलित नाम 'औचित्य' है। भारतीय काव्यशास्त्रियों ने 'औचित्य' को रस का परम रहस्य (प्रसिद्धौचित्यबन्धस्तु रसस्योपनिषद् परा) कहा। औचित्य काव्य के सभी तत्त्वों को घेरे रहता है, सब पर लागू होता है। प्रबन्ध-काव्य के लिए औचित्य का महत्व यह है कि वह कवि को यह बताता है कि किस स्थिति में कौन-सा पात्र कैसा व्यवहार करे। औचित्य का निर्णय देश और काल करता है। प्रबन्धकार कवि को देश-काल के साथ-साथ विभिन्न मनस्थितियों में मनुष्य के विभिन्न व्यवहारों का परिज्ञान होना आवश्यक है। भारत में ऐसे कम कवि पैदा हुए होंगे जो मनुष्य की विभिन्न मनस्थितियों और उनमें सम्भावित व्यवहारों की तुलसी जैसी जानकारी रखते हों। राम-कथा और उसके पात्र तो बहुत प्राचीन हैं, लेकिन तुलसी ने उन्हें नए चरित्र-साँचों में ढाला है। भरत का भायप, मंथरा की कुटिलता, लक्ष्मण की उद्धत तेजस्विता, हनुमान का सेवकत्व, शबरी-निषाद की निरीहता रामचरितमानस में नए ढंग से निर्मित और चित्रित हुई है। इन सबका चरित्र-चित्रण तुलसी ने बहुत कुछ मानव-मनोविज्ञान की अपनी जानकारी के आधार पर किया है। उन्होंने रामकथा के पात्रों का नवीनीकरण किया है। यह सम्भव नहीं था यदि वे इन पात्रों को अपने युग की मनस्थितियाँ और मनोवृत्तियाँ प्रदान न कर पाते। रामचरितमानस के पात्र साँचों में ढले हुए पात्र नहीं है। उनमें देश-काल के अनुसार विविध और विभिन्न प्रतिक्रियाएँ होती हैं। वे एक-दूसरे से भिन्न और समाज के विविध मानव-स्वभावों का परिचय देने वाले पात्र हैं। लक्ष्मण, राम के विनीत अनुज हैं, स्वभाव से ज़रा उद्धत हैं, ताव जल्दी खा जाते हैं। जनक ने भी भरी सभा में मही को वीर-विहीन कह दिया तो वे 'माख' गए (अमर्ष हुआ)। उनका चित्रण देखिए–

माखे लखन कुटिल भइ भौंहें। रदपट फरकत नयन रिसौहें॥

लक्ष्मण इतने क्रुद्ध हैं, साथ ही बड़े भाई राम के कारण संकुचित भी हो रहे हैं। लेकिन गुस्सा ज़्यादा है, राम की मौजूदगी तो है लेकिन सवाल रघुवंश की इज्ज़त का है। इसलिए राम के चरणों में सिर नवा कर बोलते हैं–

कहि न सकत रघुबीर डर लगे बचन जनु बान।
नाइ राम पद कमल सिरु बोले गिरा प्रमान॥

शिष्ट अनुज बड़े भाई की मौजूदगी में प्रायः वाचाल नहीं होगा। लेकिन स्वभाव ज़रा उद्धत है, फिर मही को वीर-विहीन कह दिया गया। मही में रघुवंश भी तो हैं। इस स्थिति में लक्ष्मण जैसा वंशाभिमानी, उद्धत, शिष्ट अनुज ऐसा ही बोलेगा और व्यवहार करेगा। 'रदपट फरकत' पढ़िए और 'किशोर लक्ष्मण' जैसे युवक के सात्विक क्रोध के कारण होंठ का फड़फड़ाना याद कीजिए। होंठ के फड़कने की क्रिया का अर्थ शब्दों (स्वर-व्यंजनों) की ध्वनि-योजना से भी चित्रित है।

यही लक्ष्मण परशुराम को किसी छटे हुए नटखट की तरह चिढ़ाते हैं। ऐसी काटदार बातें बोलते हैं कि परशुराम तिलमिला कर रह जाते हैं। वे परशुराम को चिढ़ाते भी हैं और बीच-बीच में ताड़ लिया करते हैं कि राम नाराज़ तो नहीं हो रहे हैं।

भरत रामकथा के ऐसे पात्र हैं, जो अत्यन्त सरल एवं निष्कपट हैं। वे जितने ही सरल और निष्कपट हैं, परिस्थितियाँ उतनी ही जटिल हैं। उनकी तीव्र वेदना और अन्तर्दाह का कारण भायप और लांच्छन की आशंका है। बहुत जटिल स्थितियों की अग्नि-परीक्षा देकर भरत का 'भायप' रामचरितमानस में चमकता है। कैकेयी ने राज्य उन्हीं के लिए माँगा था। उन्हीं को सुरक्षित रखने के लिए राम, लक्ष्मण और सीता को वनवास के लिए अयोध्या त्यागना पड़ा। भरत का अन्तर्दाह सीता को त्यागने वाले राम की तरह तो नहीं है, लेकिन एक दृष्टि से अधिक है। राम ने सीता को स्वयं वन में भेजा था जान-बूझकर। भरत का राम-वनवास में कोई हाथ नहीं था। प्राणों से प्रिय राम के वनवास का दुःख और राम को निकालने में भरत का भी हाथ है, इस लांच्छन का अन्तर्दाह। निकालने वाली माँ ! जिसके पेट से भरत का जन्म हुआ है, जिसकी रक्त-मज्जा और हड्डी से भरत के शरीर का निर्माण हुआ है। माँ ने यह सब जिस पुत्र के लिए कराया, वह जनसामान्य की निगाह में निर्दोष कैसे बना रह सकता है ! इस लांच्छन--न किए हुए अपराध और पाप का बोध एक तरफ़ और राम जैसे भाई के वनवास का दुःख दूसरी तरफ़। दोनों मिलकर स्थितियों की जो जटिलता उत्पन्न करते हैं, उसके सन्दर्भ में भरत का चित्रण देखना ज़रूरी है। लोगों की जुबान कौन पकड़ सकता है !

भरत लाख निर्दोष हों, घटनाओं की विडम्बना ऐसी है कि लोग भरत को षडयन्त्र में शामिल मानते ही हैं। अयोध्या के कुछ लोगों की शंका—

एक भरत कर संमत कहहीं। एक उदास भाय सुनि रहहीं॥
कान मूँदि कर रद गहि जीहा। एक कहहिं यह बात अलीहा॥
सुकृत जाहिं अस कहत तुम्हारे। राम भरत कहुँ परम पियारे॥

भरत को ग़लत समझे जाने की यथेष्ट सम्भावना स्थितियों में विद्यमान है, इसीलिए निषाद और लक्ष्मण भरत पर सन्देह करते हैं और उनसे लड़ने को उद्यत होते हैं। निषाद और लक्ष्मण के मन में भरत के प्रति इतना आक्रोश—

सुमिरि राम पद पंकज पनहीं। भाथी बाँधि चढ़ाइन्हि धनुहीं॥
अँगरी पहिरि कूँड़ि सिर धरहीं। फरसा बाँस सेल सम करहीं॥
एक कुसल अति ओड़न खाँड़े। कूदहिं गगन मनहुँ छिति छाँड़े॥
राम प्रताप नाथ बल तोरें। करहिं कटकु बिनु भट बिनु घोरें॥

x x x

जीवत पाउ न पाछे धरहीं। रुंडमुंडमय भेदिनि करहीं॥
दीख निषादनाथ भल टोलू। कहेउ बजाउ जुझाऊ ढोलू॥

यह सब भरत से लड़ने के लिए ! उधर भरत का स्नेह यह है कि उन्होंने यह सुनते ही कि जो निषाद आ रहा है वह राम का सखा है, रथ त्याग दिया और पैदल चलने लगे—

राम सखा सुनि स्यंदनु त्यागा। चले उतरि उमगत अनुरागा॥
गाउँ जाति गुह नाउँ सुनाई। कीन्ह जोहारु माथ महि लाई॥
करत दंडवत देखि तेहि भरत लीन्ह उर लाइ।
मनहुँ लखन सन भेंट भइ प्रेमु न हृदयँ समाइ॥

भरत के प्रति कितने आक्रोश और कितनी ग़लतफहमी की गुंजाइश थी, यह लक्ष्मण के क्रुद्ध वचनों से प्रकट होता है—'भरत को सारा संसार राम का प्रेमी, साधु-सज्जन समझता था। लेकिन वही कुटिल और कुबन्धु आज यह देखकर कि राम वनवासी और एकाकी हैं, लड़ने आया है। राम को मारकर यह अकंटक राज करना चाहता है। अगर मन में खोट न होती तो रथ, घोड़े, हाथी, यह सेना लाने की क्या ज़रूरत थी ! भरत को भी क्या दोष दिया जाए ! राजपद पाकर सभी बावले हो जाते हैं—भरत ने हमारे साथ कम नहीं किया है। कहाँ तक मन मारे रहूँ, मेरे हाथ में भी तो धनुष-बाण है। क्षत्रिय-कुल में जन्म, फिर मैं राम का अनुगामी। लात खाने पर तो धूल भी सर पर बैठती है। आज मैं भरत को समर-शिक्षा देकर सारा पिछला हिसाब चुकता कर दूँगा'—

भरत नीति रत साधु सुजाना। प्रभु पद प्रेमु सकल जगु जाना॥
तेऊ आजु राज पदु पाई। चले धरम मरजाद मेटाई॥
कुटिल कुबंधु कुअवसरु ताकी। जानि राम बनवास एकाकी॥
करि कुमंत्रु मन साजि समाजू। आए करइ अकंटक राजू॥

x x x

जौ जिउँ होति न कपट कुचाली। केहि सोहाति रथ बाजि गजाली॥
भरतहि दोसु देइ को जाएँ। जग बौराइ राजपदु पाएँ॥

x x x

अनुचित नाथ न मानब मोरा। भरत हमहिं उपचरा न थोरा॥
कहँ लगि सहिअ रहिअ मन मारें। नाथ साथ धनु हाथ हमारें॥
छत्र जाति रघुकुल जनमु राम अनुज जगु जान।
लातहुँ मारें चढ़ति सिर नीच को धूरि समान॥

x x x

आजु राम सेवक जसु लेऊँ। भरतहिं समर सिखावन देऊँ॥
आइ बना मल सकल समाजू। प्रगट करौ रिस पाछिल आजू॥

लक्ष्मण की यह आशंका स्वाभाविक है। लक्ष्मण घटनाओं के जिस सन्दर्भ में यह कह रहे हैं, वह लोक में होती और देखी-सुनी जाती हैं। लक्ष्मण को तुलसी के सामान्य पाठक से जोड़ती हैं परिस्थितियाँ। अगर लक्ष्मण की यह आशंका स्वाभाविक न होती तो भरत की निष्कपटता भी इतनी खरी होकर सामने न आती। लक्ष्मण का यह आक्रोश भरत के निष्कपट और कातर प्रेम-व्यवहार से मिलकर पाठकों के चित्त पर जो प्रभाव डालता है, उसे तुलसी की कविता का पाठक जानता है।

कहने का तात्पर्य यह कि तुलसी की कविता जिन जटिल परिस्थितियों और मनस्थितियों को चित्रित करके रामकथा के पात्रों का नवनिर्माण करती हुई कथानक का विन्यास विस्तार करती है, उनमें वह जटिलता और तनाव बहुत अधिक मात्रा में विद्यमान है जिसे नई आलोचना काव्य-संरचना का प्रधान उपकरण मानती है। इन जटिलताओं और तनावों से रामकथा भरी हुई है। यह सब लिखना यहाँ इसलिए आवश्यक जान पड़ा क्योंकि कई लोग तुलसी की कविता को केवल मन्दिरों में या कीर्तन में गाई जाने वाली कविता मानते हैं। रामचरितमानस के पात्र लौकिक पात्र हैं। वे देश-काल, घटनाओं, परिस्थितियों के घात-प्रतिघात से विकसित होते रहने वाले गत्वर पात्र हैं।

दशरथ नीतिनिपुण नृप हैं, उनकी सज्जनता में किसे सन्देह हो सकता है!

लेकिन उनके कई रूप हमारे सामने आते हैं। उन्हें चौथेपन में पुत्र प्राप्त होते हैं। उन्हें पुत्रों के प्रति अपार स्नेह होना परम स्वाभाविक है। इसीलिए विश्वामित्र जब राम-लक्ष्मण को कुछ दिनों के लिए माँगते हैं तो वे परिजन, राज्य, सेना, स्वयं को—सब कुछ विश्वामित्र को देने के लिए तैयार हो जाते हैं, लेकिन—

राम देत नहिं बनत गोसाईं।

बहुत दिनों तक राम-लक्ष्मण का सन्देश नहीं मिला। कितनी आतुरता और बेचैनी उनके मन में रही होगी ! फिर राम-लक्ष्मण की कुशलता का ही नहीं, उनके पराक्रम और विवाह का भी समाचार मिला। यह समाचार देने वाला दूत उन्हें कितना प्रिय लगा होगा ! कुशल-पत्र तो उन्हें मिल गया। लेकिन वे बार-बार आश्वस्त होना चाहते हैं कि पत्र में जो कुछ लिखा है, वह ठीक है। दूत के लिए 'भइया' का सम्बोधन !

भैया कहहु कुसल दोउ बारे। तुम नीकें निज नयन निहारें॥

उन दोनों में एक साँवला है, एक गोरा ! उनकी पहचान यह है कि दोनों किशोरवय के हैं, उनके साथ कौशिक मुनि हैं, वे धनुष-बाण लिए रहते हैं। तुम उनको पहचानते हो तो बताओ उनका स्वभाव कैसा है—

स्यामल गौर धरें धनु भाथा। बय किसोर कौसिक मुनि साथा॥
पहिचानहु तुम्ह कहहु सुभाऊ। प्रेम बिबस पुनि पुनि कह राऊ॥

ये ही दशरथ अपनी सबसे छोटी रानी कैकेयी के वशीभूत हैं। वह क्रुद्ध होती है तो इनकी सारी सज्जनता उड़ जाती है। जो राजा वज्र भी तन पर झेल सकता था, वह कामदेव के पुष्प-वाणों से आहत होता था। वृद्ध राजा कैकेयी के सामने विवश हैं, परास्त हैं, उसके कहने पर उचित-अनुचित सब कर सकते हैं, ये उसे मनाने के लिए हाथ बढ़ाते हैं, वह हाथ झटक देती है। राम जैसे मर्यादा पुरुषोत्तम के वृद्ध पिता दशरथ अपनी सबसे छोटी रानी कैकेयी को एक साथ अनेक विशेषणों से सम्बोधित करते है। वे सम्बोधन और उनके अर्थों पर ग़ौर कीजिए—

बार बार कह राउ सुमुखि ! सुलोचनि ! पिकबचनि !
कारन मोहि सुनाउ, गजगामिनि ! निज कोप करि॥

वृद्ध राजा अपनी चहेती रानी के क्रोध के सामने ऐसा ही विवश और अशक्त रहेगा। वह इसी तरह भुनभुनाता रहेगा और जो ग़लत समझता है उसका निवारण नहीं कर पाएगा। वृद्ध तरुणी प्रिया के सम्मुख ऐसा ही व्यवहार करता है, कामी किन्तु वृद्ध सेठों-ज़मीदारों का बर्ताव इसी तरह का होता है। तुलसी ने यहाँ दशरथ का चित्रण राम के पिता का सम्मान रखकर नहीं, वास्तविक और स्वाभाविक रूप

में किया है।

परिस्थिति-विशेष में गुण-स्वभाव के अनुसार अलग-अलग व्यक्तियों की अलग-अलग मनस्थिति होती है। मार्मिक अवसरों पर तुलसी के सत्पात्र बड़बड़ाते नहीं। वे प्रायः संकुचित होते हैं--विशेषतः प्रसन्नता के अवसरों पर। दुःख के अवसर पर अविचलित बने रहना जितना कठिन है, सुख के अवसर पर अविचलित बने रहना उससे कम कठिन नहीं है। रामचरितमानस के सत्पात्रों के आचरण और व्यवहार का आदर्श पारिवारिक और सामाजिक है। छोटे बड़ों के सामने वाचाल नहीं होते, संयम से काम लेते हैं, संकोच करते हैं। यह संकोच और संयम तुलसी के यहाँ बहुत महत्वपूर्ण चारित्रिक विशेषता है। इसका आधार दूसरों की भावनाओं का सम्मान है। किसी परिस्थिति में किस व्यक्ति पर कैसा प्रभाव पड़ता है, उसकी मनस्थिति क्या है, इसे चित्रित करने में तुलसी बेजोड़ हैं। यह क्षमता अपार लोकानुभव के द्वारा ही अर्जित हो सकती है।

लक्ष्मण बाल-स्वभाव के अनुसार नगर देखना चाहते हैं, लेकिन संकोच के कारण राम से कह नहीं पाते। लक्ष्मण संकोच करते हैं, तो राम को भी उनकी भावना का इतना ध्यान है कि वे बिना कहे ही लक्ष्मण के मन की बात जान लेते हैं। वे भय और संकोच के कारण राम से नहीं कह रहे हैं, राम यह भी जानकर मुसकराते हैं। लक्ष्मण को अपना संकोच तोड़ने की ज़रूरत नहीं पड़ती। म्याऊँ के गले में घंटी राम ही बाँध देते हैं। विश्वामित्र से वे ही आज्ञा माँग लेते हैं। कौन जाने राम के मन में भी नगर देखने की लालसा रही हो, उन्होंने लक्ष्मण के बहाने खुद भी सैर करने की इच्छा पूरी करनी चाही हो--

लषन हृदयँ लालसा बिसेखी। जाइ जनक पुरु आइअ देखी॥
प्रभुभय बहुरि मुनिहिं सकुचाहीं। प्रकट न कहहिं मनहि मुसुकाहीं॥
राम अनुज मन की गति जानी। भगत बछलता हिअँ हुलसानी॥
परम बिनीत सकुचि मुसुकाई। बोले गुर अनुसासन पाई॥
नाथ लखनु पुरु देषन चहहीं। प्रभु संकोच डर प्रकट न कहहीं॥
जौं राउर आयसु मैं पावौं। नगरु देखाइ तुरत मैं आवौं॥

तुलसी के चित्रण की परीक्षा उस स्थल पर होती है जब राम धनुष को तोड़ने उठ पड़ते हैं। राम जितने आत्मविश्वस्त हैं, सीता उतनी ही अधीर। न राम अपनी शक्ति का प्रदर्शन करते हैं, न सीता अपनी अधीरता का। और राजा 'तमक-तमक कर सिवधनु धरते' थे। जनक का प्रण सुनते ही उनके मन में अभिलाषा जग गई थी। कई वीराभिमानी तो मन में माख भी गए थे (कि इतने मामूली धनुष को तोड़ने का प्रण किया)--

सुनि पन सकल भूप अभिलाषे। भटमानी अतिसय मन माषे॥
परिकर बाँधि उठे अकुलाई। चले इष्टदेवन्ह सिरनाई॥
तमकि ताकि ताकि सिवधनु धरहीं। उठइ न कोटि भाँति बलु करहीं॥

इसके विपरीत राम का चित्रण—

मुनि गुर बचन चरन सिर नावा। हरषु बिषादु न कछु डर आवा॥
ठाढ़े भए उठि सहज सुभाएँ। ठवनि जुबा मृगराजु लजाएँ॥

× × ×

सहजहिं चले सकल जग स्वामी। मत्त-मंजुबर-कुंजर गामी॥

यह सहजता, हर्ष-विषाद का अभाव, मत्त-मंजुबर-कुंजर चाल राम के अखंड आत्म-विश्वास की द्योतक है—'समर सूर करनी करहिं कहिं न जनावहिं आपु' वाली बात है। लेकिन सीता प्रेम-अधीरा हैं। किशोरी की अधीरता भी मौन है। वे राम को देख-देखकर, देवताओं को मनाती हैं, राम की शोभा देखती हैं और पिता के प्रण का स्मरण करके क्षुब्ध होती हैं। पिता ने इतना कठिन व्रत न किया होता तो वे स्वेच्छा से वरण कर पातीं ! कितना अच्छा होता ! सारी सभा की बुद्धि नष्ट हो गई है। कहाँ कमल किशोर, कहाँ कठिन धनुष ! इस निराशा में उन्हें देवताओं की ही कृपा का भरोसा है। वे शंकर के धनुष से भी प्रार्थना करती है कि वह राम के लिए हल्का हो जाए। उनके मन में इतना परिताप और इतनी वेदना है कि पल का एक-एक अंश सौ युगों के समान लग रहा है। हृदय में इतना विक्षोभ ! इतना परिताप ! इतनी अधीरता ! और ज़ुबान पर एक शब्द भी नहीं ! वे राम को देखती हैं। राम को देखने में भी उन्हें संकोच होता है और फ़ौरन आँखें नीची करके पृथ्वी की ओर देखनी लगती हैं—

प्रभुहि चितै पुनि चितव महि राजत लोचन लोल।

वे लज्जा के, संकोच के कारण बोल नहीं सकतीं। उनकी आँखों के कोनों में आँसू लटककर रह गए हैं। ऐसी मनस्थिति के आँसू बहुत मूल्यवान हैं—

लोचन जलु रह लोचन कोना। जैसें परम कृपन कर सोना॥

यही सीता वन-मार्ग पर ग्राम-बधूटियों के प्रश्न करने पर भी संकोच में पड़ जाती हैं। मध्यकालीन भारतीय स्त्री के लिए प्रश्न था भी टेढ़ा। पति को सीधे पति कहकर वह परिचय कैसे दे ! भारत में पत्नी पति का परिचय बच्चे के पिता के रूप में, और पति पत्नी का परिचय बच्चे की माँ के रूप में देता है। बच्चा न हो तो किसी अन्य रिश्ते के माध्यम से परिचय दिया जाता है। ग्रामगीतों में देवर को तो देवर कह दिया जाता है लेकिन साँवला पति, ननद का भाई है—

गोरवा तौ होइ मोरा लहुरा देवरवा
सँवरा ननदिया कै भाइ।

वही बात ! अनुभूति का आधिक्य है वहाँ संकोच और वाणी का अभाव। प्रिय, सजन, पति शब्द का अभाव। वह ननद का भाई है मानों नायिका का कोई न हो। यह प्रेम का आधिक्य भी है और प्रेम का विस्तार भी, आत्म-विस्तार भी। स्वस्थ प्रेम ऐसा ही स्वरूप धारण करके विकसित और पुष्ट होता है। प्रेम के इस भारतीय स्वरूप और ग्राम-गीत की उद्धृत पंक्ति को ध्यान में रखते हुए ग्राम-बधूटियों को सीता का उत्तर--उत्तर क्या ? सीता की चेष्टाओं का चित्रण देखिए, तो तुलसी की कवित्व-शक्ति का पता चलेगा। और यह भी पता चलेगा कि वह लोक-जीवन को कितना जानते थे--उससे कितना प्रभावित होते रहे होंगे--

तिन्हहिं बिलोकि बिलोकति धरनी। दुहुँ सकोच सकुचति बरबरनी ॥
सकुचि सप्रेम बाल मृग नयनी। बोली मधुर बचन पिकबचनी ॥
सहज सुभाय सुभग तन गोरे। नामु लखनु लघु देवर मोरे ॥
बहुरि बदनु बिधु अंचल ढाँकी। पिय तन चितइ भौंह करि बाँकी ॥
खजन मंजु तिरिछे नयननि। निज पति कहेउ तिन्हहि सिय सयननि ॥

इसी प्रकार--

लोक रीति जननीं करहिं बर दुलहिनि सकुचाहिं।

कैकेयी ने राम के साथ 'कुचाल' की थी। राम को इसके लिए न तो कैकेयी के प्रति क्रोध है, न मन में विषाद। किन्तु कैकेयी के हृदय पर क्या बीती होगी, जब भरत और राम का अपूर्व मिलन देखा होगा ! माँ, जिसे बड़ी और पुत्र के लिए पूज्य होना चाहिए, छोटी और निन्दनीया है, पुत्र महान् है। चित्रकूट में सीता, राम और लक्ष्मण का भरत से प्रेम देखकर कैकेयी धरती में समा जाना चाहती है। सीता ने कैकेयी की भी सेवा में कोई कसर नहीं छोड़ी--

लखि सिय सहित सरल दोउ भाई। कुटिल रानि पछितानि अघाई।
अवनि जमहि जाचति कैकेई। महि न बीचु बिधि मीचु न देई ॥

चित्रकूट में कैकेयी द्वारा निष्कासित राम, कैकेयी के पश्चाताप को मानों समझते हुए सांत्वना देते हैं। वे सबसे पहले कैकेयी से मिलते हैं। कैकेयी को एक दुःख और एक पछतावा नहीं रहा होगा। राम, सीता, लक्ष्मण को निकालने का पछतावा, पति के मरने का दुःख, उनकी मृत्यु का कारण बनने का दुःख, लोकापयश का दुःख, और जिसको अयोध्या से निकाला उसके सामने होने पर मन की जो स्थिति हो सकती हो, कैकेयी किस मुँह से कुछ कहे। कहने की कोई ज़रूरत भी नहीं पड़ी। राम ने सारा दोष दैव और उस ईश्वर को दिया जिसके

अधीन यह समस्त विश्व-प्रपंच है—

प्रथम राम भेंटी कैकेई। सरल सुभायँ भगति मति भेई॥
पग परि कीन्ह प्रबोधु बहोरी। काल करम बिधि सिरधरि खोरी॥

लेकिन कैकेयी सब समझती थी। वह राम के हृदय की विशालता भी समझती थी, अपने कुचाल की कठोरता उसे रह-रहकर कचोटती रहती थी। इसलिए उत्तरकाण्ड में भी—

कैकेई कहँ पुनि पुनि मिले मन कर छोभु न जाइ।

राम ने सोचा, कैकेयी बहुत लज्जित हो गई होगी, सो उसका संकोच दूर करने के लिए सबसे पहले उसके घर गए। इस अवसर खल-सुख लेने और उसे लज्जित करने के लिए भी जाया जा सकता था। इसलिए तुलसी ने फ़ौरन जोड़ा उसे सांत्वना देकर सुखी किया—

प्रभु जानी कैकई लजानी। प्रथम तासु गृह गए भवानी॥
ताहि प्रबोध बहुत सुख दीन्हा। पुनि निज भवन गवन हरि कीन्हा॥

मनस्थिति को आँकने और चित्रित करने की ऐसी आवश्यकता है कि कहीं-कहीं तुलसी ने भक्ति को भी बरतरफ़ कर दिया है। सच्ची बात मन में आ जाए तो खरे आदमी रोक नहीं पाते—वह मुँह पर आ ही जाती है। राम और भरत का मिलना सभी को सुखद लग रहा था, राम चौदह वर्षों के बाद लौटकर अयोध्या आए तो सब हर्षित हुए। भरत को विशेष प्रसन्नता हुई। लेकिन राम और भरत का यह मिलन देखकर सुग्रीव और विभीषण को कैसा लग रहा था। बाबा चाहते तो बचा जाते, इस पर दोहा न रचते। विभीषण और सुग्रीव भी भक्त ही थे, कोई राम-विरोधी तो थे नहीं। लेकिन ये दोनों केवट, शबरी, जटायु, हनुमान नहीं थे। तुलसी के मन में कहीं-न-कहीं यह बात बसी हुई थी। राज्य के लिए भाई को मरवा दिया। राम भक्ति का इससे कोई ताल-मेल नहीं बैठता। मौक़ा मिल नहीं रहा था इनकी इस करनी को उद्घाटित करने का ! राम-भरत मिले तो तुलसी ने दिखाया है कि एक तरह के भाई राम और भरत थे, दूसरी तरह के विभीषण और सुग्रीव। भरत ने मिला हुआ राज्य ठुकरा दिया भाई के लिए और विभीषण-सुग्रीव ने अपने भाइयों को मरवा डाला। राज्य के लिए। राम और भरत का मिलन देखकर सभी प्रसन्न हो रहे थे। सुग्रीव और विभीषण भी प्रसन्न थे कि इस विचार ने मन को आ दबोचा। भरत से जब सुग्रीव और विभीषण मिले तो भरत को देखकर इन दोनों की ऐसी दशा हो गई मानों मुदित होकर चोरी का माल लिए जाते हुए चोरों को माल का मालिक पकड़ ले। ऐसी स्थिति में राम ने भरत से विभीषण और सुग्रीव की जो सराहना की, वह दोनों को कैसी लगी होगी। जैसी लगी होगी, उसे समझने में तुलसी

चूकने वाले नहीं थे। जो बात है उसे कहने में भी तुलसी नहीं चूकने वाले थे–

सधन चोर मग मुदित मन धनीं गही ज्यों फेंट।
त्यों सुग्रीव बिभीषनहि भई भरत की भेंट॥
राम सराहे भरत उठि मिले राम सम जानि।
तदपि विभीषन कीस पति तुलसी गरत गलानि॥

राम विवेक की मूर्ति हैं। वे सुख और दुःख, दोनों से विचलित नहीं होते–'प्रसन्नतां या न गताभिषेकतस्तथा न मम्ले वनवास दुःखतः'। लेकिन लड़ाई में लक्ष्मण जैसा भाई घायल होकर मरणासन्न हो जाए तब राम अविनाशी चिन्मय ब्रह्म नहीं रहते। वे धरती के–विशेषतः भरत के किसी भाई के समान बिलखने लगते हैं। वे विलाप और प्रलाप करने लगते हैं। 'निज जननी के एक कुमारा', 'मिलहि न जगत सहोदर भ्राता' कहने लगते हैं। 'अगर जानता कि बन्धु का बिछोह होगा तो पिता की आज्ञा का भी उल्लंघन कर देता। रधुवंश की मर्यादा तोड़ देता। मैं लक्ष्मण जैसे भाई को गँवा कर अयोध्या किस मुँह से जाऊँगा ! लोग कहेंगे–'इसे देखो ! पत्नी के लिए इसने भाई को मरवा डाला !' यह विलाप-प्रलाप करने वाले राम हमारे देश के वासी हैं जिनके आचरण पर टीका-टिप्पणी करने का पूरा अधिकार यहाँ के लोगों को है। राम का प्रलाप स्वाभाविक है। लक्ष्मण जैसे भाई को इन परिस्थितियों में मरणासन्न देखकर जो विचलित न हो, शोकग्रस्त न हो जाए, वह मनुष्य ही नहीं हो सकता; ब्रह्म तो वह क्या होगा ! वह राम जो धरती की पीड़ा से पीड़ित न हो, तुलसी की कविता का राम नहीं है। तुलसी के यहाँ राम काव्योत्कर्ष का आधार तभी बनते हैं, जब वे ब्रह्मत्व और अलौकिकता को उतार फेंकते हैं। तुलसी की कविता की महानता के आधार इस देश के वासी–'दशरथ-सुत' राम हैं, ब्रह्म नहीं। बीच-बीच में ब्रह्म आकर कहीं-कहीं तुलसी की कविता बिगाड़ ज़रूर जाते हैं। काव्य के जिस विवेक 'औचित्य' की बात की गई है, उसकी सुरक्षा यहाँ राम के विचलित होने, विलाप-प्रलाप करने में ही है–

सो अनुरागु कहाँ अब भाई। उठहु न सुनि मम बच बिकलाई॥
जौ जनतेउँ बन बंधु बिछोहू। पिता बचन मनतेउँ नहिं ओहू॥
सुत बिन नारि भवन परिवारा। होहिं जाहिं जग बारहिं बारा॥
अस बिचारि जिअँ जागहु ताता। मिलइ न जगत सहोदर भ्राता॥
जथा पंख बिनु खग अति दीना। मनि बिनु फनि करिबर कर हीना॥
अस मम जिवन बंधु बिनु तोही। जौं जड़ दैव जिआवै मोही॥
जैहौं अवध कवन मुँह लाई। नारि हेतु प्रिय भाइ गँवाई॥
बरु अपजस सहतेउँ जग माहीं। नारि हानि बिसेष छति नाहीं॥

तुलसी के काव्योत्कर्ष का प्रधान कारण पात्रों की मनस्थिति का ज्ञान और पूरी परिस्थिति के औचित्य-निर्देशित मार्ग पर चलना है। यही औचित्य-निर्देशित मार्ग वह छाया है जिसकी चर्चा तुलसी ने की है—

केहि छाया कबि मति अनुसरई।

'छाया' परिस्थितियों, घटनाओं पर आश्रित है। 'छाया' वह सृष्टि है जो कवि के चित्त में उदित भाव-मूर्ति के समानान्तर शब्दार्थ द्वारा प्रकाशित होती है। वह 'विमल विधु' की है जिसके सौन्दर्य को देखकर कवि मुग्ध, मूक हो जाता है। किन्तु वह रचना नहीं है। रचना उस छाया, उस भाव-सृष्टि, उस कल्पना की प्रकट शब्द-सर्जना है। कल्पना और सर्जना में गहरा सम्बन्ध है। लेकिन जैसी कल्पना है वैसी ही शब्द-सर्जना नहीं होती। उसमें कई अन्य उपकरण बाधक और साधक होते हैं। शब्द, उनके सामान्य अर्थ उनकी शक्तियाँ, अलंकार, शब्दों की ध्वनियाँ, छन्द, यदि आदि—इन सबका प्रयोग करते समय कवि को असि-धार पर चलना पड़ता है। ये सभी तत्व परस्पर एक-दूसरे को प्रभावित करते चलते हैं। दृश्यमान जगत्, जटिल विधान को व्यक्त करने वाली शब्द-सर्जना की प्रक्रिया भी कम जटिल नहीं होती। जो तत्व सर्जना में सहायक होते हैं, वे ही बाधक भी होते हैं। कोई एक तत्व अभिव्यक्ति के लिए पूर्ण सहायक नहीं होता। सहायक होता है औचित्य, काव्य-विवेक जिसका सम्बल लोकमंगल की दृष्टि है।

यह औचित्य दो काम करता है। एक तो, तुलसी की अपने देश-काल और विविधतापूर्ण मानव-स्वभाव के सन्दर्भ में रामकथा को चित्रित करने की क्षमता प्रदान करता है, रामकथा को युगीन भाव-बोध में रूपान्तरित करता है। दूसरे, उस भाव-बोध को संयमित रखता है। औचित्य सर्जनात्मकता से जुड़कर रचना के विभिन्न तत्वों या उपकरणों की क्षमता, अक्षमता का अहसास भी कवि को कराता रहता है। ऐसा न हो तो रचना कथ्य या वर्ण्य को विविध चेष्टाओं द्वारा ज्यों का त्यों शब्द-रूपायित करने में आद्यन्त सतर्क न बनी रह पाए। तुलसीदास की कविता अपने वर्ण्य को जिस प्रकार साक्षात देखती है उसी प्रकार, यानी उसी प्रत्यक्षता और जीवन्तता के साथ चित्रित करना चाहती है। भाषा मार्मिक चित्रण की प्रक्रिया से रचना करती है। चित्रण के ज़रिए वह श्रव्य को निरन्तर दृश्य में रूपान्तरित करती रहती है। इसीलिए महान् कविता में नाटकीयता विद्यमान होती है। यह नाटकीयता कवि-कौशल की कसौटी है। नाटकीयता कविता में सक्रिय चित्रात्मकता का ही दूसरा नाम है। नाटकीयता केवल कथानक-विन्यास में नहीं, संवाद, वाक्य-गठन, शब्दों की ध्वनि-योजना, छन्दों की यति—रचना के प्रत्येक उपकरण में रची-बसी होती है। यहाँ एक बात और ध्यातव्य है। नाटकीयता से

काव्य दृश्य होता है, किन्तु प्रदर्शन, भाषा-स्फीति और नाटकीयता एक साथ नहीं चल सकते। अनुभूति की तीव्रता जैसे सघन बनकर उपमा, प्रतीक, बिम्ब बनते हैं, भाषा उसी प्रकार अनुभूति की धार पर कटकर विवरणात्मकता से नाटकीयता में पर्यवसित हो जाती है। भाषा गोया यह मुद्रा धारण कर लेती है—कहने से क्या फ़ायदा, खुद देख लीजिए ! कहने से क्या फ़ायदा—यानी कहना बेसूद है, कथन अशक्त है—'कहि न सकति गुन रुचि अधिकाई'।

लक्ष्मण-परशुराम, कैकेयी-मंथरा, दशरथ-कैकेयी के संवादों में नाटकीयता का तत्व किस प्रकार मिलता है, इसकी थोड़ी-बहुत चर्चा हो चुकी है। लेकिन यहाँ तात्पर्य केवल नाटकीय संवादों से नहीं है। नाटकीयता से तात्पर्य समूचे वर्णन-प्रकार से है। वर्णन-प्रकार की नाटकीयता का उचित उदाहरण राम-भरत के मिलन में है। यह दिखाया जा चुका है कि किस प्रकार राम 'भरत प्रनाम करत रघुनाथा' सुनते ही 'प्रेम अधीर' हो उठे। प्रेम-अधीरता चित्रित हुई 'कहुँ पट कहुँ निषंग धनु तीरा' और 'बरबस लिए उठाय उर लाए कृपानिधान' से। 'बरबस' से भरत के राम के चरणों पर गिरने के प्रयास की व्यंजना हुई। शब्दों का प्रयोग न करके शब्दों की शक्ति को बढ़ा दिया गया। पट, निषंग, धनु, तीर अस्त-व्यस्त, शब्द अस्त-व्यस्त। इसी अस्त-व्यस्तता में झलकता हुआ राम और भरत के प्रेम का शब्द-बद्ध सौन्दर्य। नाटकीयता से तात्पर्य ऐसे सक्षम वर्णन-प्रकार से है।

नाटकीयता का तत्व इस बात पर बल देता है कि जो वर्ण्य है, उसे रूप में प्रकट कर दिया जाए। अतः इसमें स्वाभाविकता और विशिष्टता अनिवार्य है। जो जैसा है, उसे वैसा दिखाने में स्वाभाविकता का बना रहना आवश्यक है। विशिष्टता से तात्पर्य यह कि जो चित्र दिखाया जाएगा, वह कोई विशिष्ट चित्र ही होगा। चित्र जब उभरता है, विशिष्ट ही। हाँ, वह ऐसा होता है कि अधिकांश देखने वालों के लिए भी 'विशिष्ट चित्र' बन जाता है। इस विशिष्ट चित्र को उभारने के लिए रचनाकार को दृश्य की स्थिति और पात्रों की चेष्टाओं को दिखाना पड़ता है। हवा चल रही है, पेड़-पौधे झूम रहे हैं, बादल छाए हुए हैं' ऐसे वर्णन दृश्य की विशिष्टता ही उपस्थित करते हैं, ये वर्णन-रंगमंच की सज्जा का काम करते हैं। पात्रों की चेष्टाएँ अभिनय हैं। अभिनय पात्रों की मनस्थिति की विशिष्टता व्यंजित करता है। काव्य में नाटकीयता का समावेश दृश्यों की स्थिति और पात्रों की चेष्टाओं से होता है। बाह्य और आन्तरिक स्थिति का ऐसा चित्रण हो कि पढ़ने-सुनने वालों द्वारा अपनाई जा सके। पात्रों की चेष्टाओं को दिखा देने से रचनाकार 'भाव' को व्यंजित कर देता है, उसे 'भाव' को कहना नहीं पड़ता। 'भाव' को व्यंजित न किया जा सके, कहना पड़े तो काव्य उतना मार्मिक नहीं

होगा, वह 'स्वशब्दवाच्यत्व' दोष से ग्रस्त हो जाएगा। इसीलिए किसी भी विधा के सबसे अधिक मार्मिक स्थल प्रायः वही होते हैं, जहाँ रचना में नाटकीय तत्व उभर सके हैं। 'गोदान' का प्रारम्भ जहाँ होरी और धनिया बात करते हैं, धनिया, होरी के पाँचों पोशाक पहनकर चलने पर मज़ाक करती है, होरी मर्द के 'साठे पर पाठे' होने की बात करता है, ज्यों-का-त्यों किसी नाटक का संवाद है। होरी के यह कहने पर साठ तक पहुँचने की नौबत ही नहीं आएगी धनिया !' धनिया के चेहरे का क्षणिक उल्लास किस तरह मुरझा जाता है, यह धनिया की भूमिका में उतरने वाली अभिनेत्री को अपने अभिनय से दिखाना पड़ेगा। यहीं 'राम की शक्ति पूजा' की नाटकीयता को भी याद कर लीजिए !

'रामचरितमानस' का उपयोग प्रतिवर्ष लाखों स्थानों पर रामलीला में होता है। 'रामचरितमानस' को पढ़ने पर यह ध्यान बराबर आता रहता है कि तुलसी ने इसकी रचना 'रामलीला' को ध्यान में रखकर तो नहीं की थी ! उनके राम आख़िर इस धरती पर नाटक (लीला) ही तो कर रहे थे ! अस्तु।

चित्रण यानी बाह्य और आन्तरिक स्थिति को पाठकों के सामने खड़ा कर देने की विधि यह है कि रचनाकार संयमित शब्दावली में देश-काल और परिस्थिति के अनुसार स्वाभाविक और विशिष्ट चेष्टाएँ प्रकट कर दे। पुष्पवाटिका में राम पर अनुरक्त सीता का यह चित्र देखिए—बाह्य चेष्टा का वर्णन—

चितवति चकित चहूँ दिसि सीता। कहँ गए नृप किसोर मनु चिन्ता॥

x x x

देखन मिस मृग बिहग तरु फिरै बहोरि बहोरि।
निरखि निरखि रघुबीर छवि बाढ़ै प्रीति न थोरि॥

राम की बाह्य और आन्तरिक चेष्टाओं का एक साथ वर्णन—

करत बतकही अनुज सन मन सिय रूप लोभान।

मन तो सीता के रूप पर लुभाया है, बात लक्ष्मण से हो रही है। यह चित्र जितना ही स्वाभाविक और विशिष्ट है, अभिनय के लिए उतनी ही कुशलता की माँग करता है। लक्ष्मण से बात करने का अभिनय ऐसा हो कि मन का सीता के रूप पर लुब्ध होना प्रकट हो जाए। ऐसा ही निराला द्वारा चित्रित राम का यह दुर्लभ चित्र है—

फूटी स्मिति सीता-ध्यान-लीन राम के अधर।

इस स्मिति को ऐसा होना पड़ेगा कि राम की 'सीता-ध्यान-लीनता' व्यंजित हो जाए।

वन-मार्ग पर सीता और ग्राम-बधुओं का जो संवाद है, वह यों ही नहीं मनोरम

है। उस वर्णन की मनोहारिता का आधार उसकी नाटकीयता है—

कोटि मनोज लजावनि हारे। सुमुखि कहहु को आहिं तुम्हारे॥
सुनि सनेहमय मंजुल बानी। सकुची सिय मन महुँ मुसुकानी॥
(सीता संकुचित हुईं और मन में मुसकाईं।)
तिन्हहिं बिलोकि बिलोकति धरनी। दुहुँ संकोच सकुचति बर बरनी॥

'सीता एक बार ग्राम-बधुओं को देखती हैं, फिर धरती की ओर आँखें झुका कर नीचे देखने लगती हैं—वे बताएँ कि न बताएँ और बताएँ तो कैसे ? जहाँ स्नेह नहीं, वहाँ संकोच नहीं। जहाँ कहने को बहुत कुछ नहीं वहाँ कहने में कठिनाई नहीं'—

सहज सुभाय सुभग तन गोरे। नामु लखनु लघु देवर मोरे॥
बहुरि बदनु बिधु अंचल ढाँकी। पिय तन चितई भौंह करि बाँकी॥
खंजन मंजु तिरिछे नयननि। निज पति कहेउ तिन्हहिं सिय सयननि॥

अन्तिम दो पंक्तियों में 'वाणी' से कोई नाम नहीं लिया गया। चेष्टाओं द्वारा ही सब कुछ प्रकट किया गया है। जो कुछ प्रकट कर दिया गया है, वह शब्दों द्वारा नहीं प्रकट किया जा सकता था। नाटकीयता की काव्य में ऐसी ही उपयोगिता और सार्थकता होती है।

मोहिनी का वरण करने के चक्कर में पड़े हुए नारद की भरी सभा में चेष्टा देखिए—

पुनि पुनि मुनि उकसहिं अकुलाहीं।

'कवितावली' में दुलहिन सीता का संकोच और लज्जा की मनस्थिति में दूलह राम का रूप देखने की विशिष्ट चेष्टा का चित्र—

राम को रूपु निहारति जानकी कंगन के नग की परछाहीं।
याते सबै सुधि भूलि गई कर टेकि रही पल टारत नाहीं॥

अलंकार—विशेषतः उपमा, रूपक और उत्प्रेक्षा, प्रयुक्त शब्दों की ध्वनि-योजना, छन्द आदि चित्रण के ज़रिए परिस्थिति की विशिष्टता को सामने लाकर पाठकों-श्रोताओं की मार्मिक अनुभूति जगाते हैं। सामने लाया जाने वाला चित्र नपा-तुला होना चाहिए। उसमें ऐसी चेष्टा या चेष्टाएँ ही हों जो मार्मिकता को अपनी पूरी तीव्रता के साथ उभार सकें। भावना की तीव्रता जैसे अपने साथ संकोच लिए होती है, चित्र की विशिष्टता अपने साथ चेष्टाओं और वाणी का संकोच लिए होती है। तुलसी ने मार्मिक स्थलों पर अश्रुपात बहुत कम कराया है। उनके यहाँ आँसू या तो नेत्रों में छा जाते हैं या आँखों के कोने से लगे रहते हैं—

लोचन-जल रह लोचन कोना। जैसे परम कृपन कर सोना॥

कृपणता है, इसीलिए अश्रुओं की—अभिव्यक्ति-प्रयत्नों का अभाव है, और

इसीलिए लोचनों के कोनों से लगे हुए लोचन-जल की अभिव्यक्ति-चेष्टा मूल्यवान है।

वनवास ग्रहण करते हुए राम-लक्ष्मण ने बरगद के दूध से अपने सिर पर मुनियों जैसा जटा-जूट बनाया तो सुमंत्र की आँखों में जल छा गया—

अनुज सहित सिर जटा बनाए। देखि सुमंत्र नयनजल छाए॥

भरत को कौशल्या ने हृदय से लगाया तो उनके स्तनों से दूध चू रहा था और उनकी आँखों में जल छा रहा था—

अस कहि मातु भरतु हियँ लाए। थन पय स्रवहिं नयनजल छाए॥

जानकी के विदा होते समय जनक की आँखों में जल छा गया—

बंधु समेत जनकु तब आए। प्रेम उमगि लोचन जल छाए॥

राम ने सीता को विविध प्रकार से समझाना चाहा कि तुम घर में ही रहो, मेरे साथ वन चलने में बहुत कष्ट होगा। राम की बातें सुनकर सीता के नयनों में जल भर गया—

सुनि मृदु बचन मनोहर पिय के। लोचन ललित भरे जल सिय के॥

आँखों में आँसुओं का भर जाना, नयनों का अश्रु-जल से छलछला आना केवल अभिव्यक्ति की तीव्रता का ही सूचक नहीं है, इस बात का भी सूचक है कि उन आँसुओं को रोका भी जा रहा है। आँसू आ रहे हैं और व्यक्ति उन्हें रोक रहा है, यह स्थिति उसकी भावना को और तीव्र एवं मार्मिक बना देती है। छलछलाती हुई आँखें जो चित्र प्रस्तुत करती है, जितना प्रकट कर जाती हैं, आँसू बहाती हुई आँखें नहीं। निराला की 'वह तोड़ती पत्थर' की मज़दूरनी भी रोती नहीं, न रोती हुई आँखों से कवि को देखती है—

देखा मुझे उस दृष्टि से जो मार खा रोई नहीं।

इसी प्रकार कुछ और चित्र देखिए जो चित्रण की विशेषताओं को बाह्य और आन्तरिक चेष्टाओं के द्वारा मन पर ज्यों-के-त्यों अंकित कर जाते हैं।

राम ने धनुष तोड़ दिया तो कपटी-कुटिल राजा बहुत नाराज़ हुए। वे कहने लगे 'हम सीता से ज़बर्दस्ती विवाह कर लेंगे। दोनों राजकुमारों को बाँध देंगे।' राजाओं की ये बातें सुनकर लक्ष्मण के नेत्र अरुण हैं, उनकी भृकुटि टेढ़ी है, वे राजाओं की ओर ऐसे देख रहे हैं मानों गजों को देखकर सिंह-किशोर आतुर हो उठा हो। यह सारा वर्णन लक्ष्मण की क्रुद्ध दृष्टि का ही है। लक्ष्मण, राम के डर के मारे बोल कुछ नहीं रहे हैं—

अरुन नयन भृकुटी कुटिल चितवन नृपन्ह सकोप।
मनहुँ मत्त गज गन निरखि सिंघ किसोरहि चोप॥

परशुराम शंकर का धनुष टूट जाने से थोड़ा क्रुद्ध हैं। पूरी तरह क्रुद्ध नहीं। पूरी तरह क्रुद्ध तो तब होंगे जब वे धनुष तोड़ने वाले को पहचान लें। वे चन्द्रमुख हैं किन्तु थोड़े-से क्रोध के कारण उनका वर्ण अरुण हो गया है। कुटिल भौंहें हैं, थोड़े से क्रोध के कारण आँखें भी थोड़ा लाल हो गई हैं। सहज भाव से देखने पर भी क्रुद्ध मालूम पड़ते हैं—

सीस जटा ससि बदनु सुहावा। रिस बस कछुक अरुन होइ आवा॥
भृकुटी कुटिल नयन रिस राते। सहजहुँ चितवत मनहुँ रिसाते॥

परशुराम के शरीर में क्रोध व्याप्त है। वे जानते हैं कि यह भीड़ स्वयंवर की है। फिर भी अजान बनकर पूछते हैं 'कहहु काह अति भीर'। जानते हुए भी अजान बनकर पूछना दंडित करने की भूमिका है। 'अजान बनकर पूछना' उनके क्रोध को चित्रित कर देता है—

बहुरि बिलोकि बिदेह सन कहहु काह अति भीर।
पूँछत जानि अजान जिमि व्यापेउ कोप सरीर॥

नारद ने जब विष्णु से कामदेव को जीत लेने की डींग हाँकी तो वह गर्वोक्ति विष्णु को अच्छी नहीं लगी। लेकिन वे शिष्टता के नाते मृदु वचन बोले। किसी की बात मन ही मन बुरी लगे और ऊपर-ऊपर से आपको शिष्टता के नाते मृदु वचन बोलना पड़े तो ऐसे अवसर पर मृदु वचन कैसे होंगे यह भी देखने लायक है : मुनि, मोह तो उसके मन में होता है जिसके हृदय में ज्ञान-विराग नहीं होते। आप तो ब्रह्मचर्य-व्रत में रत धीर हैं, आपको भला कहीं कामदेव पीड़ित कर सकता है ? आपके स्मरण मात्र से मोह, काम, गर्व, मद मिट जाते हैं—

रूख बदन करि वचन मृदु बोले श्री भगवान।
तुम्हरे सुमिरन तें मिटहिं मोह मार मद मान॥

मुँह रूखा और वचन कोमल ! अभिनय करने में कुशलता की आवश्यकता पड़ेगी।

एक और उदाहरण। परशुराम को लक्ष्मण ने काफ़ी कड़ी बात कह दी। बात कुछ अनुचित भी थी। परशुराम ने उत्तर दिया तो लक्ष्मण मुसकराने लगे। उनके इस मुसकराने पर राम ने उन्हें आँखों से तरेरा। राम के आँखें तरेरने पर लक्ष्मण भीगी बिल्ली बन गए। चुपचाप मुनि विश्वामित्र के पास चले जाते भए—

सुनि लछिमनु बिहसे बहुरि नयन तरेरे राम।
गुर समीप गवनें सकुचि परिहरि बानी बाम॥

कविता में उपमा आदि अलंकार इसी चित्रण और उसकी विशिष्टता को ठीक-ठीक मन में जमा देने के लिए आते हैं। उपमा सादृश्य-विधान की योजना

करती है। सादृश्य-विधान की कसौटी यह है कि वह 'आभ्यन्तर प्रभाव-साम्य पर आधारित हो'। ऐतिह्य या कथानक तो सामान्य है, लोकविदित है, उसको कवि किस ढंग से प्रभावशाली बनाना चाहता है, उसको जैसी विशिष्टता प्रदान करना चाहता है, उसी के लिए सारा शिल्प और कौशल है। शिल्प कथानक को विशिष्ट भंगिमाएँ प्रदान करके 'रचना' बनाता है। इसीलिए राम की कथा तो सुविदित है फिर भी कवि उसे कहे बिना रह नहीं पाते—

सब जानत प्रभु प्रभुता सोई। तदपि कहें बिनु रहा न कोई॥

वस्तुतः शिल्प कथ्य की विवशता या अनिवार्यता है। किसी को हम जैसा देखते और जानते हैं उसको वैसा ही प्रकट कर पाने की शब्द-साधना है। यह तलवार की धार पर चलना है, जिस पर चलने का विवेक कथ्य से कवि-हृदय का तादात्म्य प्रदान करता है। तुलसी की भक्ति का दूसरा नाम यही तादात्म्य है।

कोई बात हमें जैसी लगती है उसको उसी रूप में प्रकट करने के लिए कवि उसे चित्रित करता है। चित्र को विशिष्ट या और भी ठीक-ठीक स्वानुभूत जैसा दिखाने के लिए वह उसी की तरह कोई और वस्तु सामने ला देता है। यही सादृश्यविधान है। इसीलिए अलंकार को पं. रामचन्द्र शुक्ल ने 'वर्णन-प्रकार' माना है। कोई वस्तु किसी दूसरी वस्तु से हूबहू नहीं मिलती। वह केवल उसकी तरह की हो सकती है। उपमान और उपमेय को जोड़ता है हृदय पर पड़ने वाले प्रभाव का साम्य। प्रस्तुत के समान जो अप्रस्तुत लाया जाता है, वह प्रस्तुत के ही किसी गुण या गुण-समूह को और अधिक दिखा देने के लिए। कवि अपनी कल्पना के सहारे प्रस्तुत के समानान्तर एक और सृष्टि की रचना करता है। यह सृष्टि वह शिल्प के सहारे रचता है, यह सृष्टि कवि-कर्म है। अब देखना यह होता है कि कवि ने जो रचना की है वह उसके कथ्य को हृदयंगम करा सकती है या नहीं। उपमादि इस दृष्टि से कवि की रचना होते हैं। सादृश्य-विधान सामान्य में कुछ अतिरिक्त गुणों का सन्निवेश कराके उसे विशिष्ट बना देता है। उसे औरों से अलग करके उसका स्वरूप निश्चित कर देता है। अतः कविभावित चित्र आँक देता है। 'मुख' कहने से किसी विशिष्ट मुख का चित्र नहीं उभरता। लेकिन कमल जैसा मुख कहा गया तो मुख में कमल की अरुणिमा, ताज़गी, निर्मलता, प्रफुल्लता आ गई। वह मुख कमल के समान कहा जाकर सामान्य से विशिष्ट हो गया। जब कोई उपमान काफी रूढ़ हो जाता है तब कवि का मन वही उपमान प्रस्तुत करने को नहीं करता। क्योंकि कविगण उपमान का बहुत प्रयोग करके उसके विशिष्टीकरण की क्षमता को निश्शेष कर देते हैं। इसीलिए—

सब उपमा कबि रहे जुठारी। केहि पटतरौं बिदेह कुमारी॥

(सारी उपमाओं को तो कवियों ने जूठा कर रखा है। मैं जानकी की उपमा किससे दूँ ?)

कहने का तात्पर्य यह कि सादृश्य-विधान का उपयोग, रचनाकार भावित चित्र को—वह चित्र जिसे वह देख रहा है और जिसको सामने लाना चाहता है, पाठकों के हृदय में ठीक-ठीक उतारने के लिए ही करता है। सादृश्य-विधान की परीक्षा इस बात से होती है कि वह पाठकों के हृदय में कवि-भावित चित्र उतार पाता है कि नहीं। कहने की आवश्यकता नहीं कि ऐसे सादृश्य-विधान के लिए भी व्यापक और गहरे लोक-परिचय और लोकानुभव की आवश्यकता है। तुलसी ने रूढ़ उपमानों का भी काफ़ी प्रयोग किया है, जैसे कमल, चन्द्रमा या हंस आदि का। लेकिन उनके यहाँ लोक-जीवन के आधार पर प्रस्तुत किया गया ऐसा सादृश्य-विधान भी मिलता है जैसा अन्यत्र दुर्लभ है। वे विशिष्ट मनःस्थिति को व्यक्त करने में इतने समर्थ हैं कि सहज ढंग से अनुभूत होकर लोक-सामान्य बन जाते हैं।

कोपभवन में स्थित कैकेयी को मनाने के लिए पहुँचे हुए राजा दशरथ उसकी इच्छा को नहीं जान पाए थे। उसके हृदय में राम के प्रति जो परिवर्तन हो गया है, उससे वे परिचित नहीं थे। उन्होंने अपनी समझ के अनुसार उसे प्रसन्न करने के लिए समाचार सुनाया, 'तुम्हारी इच्छा पूरी हो रही है। कल राम का राज्याभिषेक हो रहा है।' यह सुनते ही कैकेयी का हृदय दलक गया। बात छोटी-सी थी लेकिन कैकेयी के लिए पीड़ादायिनी थी। बाल-तोड़ कोई बहुत बड़ा घाव नहीं होता, लेकिन ज़रा-सा छू जाए तो भयंकर पीड़ा होती है—

दलकि उठेउ सुनि हृदय कठोरू। जनु छुइ गयउ पाक बरतोरू॥

(पाक बरतोरू—पका हुआ बालतोड़)

कैकेयी इस समाचार को सुनते ही फ़ौरन दशरथ से अपनी पीड़ा नहीं प्रकट कर सकती थी। उसे दो वरदान माँगने और दशरथ पर वचन न पूरा करने का दोष लगाने के बाद ही क्रोध प्रकट करने का अवसर मिल सकता था। इसलिए उसने इस समाचार को हँसकर झेला। राम को राज्य मिलने की बात से उसे इतनी पीड़ा हुई जैसे कि पका हुआ बाल-तोड़ छू गया हो। फिर भी उसे हँसना पड़ा। रो वह नहीं सकती थी। राम को राज्य मिल रहा है, यह सुनकर वह दुःख प्रकट करे तो दशरथ की निगाह में वह फ़ौरन गिरेगी। उस पर विमाता-सुलभ द्वेष का अपराध लगेगा। रोना या दुःख प्रकट करना उसके मन के चोर को ज़ाहिर कर देगा। वह दुःखी है लेकिन दुःख को प्रकट नहीं कर सकती, उसी तरह जिस तरह चोर की पत्नी अपने पति की करनी पर खुलकर रो भी नहीं सकती। रोए तो लोग

रोने का कारण पूछेंगे या ताड़ लेंगे कि इसी के पति ने चोरी की है—

ऐसिउ पीर बिहसि तेह गोई। चोरनारि जिमि प्रगटि न रोई॥

रोने वाली पीड़ा किन्तु रोना रोककर चोर (कैकेयी के पक्ष में मन के चोर) को छिपाने की विवशता !

तुलसी के यहाँ लोक जीवन से सीधे-साधे उठाकर ऐसे सादृश्य-विधान प्रस्तुत किए गए हैं, जो स्थिति की विशिष्टता को भरपूर चित्रित कर देते हैं। आज की आलोचना उन्हें अत्यन्त 'साहसपूर्ण' कहेगी। ऐसी ठेठ उपमाएँ कबीर के यहाँ मिलें तो मिलें। इन उपमाओं से यह पता चलता है कि उनकी दृष्टि लोक में साधारण से साधारण और उपेक्षित से उपेक्षित वस्तुओं को भी कितनी गहराई से आँकती थीं। देहातों में वर्षा होने पर गोबर की कैसी छीछालेदर होती है। गोबर थाप लिया जाए तो उपला बन जाए, गड्ढों में भर दिया जाए तो खाद बन जाए, किन्तु उस पर वर्षा हो जाए तो उसकी क्या स्थिति होगी ! ऐसी ही स्थिति उन लोगों की होती है जो राम से विमुख हो जाते हैं। राम को युगीन मूल्यों का प्रतीक मानने वाले समझ लेंगे कि ऐसी ही स्थिति स्वार्थ की ही साधना में रत उन लोगों की हो जाती है जो जनता से अपने को पूर्णतः काटकर सड़ने-गलने लगते हैं। ख़ैर, तुलसी की यह उपमा देखिए—

बरषा को गोबर भयो को चह को कर प्रीति।
तुलसी तू अनुभवहि अब राम बिमुख की रीति॥

'जोंक' साहित्य में शायद ही कहीं अन्यत्र दिखलाई पड़े। जल तो समान होता है किन्तु जोंक अपने स्वभाव के अनुसार टेढ़ा ही चलता है। जल की सिधाई का उसकी टेढ़ी चाल पर कोई असर नहीं पड़ता। राम की सहज और सरल बातों का कैकेयी की कुटिलता पर कोई असर नहीं पड़ा—

सहज सरल रघुबर बचन कुमति कुटिल कर जान।
चलइ जोंक जल वक्रगति जद्यपि सलिल समान॥

x x x

जलज जोंक जिमि गुन बिलगाए।

बात फ़िट बैठती हो तो तुलसीदास और भी साहसपूर्ण सादृश्य-विधान खड़ा कर सकते हैं। इतना साहसपूर्ण कि निषेधवादी और अकवितावादी तक तुलसी को पढ़कर पुलकित हो उठें—

तुलसी देवल देव को लागे लाख करोरि।
काक अभागें हगि मरयो महिमा भई कि थोरि॥

(देवमन्दिर के बनवाने में लाखों-करोड़ों लगे। अभागे कौए उसमें हग-हग के

मर गए लेकिन इससे देवमन्दिर की महिमा नहीं कम हुई।)

तुलसी के सादृश्य-विधान पर विचार करते समय एक और बात पर ध्यान देने की ज़रूरत है। तुलसी प्रसन्नता, प्रेम, पुलक के अवसरों पर प्रायः दरिद्रता, भूख, धन, पारसमणि, अन्धापन, रोग से मुक्ति को सामने लाकर सुखद अनुभूति को व्यंजित करते हैं। उनके सादृश्य-विधान-कर्म-की इस विशेषता पर थोड़ी-बहुत चर्चा हमने अन्यत्र भी की है। इस प्रकार के सादृश्य-विधान से हमें तुलसी के भाव-बोध के स्वरूप का पता चलता है। पहले कहा गया है कि सादृश्य-विधान किया जाता है स्थिति को विशिष्ट बनाकर इस ढंग से चित्रित करने के लिए कि वह लोक-सामान्य बन जाए। लेकिन सवाल यह है कि रचनाकार सादृश्य-विधान किन वस्तुओं और किन दृश्यों के आधार पर खड़ा करते हैं। जैसे कवि के सामने समानार्थक अनेक शब्द होते हैं और उनमें से वह कोई एक शब्द चुनता है, उसी तरह सादृश्य-विधान के लिए उसके सामने पूरा संसार खुला रहता है। इस अनन्तरूपमय जगत् और जीवन में किसी एक दृश्य या वस्तु को आधार बनाकर अपनी बात को पूरी तरह पाठक और श्रोता के हृदय में उतारने का प्रयत्न कवि करता है। 'मुख' को कमल, जलज, चन्द्रमा, दर्पण सब कहा जा सकता है, लेकिन कवि अपने विवेक के आधार पर कोई एक शब्द चुनता है। यह चुनाव एक तरफ़ वर्ण्य को और अधिक विशिष्ट बनाता हुआ चित्रित करता है, दूसरी ओर कवि के भाव-बोध को प्रकट कर देता है।

तुलसी को कहना है कि प्रताप भानु से पराजित राजा कुसमय जानकर अपने क्रोध को मन-ही-मन दबाकर वन में निवास करता है। वन में निवास करता है अशक्त और क्रुद्ध राजा। वह मन में अपने गुस्से को कैसे दबाए हुए है ! इस गुस्से को दबाने का सादृश्य देखिए—

रिस उर मारि रंक जिमि राजा। बिपिन बसइ तापस कें साजा॥

राजा अपने को अशक्त मानकर अपने गुस्से को ऐसे दबाए है जैसे ग़रीब अपना गुस्सा दबा लेता है। मूढ़ और दुष्ट धनिक जब अपने नौकर या ग़रीब आदमी को अपमानित करते हैं, तब उसे भी क्रोध आता है लेकिन निर्धनता के कारण अपने को अशक्त समझ कर वह बेचारा लहू के घूँट पीकर रह जाता है। 'ग़रीब के गुस्से को पीना' यह सादृश्य-विधान पराजित राजा की स्थिति को ही नहीं चित्रित करता और मार्मिक बनाता है, तुलसी की पीड़ा और परदुःख-कातरता को भी प्रकट करता है। यह भी प्रकट करता है कि तुलसी निर्धनता को देखकर कितना पीड़ित होते थे। राजा का दुःखी रहना और अपने को अशक्त मानकर वन में चले जाना उनका वर्ण्य था, लेकिन ग़रीब के गुस्से को पीने से जोड़कर

तुलसी ने उसे विशिष्ट बनाया। लेकिन इस सादृश्य-विधान को खड़ा करने की प्रक्रिया में उनका भाव-बोध भी स्पष्ट हो गया। यह आकस्मिक और अकारण अथवा यादृच्छिक नहीं है। इस सादृश्य-विधान की प्रक्रिया में उनकी अपनी छटपटाहट और पीड़ा भी शामिल है। यह सादृश्य-विधान उनके अपने जीवन की रक्त और मज्जा से निर्मित हुआ है। तुलसी की ऐसी कुछ और उत्प्रेक्षाएँ यहाँ उद्धृत की जा रही हैं—

सुखु बिदेह कर बरनि न जाई। जन्मदरिद्र मनहुँ निधि पाई॥

x x x

मरनुसीलु जिमि पाव पिऊषा। सुरतरु लहै जनम कर भूखा॥

x x x

प्रमुदित परम दरिद्र जनु पाइ पदारथ चारि।

दरिद्रता के साथ-साथ रोग से मुक्ति की प्रसन्नता—

पावा परम तत्व जनु जोगी। अमृत लहेउ जनु संतत रोगी॥
जनम रंक जनु पारस पावा। अंधिहि लोचनलाभु सुहावा॥
मूक बदन जनु सारद छाई।

x x x

हरषित हृदयँ भानु पहिं आए। मनहुँ अन्ध फिरि लोचन पाए॥

—आदि

स्पष्ट है कि दरिद्रता और रोग से मुक्त होने पर जो अलौकिक प्रसन्नता होती है, तुलसी ने राम के दर्शन की प्रसन्नता से उसकी समानता कई स्थलों पर की है, उसका अनुभव गरीबी और रोग से पीड़ित व्यक्ति भली-भाँति कर सकता है। यहाँ यह कह देना उचित जान पड़ता है कि राम द्वारा संस्थापित रामराज्य में इस पीड़ा से मुक्ति है। इसीलिए मानना चाहिए कि 'दैहिक-दैविक-भौतिक' तापों से मुक्ति अर्थात् लोकमंगल का तुलसी की कविता से रचनात्मक सम्बन्ध है।

तुलसी के सादृश्य-विधान को प्रकाशित करने वाली उक्तियाँ इस पुस्तिका में अनेक स्थलों पर उद्धृत हैं। उन्हें या उन जैसी अन्य उक्तियों को यहाँ उद्धृत करने की आवश्यकता नहीं समझी जा रही है। हाँ, यह अवश्य जान लेने की ज़रूरत है कि उनमें रूपक का निर्वाह बड़ी दूर तक करते रहने की अपूर्व क्षमता थी। यह क्षमता जायसी और सूर में भी मिलती है। रूपक-निर्वाह की क्षमता का सम्बन्ध दृष्टि की व्यापकता से है। जो सादृश्य-विधान प्रस्तुत किया गया है, उसमें परस्पर कितना साम्य है, कितनी दृष्टियों से उसमें परस्पर साम्य है, यह देखने की क्षमता से रूपक का निर्वाह होता है। रूपक का निर्वाह दूर तक उसी सादृश्य-विधान में

सम्भव है, जहाँ ऐसी दो वस्तुएँ आमने-सामने लाई जाती हैं जिनमें कई दृष्टियों से समानता खोजे जाने की सम्भावना है। यह समानता भी आभ्यन्तर प्रभाव-साम्य पर आधारित होनी चाहिए। 'मानस' के प्रारम्भ में रामकथा को तुलसी ने नदी कहा तो कितनी दूर तक उस रूपक का निर्वाह करते गए। नदी के विषय में शायद ही कोई बात छूटी हो जिसकी समानता कथा में न दिखाई गई हो। नदी का उद्गम, जल, भँवर, कमल, पुरइन, जल का स्वाद, स्नानार्थी, नदी के किनारे जुड़ने वाले मेले, जलचर, काई, ठंडक से नदी में स्नान करने का डर, मगरमच्छ, घड़ियाल, सागर में उसका मिलन—सब कुछ को कथा पर घटित कर दिया गया। नदी और रामकथा मिल-जुलकर एक पूरा समाज अपने में खींच लाते हैं।

शब्द में केवल अर्थ ही नहीं होता, शब्द में स्वर और व्यंजनों की ध्वनियाँ भी होती हैं। भाषा में हम जिन शब्दों का प्रयोग करते हैं वे कुछ ध्वनियों से मिलकर बनी हैं। साहित्य की अन्य विधाओं से कविता की विशेषता यह है कि वह शब्दों का निर्माण करने वाली ध्वनियों और ध्वनियों की योजना से भी अर्थ व्यंजित करती है। साहित्य की अन्य विधाएँ भी कभी-कभार ऐसा कर लेती हैं किन्तु कविता शब्दों की ध्वनि-योजना को अर्थ-योजना में ऐसा घुला-मिला देती है कि वे एक अभेद्य इकाई बन जाती हैं। शब्द का उच्चारण कविता में कोशगत अर्थ का बोध करा के ही नहीं अपना कार्य समाप्त कर देता, वह ध्वनि या झंकार के द्वारा उस अर्थ को विशिष्ट चित्रात्मकता प्रदान करने में सहायक भी होता है। शब्द का सामान्य अर्थ कविता में अपने ध्वनि के फैलाव, प्रवाह, घोषत्व, महाप्राणत्व, अघोषत्व, अल्पप्राणत्व, अपनी आवृत्तियों से कवि-भावित चित्र को अधिकाधिक विशिष्ट बनाता है। गायन तबले और एक तारे से अनुधावित या समधावित होकर कंठस्वर को जिस प्रकार श्रवण-सुभग बनाता है, उससे कहीं अधिक संशलिष्टता के साथ शब्दों की ध्वनि-योजना कविता की अर्थ-सम्पदा को धारदार और नुकीली बनाती है।

कविता के शब्दों की ध्वनि-योजना शब्दों के साथ-साथ चलती, उठती गिरती, प्रकट होती और विलीन होती है। ध्वनियाँ ही मिलकर शब्द बनाती हैं, शब्द और ध्वनि का अलग-अलग अस्तित्व ही नहीं। इसलिए गायन और वाद्यों की सहस्थिति की समानता अत्यन्त अपूर्ण है। लेकिन उसका यहाँ एक और प्रयोजन है। कविता में प्रयुक्त शब्द दो काम करते हैं—साधारण शब्दों की तरह वह अर्थ देते हैं और फिर अपने प्रवाह, प्राण, घोष आदि के आवर्तों से उस अर्थ को और अधिक विशिष्ट और चित्रात्मक बनाते हैं। वे अर्थवत्ता से अलग-सा होकर फिर अर्थ में विलीन होते हैं, उसे अपनी भंगिमाओं से युक्त करके, गायन और वाद्य-यंत्रों की

संगति की तुलना इसीलिए दी गई। इस तुलना की अपूर्णता पर ध्यान न रखा गया तो अनर्थ हो जाएगा क्योंकि शब्दों की ध्वनियों में जो विविध भंगिमाएँ आती हैं वह शब्दों के अर्थगत सान्निध्य के ही कारण। निरपेक्ष रूप से घोषत्व, प्राणत्व आदि में कोई शक्ति, कोई भंगिमा नहीं हो सकती।

अब यहाँ अलग से यह बताने की कोई ख़ास ज़रूरत नहीं रह जाती कि जिस प्रकार प्रबन्ध-योजना, पात्रों की मनोस्थिति का स्वाभाविक चित्रण, मुहावरों का इस्तेमाल, सादृश्य-विधान आदि कवि-भावित चित्र को ज्यों का त्यों पाठकों, श्रोताओं के हृदय में उतारने का उपक्रम करते हैं, इसी प्रकार शब्दों की ध्वनि-योजना भी करती है। ये सारे तत्व काव्यकौशल या शिल्प में एक साथ मौजूद होते हैं, इनमें पूर्वापर का क्रम ढूँढ़ पाना दुष्कर है। यों यह बात साफ है कि शब्दों की ध्वनि-योजना, ध्वनि के आवर्तों का प्रभाव पाठक या श्रोता पर सबसे पहले पड़ता है। पाठक भी कविता को अनजाने सुनकर ही समझता है। कविता में प्रयुक्त शब्दों की ध्वनियों द्वारा बनाया गया चित्र कविता के पढ़ने-सुनने वालों के चित्त में सबसे पहले उभरता है। इसीलिए विज्ञ आलोचक मानते हैं कि कविता समझ में आने के पहले अस्पष्ट-श्रवण (over-hear) की जाती है। कविता में प्रयुक्त शब्दों की ध्वनि-योजना प्रस्तुतः चित्रण की विशिष्टता का विकास पूर्ण कर देती है। शब्द अर्थ-योजना द्वारा कवि-भावित चित्र को विशिष्ट बनाते हैं, अपनी ध्वनि-योजना से वे उस चित्र को और भी विशिष्ट बना देते हैं। नाटकीयता और चित्रात्मकता से उद्‌भूत विशिष्टता ध्वनिगत विशिष्टता से भी युक्त करके उसे पूर्ण बनाते चलती है। शब्दों की अर्थ और ध्वनि की योजनाएँ एक-दूसरे के समतुल्य होकर साहित्य की रचना करती हैं--वाक् और अर्थ, शब्द और अर्थ दोनों की समतुल्यता या 'परस्परस्पर्धीचारुत्व' का यही आशय प्रतीत होता है।

संक्षेप में, शब्द सामान्यतः कोशगत अर्थ देते हैं। कवि जीवन और जगत् की विभिन्न स्थितियों के सन्दर्भों में उन अर्थों से अपने भावित-चित्र को पाठकों के सामने उभारने योग्य अर्थ खींच लेता है। कविता में प्रयुक्त शब्द अपनी ध्वनि-योजना से भी अर्थ झंकृत करते हैं। ये सभी अर्थ एक-दूसरे से अभिन्न होकर काव्यार्थ की रचना करते हैं।

शब्दों की ध्वनि-योजना द्वारा अर्थ की झंकार देने में तुलसीदास जैसी निपुणता हिन्दी के किसी अन्य कवि के पास नहीं है। शायद संस्कृत का भी कोई कवि इस क्षेत्र में उनके सामने नहीं ठहर सकेगा। डॉ. रामविलास शर्मा ने बिलकुल ठीक लिखा है कि "भाव के साथ ध्वनि की तरंगे उठाने-गिराने में वह (तुलसीदास)

अद्वितीय हैं'' (पृ. 534, निराला की साहित्य साधना खण्ड 2)।

तुलसीदास जब कविता का आदर्श 'सुरसरि' मानते हैं तो उनका आशय गंगा के प्रवाह से भी है। यह प्रवाह भाषा की गति को पहचानने वाले कवि की ही कविता में आता है। तुलसीदास संस्कृत, फ़ारसी, देशी शब्दों को अवधी और ब्रजी की पंक्तियों में इस प्रकार नियोजित करते हैं कि पूरी पंक्ति ध्वनि की इकाई बन जाती है। ध्वनि-प्रवाह में जो ऊँचाई-नीचाई, व्याप्ति या पतलापन आता है वह ध्वनि की नाटकीयता है, जिसे सहृदय और कुशल पाठक पढ़ता है तो भाव मूर्त हो उठता है। निराला 'केहि हेतु रानि रिसानि परसत पानि पतिहि निवारई' वाले छन्द को ऐसे ही उतार-चढ़ाव के साथ पढ़ते रहे होंगे। पश्चिमी आलोचकों, विशेषतः रिचर्ड्स का यह कहना उचित है कि कविता का उचित पाठ वही व्यक्ति कर सकता है जो कविता को समझता है कविता मूलतः श्रव्य विधा है। इस श्रव्यता को उचित महत्व न देने से कविता का प्रभाव भी क्षीण होता है। शब्दों की ध्वनि-धारा भाव-धारा के समानान्तर कैसे चलती है ! ध्वनि-योजना बाह्य चेष्टाओं की सहचर कैसे होती है, इसके उदाहरण इस पुस्तिका में पहले उद्धृत पंक्तियों में भी पाठकों को मिल जाएँगे। कुछ पंक्तियाँ यहाँ भी उद्धृत कर देना उचित है।

भरत सहित अयोध्या के लोग राम से मिलने जा रहे हैं। वे राम के प्रेम की मदिरा पिए हुए भक्त हैं। सब स्नेह-सुरा छके हैं—'जाहिं सनेह सुरा सब छाके'। स्नेह-सुरा से छके हैं तो चल कैसे रहे हैं—

सिथिल अंग पग मग डग डोलहिं। बिहबल बचन पेम बस बोलहिं॥

सांगरूपकत्व से कहीं अधिक भरपूर चित्रण 'पग मग डग डोलहिं' से होता है। ध्वनि-योजना स्नेह-सुरा का प्रभाव दिखा देती है।

सती का दक्ष-यज्ञ में शंकर का भाग न देखकर आक्रोश में सभा के लोगों को फटकारना—

सकल सभहि हठि हटकि तब बोलीं बचन सक्रोध।

'हठ हटकि'-से आक्रोश की तीव्रता की चेष्टा का चित्रण जनक की स्वयंवर-सभा में लक्ष्मण का अमर्ष-चित्रण—

माखे लखन कुटिल भइ भौहें। रदपट फरकत नयन रिसौहें॥

'रदपट फरकत' में कोई दीर्घ स्वर नहीं। होठों के जल्दी-जल्दी फड़कने की चेष्टा को चित्रित करने के लिए बीच में दीर्घ स्वर का व्यवधान नहीं।

शंकर की सहजता व्यक्त करनी है तो 'संभु सहज समरथ भगवाना' और उनके कठोर संयमी और अविचलित रूप का वर्णन करना है तो 'दुराराध्य पै अहहिं

महेसू'। संयुक्त स्वर-व्यंजनों का उच्चारण में कठिन विशेषण 'दुराराध्य'। शंकर की कठिनता का समानान्तर उच्चारण-कठिन शब्द !

तुलसी की पंक्तियाँ लोगों को बहुत याद हैं। वे उत्तरी भारत के गाँवों, पुरवों खेतों, खलिहानों, चरागाहों, चौपालों में दूब, जल, धूल, फसल की भाँति बिखरी हैं—इसे कहना अनावश्यक है। अवश्य ही इसका कारण उन पंक्तियों की सन्दर्भवत्ता और मार्मिकता है; लेकिन इसमें तुलसी की पंक्तियों के ध्वनि-प्रवाह का भी बहुत योगदान है। तुलसी की पंक्तियों में वह रपटन और फिसलन है कि उनका एक शब्द याद पड़ जाए तो पूरी पंक्ति अपने आप ही स्मृति में उदित हो जाती है। इसका कारण है पंक्तियों में प्रयुक्त शब्दों की ध्वनि-मैत्री। गहरे मित्र ऐसे होते हैं कि एक को देख लीजिए तो दूसरे की याद अपने-आप आ जाती है। एक शब्द की ध्वनि से पूरी पंक्ति की ध्वनियों का याद हो उठना ध्वनि-मैत्री की पहचान है।

वे शब्दों की ध्वनि-मैत्री को स्थापित करने के लिए प्रधानतः दो कौशल अपनाते हैं। एक तो ह्स्वरान्त लघु पद-योजना के द्वारा जिसके अन्त में दीर्घ स्वर आता है। पंक्ति में ह्स्व स्वर वाले सरल व्यंजन एक-दूसरे से गुँथे हुए होते हैं। इन सरल व्यंजनों की सरल ध्वनि-धारा अप्रतिहत गति से चलती हुई रुकती है अर्धाली के अन्तिम दीर्घ स्वर पर—

समन सकल भव रुज परिवारू।
x x x
जनमन मंजु मुकुर मल हरनी
x x x
निरस बिसद गुनमय फल जासू।
x x x
जलचर थलचर नभचर नाना।
बिधि बस सुजन कुसंगत परहीं। फनि मनि सम निज गुन अनुसरहीं॥
x x x
सहस बदन बरनइ पर दोषा।
x x x
खल अध अगुन साधु गुन गाहा।
x x x
गंग सकल मुद मंगल मूला। सब सुख करनि हरनि सब सूला॥
x x x

सरद मयंक बदन छवि सींवा।

x x x

अधर अरुन रद सुन्दर नासा। बिधु कर निकर बिनिंदक हासा॥

—आदि

ह्रस्वस्वरान्त शब्दों के प्रयोग से उत्पन्न ध्वनि-धारा का प्रवाह वहीं नहीं है जहाँ पूरी अर्धाली के बीच कोई दीर्घ स्वर नहीं आता। अर्धाली में एकाध दीर्घ स्वरों के प्रयोगों से खंडित होने पर भी यह अपना प्रभाव उत्पन्न करती रहती है। फिर ऐसा न समझिए कि तुलसीदास के यहाँ ध्वनिगत सौन्दर्य वहीं है जहाँ ह्रस्वस्वरान्त पदों का प्रयोग है। वस्तुतः ह्रस्व और दीर्घ स्वरों की सम-विषमता से ही भावानुसारी ध्वनि-प्रवाह उठता-गिरता है। सरल और ह्रस्व स्वरान्त पद-प्रयोग तुलसी की काव्य-भाषा की केवल एक विशेषता है।

इससे कहीं अधिक व्यापक पैमाने पर तुलसी अनुप्रास का प्रयोग करते हैं। वस्तुतः तुलसी वर्णानुप्रास के अद्वितीय कवि हैं। अनुप्रास उनकी अवश्यता समझिए। अनुप्रास तुलसी के काव्योत्कर्ष का, शिल्प के स्तर पर प्रधान कारण है। तुलसी का काव्योत्कर्ष वहाँ है, जहाँ वे भाव-मग्न होते हैं—यानी पाठकों और श्रोताओं को भाव-मग्न कर देते हैं, वहाँ अनुप्रासों की बहुलता है। अनुप्रासों की बहुलता पंक्तियों में प्रयुक्त शब्दों के ध्वनि-प्रवाह में ऐसी तरंगें उठाती हैं कि भाव मूर्त हो जाता है, चित्र निखर जाता है, वह आत्मीय, विशिष्ट और परिचित हो उठता है—भरत के विमल विधु के निर्मल यश के समान हरेक पाठक-श्रोता का और सभी सहृदय पाठकों-श्रोताओं का हो जाता है।

तुलसी का सर्वाधिक प्रिय अनुप्रास अनुनासिक और आनुस्वार ध्वनियों का है। 'नील उनका प्रिय वर्ण है—उनके प्रिय राम का वर्ण। आनुनासिक राम का 'म' और 'नील' का 'न' भी है। तुलसी की कविता में सौन्दर्य चाहे सीता का हो राम का या इस लोक का—

नील सरोरुह स्याम तरुन अरुन बारिज नयन।
कुंद इंदु सम देह उमा रमन करुना अयन॥

x x x

कंकन किंकिन नूपुर धुनि सुनि। कहत लखन सन राम हृदयँ गुनि॥
खंजन मंजु तिरीछे नयननि। निजपति कहेउ तिन्हहिं सिय सयननि॥

x x x

नूपुर धुनि सुनि मुनि मन मोहे।

x x x

नील सरोरुह नीलमनि नील नीरधर स्याम।
लाजहिं तन सोभा निरखि कोटि कोटि सत काम॥

x x x

सरद बिमल बिधु बदन सुहावन। नयन नवल राजीव लजावन॥

x x x

तुलसी मन-रंजन रंजित-अंजन नैन सुखंजन जातक से।

x x x

पदकंजनि मंजु बनी पनहीं धनुहीं सर पंकज पानि लिएँ॥

अनुस्वार के कितने उदाहरण दिए जाएँ ! प्रसंग इतने मनोरम हैं कि उन्हें एकत्र कर लिया जाए तो तुलसी के काव्य-सौन्दर्य के एक अंग का संकलन हो जाएगा। उदाहरण दूल्हा राम के वर्णन से शुरू किया जाए—

केकि कंठ दुति स्यामल अंगा। तड़ित बिनिंदक बसन सुरंगा॥

x x x

आनन्द कन्दु बिलोकि दूलहु सकल हियँ हरषित भई।
अम्भोज अंबक अंबु उमगि सुअंग पुलकावलि छई॥

x x x

उदित उदयगिरि मंच पर रघुबर बाल पतंग।
बिकसे संत सरोज सब हरषे लोचन भृंग॥

x x x

सहजहिं चले सकल जग स्वामी। मत्त मंजुवर कुंजर गामी॥

x x x

संग सखी सुन्दर चतुर गावहि मंगलचार।
गवनी बाल मरालगति सुषमा अंग अपार॥

x x x

आनन्द उमंग मन, जोबन-उमंग तन
रूप ही उमंग उमगत अंग-अंग हैं।

—आदि।

सीता-राम के सौन्दर्य के अलावा प्रकृति के सौन्दर्य-चित्रण में भी अनुस्वार का उपयोग। ऐसा उपयोग कि अनुस्वार प्रकृति के सौन्दर्य को झंकृत कर देता है। उसे सशब्द करके मूर्त बना देता है—

बिकसे सरन्हि बहु कंज गुंजत पुंज मंजुल मधुकरा।

x x x

कुसुमित बिबिध विटप बहुरंगा॥ कूजहिं कोकिल गुंजहिं भृंगा॥

x x x

राम-जन्म के अवसर पर अयोध्या की शोभा का वर्णन–

किए भृंग बहुरंग बिहंग। गुंजहि कूजहिं पवन प्रसंग॥

पर्वत के ऊपर तालाब का वर्णन–

सीतल अमल मधुर जल जलज बिपुल बहुरंग।
कूजत कलरव हंस गन गुंजत मंजुल भृंग॥

x x x

सरनि सरोरुह जल बिहग कूजत गुंजत भृंग।
बैर बिगत बिहरत बिपिन मृग बिहंग बहुरंग॥

—आदि

यहाँ यह ध्यान रखना ज़रूरी है कि अनुस्वार आदि सन्दर्भ के अनुसार ही अपनी ध्वनि-तरंगों से सौन्दर्य उत्पन्न करते हैं। तरंगों में सन्दर्भ रहित होकर किसी प्रकार का भाव उत्पन्न करने की सामर्थ्य नहीं है। जहाँ तक शब्द की ध्वनियों का प्रश्न है जो अनुस्वार राम के सौन्दर्य-वर्णन को चित्रात्मकता से युक्त कर देता है वही कैकेयी की कुटिलता को भी साकार कर देता है–

मानहुँ सरोष भुअंगभामिनि।

कहने का तात्पर्य यह कि अनुस्वार-प्रयोग सन्दर्भ के अनुसार भाव को चित्रित करता है। ऐसा नहीं समझना चाहिए कि अनुस्वार आदि का प्रयोग तुलसी ने सर्वत्र सौन्दर्य-वर्णन के लिए ही किया है। ध्वनियाँ अपने जौहर सन्दर्भों से रहित होकर नहीं दिखातीं।

तुलसीदास की कविता में व्यंजनों की आवृत्ति या अनुप्रास का विशेष स्थान है। उनके यहाँ व्यंजनों की आवृत्ति इतने सहज भाव से होती है कि वह रीतिकालीन कवियों के सप्रयास अलंकरण से एकदम भिन्न लगती है। भिन्नता सिर्फ प्रयास और सहजता में ही नहीं है, वास्तविक भिन्नता तो उस अर्थ या चित्र में है जिसे ये ध्वनि-आवृत्तियाँ उभारती हैं। तुलसीदास का कवि कविता की उस प्राणभूमि पर स्थित है जहाँ कथ्य की महानता शिल्प की निपुणता को साथ लिए स्वतः निस्सृत होती है–

त– मति की रति गति भूति भलाई।
कीरति भनिति भूति भलि सोई॥

भनिति भगति नति गति पहचानी।—इन पंक्तियों में—'ति' की आवृत्ति देखिए–

'हौंहु कहावत सब कहत राम सहत उपहास।' एक ही पंक्ति में 'कहावत', 'कहत', 'सहत'।

इसी तरह–

सदगुन सुरमन अंब अदिति सी। रघुबर भगति प्रेम परिमिति सी॥

जैसे उदाहरणों की कमी नहीं होगी।

स– *सबहि सुलभ सब दिन सब देसा। सेवत सादर समन कलेसा॥*
सोइ फल सिधि सब साधन फूला।
सठ सुधरहिं सत संगति पाई। पारस परस कुधात सुहाई॥
सिव प्रिय मेकल सैल सुता सी। सकल सिद्धि सुख सम्पति रासी॥
सुरकुल सालि सुमंगल कारी।
बिसद सुखद सोइ सरद सुहाई।

क– *किंकर कंचन कोह काम के।*
कुस कंटक काँकरी कुराईं। कटुक कठोर-कुबस्तु दुराईं॥
काई कुमति कैकई केरी।
कामी काक बलाक बिचोर।

एक पंक्ति में 'क' की आवृत्ति और दूसरे में 'ध' की–

कहि कहि कोटिक कपट कहानी। धीरजु धरहु प्रबोधिसि रानी॥

रास्ते की कठोरता का चित्रण करने के लिए 'क' की आवृत्ति और मार्ग की सुखदता और अनुकूलता के लिए 'म' की आवृत्ति, साथ में अनुस्वार भी–

कुस कंटक काँकरी कुराईं। कटुक कठोर कुबस्तु दुराईं॥
महिमंजुल मृद मारग कीन्हें। बहत समीर त्रिबिध सुख लीन्हें॥

तुलसी पंक्ति के बीच-बीच मुं प्रायः तुकों का अनुप्रास भी मिलाते चलते हैं। केवल किसी एक वर्ण का नहीं बल्कि एक तुक वाले अनेक शब्दों को पंक्ति के बीच में डालकर। इससे एक पंक्ति में कई आवर्त उठते हैं–

समन पाप संताप सोक के। प्रिय पालक परलोक लोक के॥
जग मंगल गुन ग्राम राम के।
पावन गंग तरंग माल से।
नदी पुनीत अमित महिमा अति।
कामी काक बलाक बिचारे।
आस पिआस मनोमल हारी।
मिटहिं पाप परिताप हिए तें।
प्रति संवत अति होइ अनन्दा।

होइ न बिमल बिबेक उर गुर सन किएँ दुराव।
लीन्ह नीच मारीचहिं संगा।

यहाँ मात्रा 'नीच' के स्थान पर 'दुष्ट' रखने से भी बैठ जाती। लेकिन 'मारीचहि' के पहले 'नीच' ही तुलसी लिखेंगे।

'जल्पहिं' 'कल्पहिं' बचन अनेका।

निषाद को दुःख होगा तो उसे 'विषाद' ही होगा—

भयउ 'विषाद' 'निषादहि' भारी।
देखि 'निषाद' 'विषाद' बस धुनहिं सीस पछिताहिं।
विगत 'विषाद' 'निषाद' पति सबहि बढ़ाह उछाहु।

तुलसी परम अनुप्रास-विलासी कवि हैं। उनके यहाँ रीतिकालीन कवियों से कई गुना अधिक अलंकरण और शिल्प-निपुणता मौजूद है। लेकिन वह काव्यार्थ में इतनी लीन होती है कि उसका अलग अस्तित्व ही नहीं प्रतीत होता।

तुलसीदास की कविता में ध्वनियों की योजना का जो प्रवाह और सौन्दर्य है वह रामचरितमानस में वृहत्तर जीवन एवं लोकमंगल के इतने साहचर्य में है कि वह अलग से प्रभावित नहीं करता। वह काव्य के सम्पूर्ण ढाँचे का एक अंग है, उसकी सम्पूर्णता को विशिष्टता प्रदान करता हुआ। वह काव्य में घुला-मिला है। वह अलग से पाठकों और श्रोताओं को चौंकाता नहीं, सम्पूर्ण काव्य की विशिष्टता से पृथक होकर अपनी विशिष्टता का भान नहीं कराता। रामचरितमानस में जिस सामाजिक लोकमंगल का विधान किया गया है, जीवन को जिस विविधता में चित्रित किया गया है, उसको यह ध्वनि-सौन्दर्य समर्पित है। इसीलिए रामचरितमानस की पंक्तियों की ध्वनि-योजना का सौन्दर्य जयदेव जैसे संस्कृत कवियों और रीतिकालीन कवियों की ध्वनि-योजना से भिन्न है। 'चले लोक लोचन सुखदाता' एवं 'गोपी पीन पयोधर मर्दन' या 'चित चैत की चाँदनी चाव भरी चर्चा चलिबे की चलाइये न' की ध्वनि आवृत्तियों के प्रभावों में अन्तर है। 'चले लोक लोचन सुखदाता' में 'ल' की आवृत्ति 'लोक' के अर्थ के प्रभाव से रहित नहीं है और जयदेव का 'प' पयोधर के अर्थ से रहित होकर अपना सौन्दर्य नहीं प्रकट कर रहा है।

तुलसी का काव्य मध्यकालीन उत्तर भारत का सबसे प्रामाणिक सन्दर्भ-कोश है। उसमें तुलसी द्वारा देखा और समझा हुआ भारत मौजूद है। इसमें उसकी विषमताएँ, अच्छाइयाँ-बुराइयाँ, सुख-दुःख भी हैं और उसकी आशा-आकांक्षा भी मौजूद है। रामराज्य उस युग की आशा और आकांक्षा का प्रतीक-स्वप्न है। तुलसी का चित्रण सरलीकृत और एकांगी नहीं है। इस विषय में उनकी दृष्टि द्वन्द्वात्मक

है। तुलसी की द्वन्द्वात्मकता भौतिकवादी नहीं, भाववादी थी लेकिन इसके कारण दृष्टिकोण लोकवादी हो उठता था, इससे विवेक का महत्त्व भी प्रतिपादित हो जाना था। जब संसार में अच्छाई-बुराई दोनों हैं, तब उसमें से अच्छी चीज को चुनने के लिए 'विवेक' की आवश्यकता पड़ेगी। तुलसीदास यह भी कहते हैं कि कोई चीज अपने-आप में अच्छी या बुरी नहीं होती। धूल पवन के साथ आकाश में उठती है, नीचे की ओर बहनेवाले पानी में मिलकर कीचड़ बन जाती है; तोता अच्छे घर में पाला जाए तो घरवालों के मुँह से सुनकर 'राम-राम' सुमिरता है, बुरे घर में वह भी गाली बकने लगता है। धुआँ कुसंग के कारण कालिख हो जाता है, और उसी से स्याही बनती है जिससे पुराण लिखा जाता है, और वही धुआँ जल, अग्नि और पवन के साथ मिलकर जग को जीवन देनेवाला जलद बन जाता है। ग्रह, औषध, जल, वायु, वस्त्र (की तरह सभी वस्तुएँ) कुयोग या सुयोग पाकर बुरी और अच्छी हो जाती हैं। प्रकाश और अन्धकार दोनों पक्षों—शुक्ल और कृष्ण में बराबर रहता है। लेकिन एक चन्द्रमा का पोषक (बढ़ाने वाला) होता है, दूसरा शोषक (घटाने वाला)। इसलिए एक को काला पक्ष और दूसरे को शुक्ल कहते हैं—

गगन चढ़ै रज पवन प्रसंगा। कीचहि मिलइ नीच जल संगा॥
साधु असाधु सदन सुक सारीं। सुमिरहिं रामु देहिं गनि गारीं॥
धूम कुसंगति कारिख होई। लिखिअ पुरान मंजु मसि सोई॥
सोइ जल अनल अनिल संघाता। होइ जलद जग जीवन दाता॥
ग्रह भेषज जल पवन पट पाइ कुजोग सुजोग।
होहिं कुबस्तु सुबस्तु जग लखहिं सुलच्छन लोग॥
सम प्रकास तम पाख दुहुँ नाम भेद बिधि कीन्ह।
ससि पोषक सोषक समुझि जग जस अपजस दीन्ह॥

इस संसार में जो वस्तुएँ हैं वे गुण-दोष से युक्त और परस्पर-विरोधी हैं। वे हमारे लिए अच्छी और बुरी होती हैं परिस्थितियों के अनुसार। सृष्टि में दुःख-सुख, पाप-पुण्य, दिन-रात, ऊँच-नीच, साधु-असाधु, सुजाति-कुजाति, दानव-देव, अमृत-विष, जीवन-मृत्यु, माया-ब्रह्म, जीव-जगदीश, लक्ष्मी-दरिद्रता, राजा-रंक, काशी-मगध, गंगा-कर्मनाशा, मरु-मालब, ब्राह्मण-कसाई, स्वर्ग-नरक, अनुराग-विराग—सब हैं। करतार ने यह संसार जड़-चेतन और गुण-दोष से युक्त किया है सन्त हंस के समान हैं जो पानी को अलग करके दुग्ध ग्रहण करते हैं—

दुख सुख पाप पुन्य दिन राती। साधु असाधु सुजाति कुजाति॥
दानव देव ऊँच अरु नीचू। अमिअँ सुजीवनु माहुरु मीचू॥

माया ब्रह्म जीव जगदीसा। लच्छि अलच्छि रंक अवनीसा॥
कासी मग सुरसरि क्रमनासा। मरु मालव महिदेव गवासा॥
सरग नरक अनुराग बिरागा। निगमागम गुन दोष विभागा॥
जड़ चेतन गुन दोषमय बिस्व कीन्ह करतार।
संत हंस गुन गहहिं पय परिहरि बारि बिकार॥

हंस विवेक का प्रतीक है। सन्त विवेकी होते हैं। अगर यह संसार केवल गुणों से ही युक्त होता, दोष न होते, तो विवेक का महत्त्व न होता। किन्तु संसार द्वन्द्वों से युक्त है इसलिए मनुष्य को कदम-कदम पर विवेक से काम लेना पड़ता है। सन्मार्ग पर चलनेवाले व्यक्ति का सबसे महान् सम्बल विवेक है। तुलसी ने रामचरितमानस में इस विवेक शब्द का अत्यधिक प्रयोग किया है।

राम-कथा विवेक की अग्नि को प्रज्वलित करने वाली लड़की के समान है–
राम कथा कलि पन्नग भरनी। पुनि बिबेक पावक कहुँ अरनी॥

सरस्वती गंगा के समान है। गंगा मज्जन और पान से पाप हर लेती हैं और सरस्वती (कविता) कथन और श्रवण से अविवेक दूर कर देती हैं–
मज्जन पान पाप हर एका। कहत सुनत एक हर अबिबेका॥

शंकर धर्म-वृक्ष के मूल और विवेक-समुद्र को आनन्दित करने वाले पूर्णेन्दु हैं–
मूलं धर्मतरोर्विवेकजलधेः पूर्णेन्दुमानन्ददम्।

कामदेव ने सारा जगत जीतकर सबको मतवाला बना दिया तो कारण यह था कि उस समय विवेक परास्त हो गया था–
सभय बिबेक कटकु सबु भागा।

कैकेयी ने जब भरत को राज्य और राम को वनवास का वर माँगा तो उसे समझाते हुए दशरथ ने कहा, "प्रिये ! परिहास और क्रोध त्यागकर विवेक विचार से वर मांगो"–
प्रिया हास रिस परिहरहि मागु बिचारि बिबेकु।

गुरु से दुराव करने पर हृदय में विवेक नहीं आता–
होइ न बिमल बिबेक उर गुर सन किए दुराव।

आदर्श राज्य में विवेक का राजा मोह-महिपाल को हराकर भगा देता है–
जीति मोह महिपालु दल सहित बिबेक भुआलु।

हनुमान बुद्धि, विवेक और विज्ञान के निधान हैं–
पवन तनय बल पवन समाना। बुधि बिबेक बिग्यान निधाना॥

जनक बिबेक-निधि थे—

को बिबेक निधि बल्लभहि तुम्हहि सकइ उपदेसि।

—आदि

विवेक की आवश्यकता जीवन में जूझने वाले को पड़ती है, जीवन का निषेध करने वाले या समाज से अलग-थलग रहने वाले को विवेक की कोई विशेष आवश्यकता नहीं। तुलसी जीवनवादी और जीवन में संघर्ष करने की प्रेरणा देने वाले कवि हैं, इसीलिए विवेक का इतना आग्रह करते हैं।

तुलसी का विवेक कुछ मूल्यों पर आधारित है। उन मूल्यों के प्रतीक राम हैं। लेकिन चूँकि उनके राम परात्पर ब्रह्म होने के साथ-साथ लोकमंगल के भी विधायक हैं, अतः तुलसी के राम सामाजिक मूल्यों के भी प्रतीक हैं। मूल्य और विवेक में संग्रह-त्याग निहित होता है वे सब-कुछ का स्वीकार या इनकार कदापि नहीं कर सकते। विवेक अकरणीय का निर्मम त्याग कराता है। तुलसी की कविता में राम से विमुख लोगों के प्रति जो तीव्र असहिष्णुता दिखलाई पड़ती है उसका कारण यही है। तुलसी का इस विषय में किसी से कोई समझौता नहीं। भाई, माता-पिता, स्त्री सब छूटें तो छूट जाएँ। वे राम के सगे होकर ही तुलसी के सगे हो सकते हैं। यदि उन्हें राम प्रिय नहीं हैं तो—

तजिए ताहि कोटि बैरी सम जद्यपि परम सनेही।

अगर राम का विरोधी उपकारी या प्रिय लगता भी है तो वस्तुतः वह अहितकर होगा। अंजन होने पर भी जो वस्तु आँख को फोड़ दे तो उसका त्याग ही श्रेयस्कर है—

अंजन कहा आँखि जेहि फूटै, बहुतक कहौं कहाँ लौं।

राम-विमुख लोगों की उपमा बाबा किचकिचा कर देते हैं। उस समय वे और बातों का ध्यान कम रखते हैं। वे उन्हें बरखा का गोबर', 'गनिका का पूत' तक कहते हैं। वह जीवन ही जल जाए तो अच्छा जो जानकीनाथ के बिना है, सीता-पति का शील-स्वभाव सुनकर जो पुलकित न हो उठे वह खेहर (धूल) खाए। यदि राम से लगन नहीं है तो व्यक्ति जग में गधे, कुत्ते और सुअर के समान जी रहा है—

जो पै लगन राम सों नाहीं।
तौ नर खर कूकर सूकर सम बृथा जियत जग माँही॥

लेकिन तुलसी के राम के विषय में यह ध्यान रखना चाहिए कि वे केवल ब्रह्म (प्रत्यय) नहीं हैं, वे सामाजिक मूल्यों से युक्त भी हैं। जिन राम को तुलसी का व्यक्तित्व और कृतित्व समर्पित है वे कुछ लौकिक मूल्यों के भी प्रतीक हैं।

आख़िरकार तुलसी ने राम का शील, स्वभाव और चरित्र वर्णित-चित्रित किया है। वस्तुतः तुलसी के राम मनुष्य के परम आदर्श या प्रत्यय हैं। अगर कोई उन्हें साधारण मनुष्य समझे तो वह 'सठ बंगा' है। गंगा नदी, नदी होते हुए भी केवल नदी नहीं है, वह पवित्रता और नदीत्व का आदर्श भी है, कल्पवृक्ष वृक्ष ही कहा जाता है लेकिन वृक्ष के फलदत्व का आदर्श है। मनुष्य जितना ऊँचा उठने की कल्पना कर सकता है, राम उतना ही ऊँचे होते जाते हैं, वे कल्प-पुरुष हैं। वे मनुजत्व से घनिष्ठतः सम्बद्ध होते हुए मनुजत्व को निरन्तर ऊर्ध्वोन्मुख होने की शक्ति और प्रेरणा देने वाले मानवता के अखिल विकास के इस छोर से उस छोर तक व्याप्त महामनुज या नर-नारायण हैं। मानव-इतिहास का विकास वह चालक गति है जिसमें पड़कर महापुरुष प्रत्यय बन जाता है और विकास उसे अपने साथ स्वयमेव विकसित करता चलता है।

इसका साफ़ मतलब है कि तुलसीदास की भाँति उनके राम भी कालातीत नहीं हैं। वे अपने युग की सीमाओं से सीमित और तुलसीदास के चिन्तन के अन्तर्विरोधों से युक्त भी हैं। तुलसी की साधुता और संतई मध्ययुगीन साधुता और संतई है। उनका विवेक भाववादी विवेक है। यद्यपि वह खरा और प्रामाणिक है, अपने युग-बोध की दृष्टि से।

तुलसीदास के राम के खरेपन का सबसे विश्वसनीय प्रमाण यह है कि वे सामाजिक और आर्थिक दृष्टि से निम्न वर्ग के सहायक और मित्र हैं। वे अपने समय के सबसे शक्तिशाली, साधन-सम्पन्न अन्यायी शासक रावण से टक्कर लेते हैं। रावण कुलीन था, परशुराम ब्राह्मण थे, बालि भी शक्तिशाली अत्याचारी था। राम की इन सबसे टक्कर होती है, राम इनका नाश करते हैं। दूसरी तरफ़ राम पति-परित्यक्ता अहल्या का उद्धार करते हैं, शबरी को स्नेह देते हैं, साधनहीन किन्तु शक्ति की सम्भावनाओं से युक्त बन्दर-भालुओं, वन्य जनों को स्नेह देते हैं, केवट को सखा बनाते हैं। तुलसी की गवाही है कि राम वन में जब पेड़ के नीचे बैठते थे तो बन्दर डालियों पर उनसे ऊपर बैठते थे। राम ऐसे साहब हैं—

प्रभु तरु तर कपि डार पर ते किए आपु समान।
तुलसी कहूँ न राम से साहिब सील निधान॥

ये बन्दर-भालू अनागरिक, वन्य थे। इन्हीं को राम ने सहायक और सखा बनाया। राम उस शक्ति के प्रतीक दिखलाई पड़ते हैं जो समाज के सबसे साधनहीन वर्ग की सहायता से अपने युग की अन्यायी शक्ति से टक्कर लेती है।

रामचरितमानस में वर्णित देवता साधन-सम्पन्न अवसरवादी वर्ग की भाँति आचरण करते हैं। वे स्वर्ग में रहते हैं, धरती से बहुत ऊपर। राम जब जीतने लगते

हैं तब वे फूल बरसाते हैं और राम की स्तुति करते हैं, रावण जीतने लगता है तब पलायन कर जाते हैं। वे परास्त होकर मंडलीक-मणि रावण की सेवा में रत रहते हैं। नारद तपस्या करते हैं निस्स्वार्थ भाव से। लेकिन इन्द्र को हमेशा डर लगा रहता है कि लोग तपस्या करते हैं तो ज़रूर ही मेरा सिंहासन छीनना चाहते होंगे। देवराज सोच भी नहीं सकता कि कोई निस्स्वार्थ भाव से भी अच्छा काम कर सकता है। तुलसी ने इन्द्र को जिस प्रकार कुत्ते और कौवे के समान बताया है वह साहित्य में अन्यत्र दुर्लभ है। फिर यह भी कह दिया कि संसार में कामियों और लोभियों की यही रहन होती है। वे कुटिल कौवे की तरह सबसे डरते रहते हैं। सिंह तो स्वाभाविक गति से जा रहा था, कुत्ते ने देखा तो मुँह में दबाई हुई सूखी हड्डी लेकर भागा कि सिंह छीन न ले। निर्लज्ज को क्या पता कि सिंह इतनी ओछी चीज़ के पीछे नहीं पड़ता–

सुनासीर मन महुँ असि त्रासा। चहत देवरिषि ममपुर बासा॥
जे कामी लोलुप जगमाँही। कुटिल काक इव सबहिं डेराहीं॥
सूख हाड़ लै भाग सठ स्वान निरखि मृगराज।
छीनि लेइ जनि जान जड़ तिमि सुनपतिहि न लाज॥

देवताओं को दूसरों के सुख-दुःख की चिन्ता नहीं, वे केवल अपना हित देखते है। धरती के लोग, जनसामान्य क्या चाहते हैं, इसकी परवाह वे नहीं करते। वे सरस्वती के पास जाकर प्रार्थना करते हैं कि मन्थरा की बुद्धि बदल दो। यहाँ तुलसी ने देवताओं पर लिखते समय स्पष्ट ही ऊँचे घरों में रहने वाले जन-द्रोहियों को लक्ष्य करके लिखा है कि उनका निवास ऊँचा है, करतूत नीची है, वे पराया सुख नहीं देख सकते–

ऊँच निवासु नीचि करतूती। देखि न सकहिं पराइ बिभूती॥

मुसीबत के समय भाग जाने वाले देवता रावण-वध के उपरान्त राम की स्तुति करने आए। तुलसी ने लिखा कि सदा के स्वार्थी देवता आए और ऐसा वचन बोलने लगे मानो सचमुच बड़े परमार्थी हों–

आए देव सदा स्वारथी। बचन कहहिं जनु परमारथी॥

ये देवता कभी-कभी आत्म-ग्लानि से भी पीड़ित होते हैं। ख़ास तौर पर विजयी के सम्मुख उसकी स्तुति करते समय। ये देवता अधिकारी हैं, अधिकार-प्राप्त हैं किन्तु स्वार्थरत हैं–

हम देवता परम अधिकारी। स्वारथ रत प्रभु भगति बिसारी॥

देवताओं के रूप में तुलसी ने अपने समय के उच्च, सम्पन्न, स्वार्थी, अवसरवादी और मूल्यान्ध वर्ग का चित्रण किया है। ये वे लोग हैं जो भगवान को स्तुति करके

फुसलाते-बहलाते हैं जो राम से भी सौदा करते हैं, कीर्तन करते हुए भी काला बाज़ार या भ्रष्टाचार करते हैं। आज के ऐसे छद्म तुलसी भक्तों को याद रखना चाहिए कि तुलसी के हृदय में उस वर्ग के लिए अपार घृणा थी जिसका निवास ऊँचा और करतूत नीची है, जो अधिकार-प्राप्त हैं किन्तु स्वार्थी हैं।

तुलसी अपने राम को 'गरीबनेवाज' और 'दीनबन्धु' इसलिए बना पाए क्योंकि तुलसी खुद ग़रीबी और दीनता झेल चुके थे। उनका अपना जीवन भी मुसीबतों से भरा हुआ था। तुलसी का प्रामाणिक जीवन-वृत्त हमें ज्ञात नहीं है। लेकिन उनके विषय में प्रामाणिक, अर्धप्रामाणिक जो जानकारी मिलती है उससे पता चलता है कि उनका जीवन भौतिक एवं मानसिक कष्टों से भरा हुआ था—बहुत कुछ अपने इष्ट राम के ही जीवन की भाँति। कौन-सी ऐसी विपत्ति और परेशानी है जो तुलसी को नहीं झेलनी पड़ी। उनकी कृतियों में जो मानवीय करुणा दिखलाई पड़ती है, वह यों ही नहीं आ गई है। उसे तुलसी ने अपने कठिन जीवन-संघर्ष से अर्जित किया है। तुलसी की कविता, और तुलसी के राम दोनों का निर्माण तुलसी के कठिन जीवन-संघर्ष से हुआ है।

तुलसी के पैदा होते ही उनके माँ-बाप ने उन्हें त्याग दिया। और बच्चे पैदा होते हैं तो माँ-बाप को खुशी होती है, तुलसी पैदा हुए तो उनके माँ-बाप को पाप-परिताप हुआ। तुलसी का बचपन अनाथ था। उन्हें माँ-बाप का प्यार नहीं मिला। वे बचपन में ही दरवाज़े-दरवाज़े दीन भाव से ललाते-बिललाते घूमते; चार चनों को जीवन के चारों फल—धर्म, अर्थ, काम, मोक्ष समझते—

जायो कुल मंगन बधावनो बजायो सुनि,
भयो परिताप पाप जननी-जनक को।
बारे तें ललात बिललात द्वार द्वार दीन,
जानत हो चारि फल चारि ही चनक को।

अनाथ बचपन की दीनता ने बालक तुलसीदास के भाव-जगत के निर्माण में शायद सर्वाधिक योगदान किया है। वे आनन्द और पुलक के अवसरों पर भी भूख, दरिद्रता नहीं भूलते। भूखे के लिए भोजन राम-मिलन के समान है—

मुदित छुधित जनु पाइ सुनाजू।

अपने अनाथ बचपन और दर-दर ठोकरें खाने का वर्णन तुलसी ने कई बार किया है। वे उसे भूल नहीं पाते, राम का ध्यान करते समय भी उन्हें दरिद्रता का ध्यान रहता है। इसीलिए उनके राम दीन-बन्धु, गरीब-नेवाज, दरिद्रता रूपी रावण को मारने वाले, 'पेटाग्नि' को बुझाने वाले घनश्याम हैं। इन राम की खोज और प्राप्ति तुलसी के जीवन ने शुरू से की थी, उनका जीवन ही ऐसा था—माता-पिता

ने दुनिया में लाकर त्याग दिया, ब्रह्मा ने भी तक़दीर अच्छी नहीं दी थी। मैं नीच, अनादर का पात्र, भीरु, कुत्तों की तरह टुकड़ों के लिए ललाता था—

मातु पिता जग जाय तज्यो बिधिहू न लिखी कछु भाल भलाई।
नींच निरादर भाजन कादर कूकर टूकन लागि ललाई॥

मैंने दरवाज़े-दरवाज़े जाकर, लोगों के पैर पकड़कर, खींसे निपोर कर अपनी दीनता कही। सुना था कि दुनिया में ऐसे बहुत दयालु हैं जो दुःख-दोष दूर कर सकते हैं, लेकिन मुझसे तो किसी ने बात भी नहीं की। कुटिल कीट की तरह जन्म देकर माँ-बाप ने भी त्याग दिया। मैं किस पर क्रोध करूँ, किसे दोष दूँ, मेरा ही अभाग्य जो मेरी छाँह छूने में भी लोग संकोच करते हैं—

द्वार द्वार दीनता कही काढ़ि रद, परि पाहूँ।
हैं दयालु दुनि दस दिसा दुख-दोष-दलन-छम, कियो न संभाषन काहू॥
तनु जन्यो कुटिल कीट ज्यों तज्यो मातु पिता हूँ।
काहे को रोस दोष काहि धौं मेरे ही अभाग मो सों सकुचत छुई सब छाहूँ॥

'गरीबनिवाज' बड़वानल से भी विकराल 'पेटाग्नि' बुझाने वाले राम तुलसी के इस अनुभव—चार चनों को चारों फल समझने के अनुभव से जुड़े हैं। यह अनुभव तुलसी की कविता में घुला-मिला है। सुखद से सुखद अवसरों पर भूख, दरिद्रता की उपमा इसी कारण है।

कहते हैं जिस बच्चे को बचपन में माँ-बाप का प्यार नहीं मिलता, वह जीवन भर प्यार की उस कमी को पूरा करने के लिए प्यासा रहता है। कहते हैं तुलसी अपनी पत्नी पर बहुत आसक्त थे। इतना कि उसे मायके भेजना भी गवारा नहीं करते थे। उनकी पत्नी उनकी अनुपस्थिति में मायके चली गई तो तुलसी सीधे ससुराल पहुँच गए। पत्नी ने डाँटा—जाकर राम का भजन क्यों नहीं करते। इस हाड़-माँस-चाम की देह में क्या रखा है। कल्पना कीजिए आप अपनी प्रिया के पास आतुर पहुँचे, प्यार की प्यास बुझाने के लिए व्याकुल और वह राम-भजन का उपदेश देने लगी। तुलसी को कितना बड़ा झटका लगा होगा ! इस झटके से उन्हें राम ही उबार सकते थे।

नारी को लेकर तुलसी के मन में कहीं न कहीं कोई गाँठ ज़रूर है। सती का मायके जाने के लिए आग्रह, शिव का रोकना, सती का कपटाचरण, फिर—

सती कीन्ह चह तहहुँ दुराऊ। देखहु नारि सुभाउ प्रभाऊ॥

और फिर—

एहिं तन सतिहि भेट मोहि नाहीं।
सिव संकल्पु कीन्ह मन माहीं॥

कहीं न कहीं कुछ बात है ज़रूर। लेकिन तुलसी के प्यासे मन ने नारी-सौन्दर्य की अनदेखी नहीं की है। एक मन नारी से जितना दूर हटता दूसरा उतना ही ललचाता रहा होगा। मध्यकालीन हिन्दी साहित्य में शायद ही दूसरा कवि हो जो नारी-स्वभाव, नारी-मनोविज्ञान से इतना परिचित हो, जो बालिका, किशोरी, प्रौढ़ा, वृद्धा, सरल, चुगुलखोर, पतिव्रता, कामुक स्त्रियों की चेष्टाओं, भंगिमाओं, मुहावरों से इतना परिचित हो। बड़े-बड़े रीतिकालीन कवि को बाबा बरसों नारी-मनोविज्ञान सिखा सकते थे। यह सब बाबा ने कहाँ देखा-सुना ? इस विषय में ज़्यादा पैठने का साहस भी नहीं हो रहा। कामदेव के प्रभाव का जैसा दुर्दान्त प्रभाव चराचर जगत पर पड़ता है, तुलसी के काव्य-जगत में, उसका कुछ न कुछ सम्बन्ध उसके भाव-जगत में भी होगा। बाबा किस अनुभव के आधार पर नारी को, 'सहज अपावनु', और 'अवगुणों की खान' कहने का आग्रह करते थे ?

नारी के प्रति तुलसी-साहित्य में अपार करुणा का भाव है। नारी की पराधीनता का चित्रण तुलसी ने विविध रूपों में किया है। जो मन नारी से दूर भागता था उससे तुलसी ने नारी की निन्दा की है, जो मन नारी-सौन्दर्य से अभिभूत होता था उसे तुलसी ने राम को समर्पित कर दिया, उससे करुणा और सौन्दर्य का चित्रण किया। तुलसीदास राम के सौन्दर्य का वर्णन करते समय उन्हें प्रायः कामदेव से कहीं अधिक सुन्दर बताते हैं। कामदेव के प्रभाव से मनुष्य जिन राम की कृपा से ही बच पाता है, वे ही राम स्वयं करोड़ कामदेवों को भी लज्जित करने वाले हैं—

कोटि मनोज लजावनि हारे। सुमुखि कहहु को आहिं तुम्हारे॥

तुलसी के राम पेट और मन दोनों की अग्नि बुझाने वाले हैं। वे गरीबनिवाज हैं और 'कोटि मनोज लजावनि हारे' भी। तुलसी के जीवन और काव्य से उनके राम के इन रूपों का बहुत गहरा सम्बन्ध है।

तुलसी के जन्म का बधावा सुनकर उनके माँ-बाप को 'पाप-परिताप' हुआ था। इस पाप-परिताप की सबसे कम भयंकर व्याख्या यह है कि तुलसी का जन्म मूल नक्षत्र में हुआ था और माँ-बाप ने उन्हें जन्मते ही त्याग दिया था। कुछ विद्वानों ने इस विषय में कुछ और बातें भी की हैं। जो हो, यह निश्चित है कि तुलसी की जाति को लेकर कट्टरपन्थियों में कोई प्रवाद ज़रूर था। तुलसी वर्ण्य-व्यवस्था के कट्टर समर्थक कवि हैं। उनका यह रूप निहायत अनुदार है। वे शूद्रों के प्रति वह विचार नहीं अपना सकते थे, जैसा कि कबीर आदि निर्गुण सन्तों ने अपनाया है। तुलसीदास कदम-कदम पर ब्राह्मणों की वन्दना करते हैं, उन्हें श्रेष्ठ बताते हैं, उनकी कृपा प्राप्त करने की प्रेरणा देते हैं। लेकिन व्यक्तिगत रूप से

अपनी जात-पाँत पूछने वाले को काफ़ी खरी-खोटी सुनाते हैं, एक नहीं अनेक स्थलों पर–

मुझे धूत, अवधूत, राजपूत, जुलाहा जो चाहो कहो। मुझे किसी की बेटी से अपने बेटे की शादी करके उसकी जाति नहीं बिगाड़नी है। माँग के खाना, मस्जिद में सोना, न एक लेना न दो देना–

धूत कहौ अवधूत कहौ रजपूत कहौ जोलहा कहौ कोऊ।
काहू की बेटी सों बेटा न ब्याहब काहू की जाति बिगार न सोऊ॥

x x x

माँगि कै खैबो मसीत को सोइबो लैबे को एक न दैबे को दोऊ॥

'काहू की बेटी' का मतलब है जात-पाँत पूछने वाले की बेटी।

इसी तरह–

मेरे जाति पाँति न चहौं काहू की जाति पाँति
मेरे कोई काम को न हौं काहू के काम को।

तुलसी के अनुसार राम का निवास उसी के हृदय में हो सकता है जो जाति-पाँति, धन, धर्म, बड़ाई, प्रिय, परिवार, सदन सब-कुछ त्याग कर राम का हो जाए–

जाति-पाँति धनु धरमु बड़ाई। प्रिय परिवार सदन सुखदाई॥

भक्ति जाति-पाँति के बन्धन को तोड़ती थी। जाति-पाँति, कुल, धर्म, बड़ाई, धन, बल परिजन, गुण, चातुर्य होने पर भी व्यक्ति यदि भक्ति से विहीन है तो जल हीन बादल है–

जाति-पाँति कुल धर्म बड़ाई। धन बल परिजन गुन चतुराई॥
भगति हीन नर सोहइ कैसा। बिनु जल बारिद देखिअ जैसा॥

तुलसी के विषय में जो प्रामाणिक-अर्धप्रामाणिक लिखित जानकारी मिलती है उससे पता चलता है कि व्यक्तिगत जीवन में वे बेहद उदार थे। इतने उदार कि कट्टरपंथी उनके विषय में नाना प्रकार के प्रवाद फैलाते थे। डोम भक्त कवि नाभादास और अब्दुर्रहीम ख़ानाख़ाना से उनकी मित्रता प्रसिद्ध ही है। भक्तमाल की टीका में प्रियादास ने लिखा है कि तुलसी ने ब्राह्मण की हत्या करने वाले एक व्यक्ति को घर में बुलाकर भोजन कराया, उसे प्रसाद देकर सिद्ध (हत्या-मुक्त) कर दिया। इस पर ब्राह्मणों की सभा हुई। तुलसी से जवाब तलब किया गया। तुलसी ने उत्तर दिया : तुम लोग पोथी बाँचते भर हो, हृदय में उसका सार नहीं ग्रहण करते, इसीलिए तुम्हारी बुद्धि कच्ची है और अँधेरा दूर नहीं होता–

हत्या करि विप्र एक तीरथ करत आयौ
कहै मुख "राम भिक्षा डारियै हत्यारे कौं"।
सुनि अभिराम नाम धाम मैं बुलाइ लियौ
दियौ लै प्रसाद कियौ सिद्ध गायौ प्यारे कौं॥
भई द्विज सभा कहि बोलिकै पठाये आप
कैसे गयो पाप संग लैके जैयै न्यारे कौं
'पोथी तुम बाँचो हिये सार नहीं साँचौ
अजू ताते मत कांचौ दूर करै न अंध्यारे कौं'॥

'गौतम चन्द्रिका' के अनुसार तुलसीदास के सहचरों और स्नेहियों की बनारसी मंडली में अहीर, तम्बोली, नाई, केवट, चमार, गोंड, धाढ़ी, जोलाहा—सभी जातियों के लोग थे—

पंडित कासी नाथ महामति। समरसिंह रजपूत ग्रामपति॥
गंगाराम परम सतसंगी। कबि कैलास कवित उमंगी॥
उज्जेनी संगीत प्रबीना। भजन गोप हरिबंस कुलीना॥
नगर सेठ जैराम उजागर। तांबूली सियराम गुनागर॥
नाथू नापित केवट रामू। अरु रैदास खेलावत नामू॥
बोधी गोड हरी हरवाहू। धाढ़ी मीर जसन जोलहाहू॥
कहाँ कहाँ लगि नाम गनाई। कासी बिस्वनाथ प्रभुताई॥
तुलसी सतसंगी बहुतेरे। सुकृत सकल राम के चेरे॥

यानी लोग जो तुलसी को 'रजपूत', 'जोलहा' कहते थे उसका कारण उनकी यह मित्र-मंडली थी। याद रखिए यह वही तुलसीदास हैं जिन्होंने 'गुसाईं चरित' के अनुसार ब्राह्मण कवि केशवदास का स्वागत करने से इनकार कर दिया था। राम का भी स्नेह शबरी, केवट, जटायु आदि से बहुत था। केवट को तुलसी ने 'राम-सखा' का विशेषण दिया है। जटायु राम के लिए दशरथ के समान था। राम तुलसी के जीवन में होते हुए उनके काव्य में अवतीर्ण हुए थे।

तुलसी शूद्रों की पीड़ा को उस भाँति नहीं महसूस कर सकते थे जिस प्रकार कबीर या रैदास। नीची समझी जाने वाली जातियों के प्रति व्यक्तिगत रूप से उदार होते हुए भी वर्णाश्रम-व्यवस्था के वे कट्टर समर्थक थे। इस मुद्दे पर उनका समर्थन करना या खींचतान करना बेसूद है। आज तुलसी-साहित्य का वह अंश न केवल बेकार हो गया है बलिक सहृदयों के चित्त में रोष या तुलसी-काव्य के प्रति स्वाभाविक रूप से अरुचि उत्पन्न करता है। इसके लिए शूद्रों के प्रति तुलसीदास की सैद्धान्तिक असहिष्णुता ही ज़िम्मेदार है। लेकिन यह ध्यान रखना उचित है

कि इस विषय में तुलसीदास के साहित्य में भयंकर अन्तर्विरोध हैं। तुलसीदास वर्ण-व्यवस्था का समर्थन करते हैं तो जाति-पाँति की तीव्र भर्त्सना भी करते हैं। इस विषय में एकांगी मत पूर्वाग्रह से ग्रस्त व्यक्ति का ही हो सकता है।

ज्ञात होता है कि तुलसी के जीवन में कोई ऐसा समय भी आया था जब वे आर्थिक दृष्टि से सम्पन्न हो गए थे। किन्तु सम्पन्न जीवन वे नहीं बिता सके। उन्हें भयंकर बाहु-पीड़ा और 'घोर बरतोर' ने घेर लिया। 'हनुमान-बाहुक' से ज्ञात होता है कि उन्हें भयंकर पीड़ा होती थी। उनका राम-विश्वासी मन रोग की भयंकरता बढ़ने के साथ किस प्रकार विश्वासहीनता के धक्के खाता है, इस दृष्टि से 'हनुमान-बाहुक' अत्यन्त करुण किन्तु विश्वसनीय दस्तावेज़ है। तुलसी का अनन्य भक्त-रूप रोग अच्छा न होने पर राम से पूरी तरह मोह-भंग नहीं कर पाता। लेकिन एक ऐसी बात कह जाता है जो मोहभंग से भी ज़्यादा महत्त्वपूर्ण है। तुलसी की बाहु-पीड़ा शान्त नहीं होती तो वे हनुमान के पराक्रम का बखान करते हुए कहते हैं—आप देवताओं को मुक्त कराने वाले, रण में कोलाहल मचाने वाले हैं, युग-युगों से आपका यश फैला हुआ है। लेकिन आपका बल तुलसी के लिए क्यों घट गया ? इससे साधु लोग डर रहे हैं और दुष्ट प्रसन्न हो रहे हैं—

देव-बंदी छोर रनरोर केसरी किसोर
जुग जुग जग तेरे बिरद बिराजे हैं।
बीर बरजोर, घटि जोर तुलसी की ओर
सुनि सकुचाने साधु खल गन गाजे हैं॥

बाहु-पीड़ा शान्त नहीं होती तो वे हनुमान से कहते हैं—मेरा मन तो हार गया है। लेकिन मेरा दोष क्या था जो मुझे इतनी तकलीफ़ मिल रही है। यह बता दीजिए ताकि मैं आगे के लिए तो होशियार हो जाऊ—

दोष सुनाए तें आगेहुँको होशियार ह्वैहों मन तौ हिय हारो।

हनुमान कितने शक्तिशाली हैं ! उनके बसाए को शंकर भी नहीं उजाड़ सकते, उनका नाम लेने से संकट-सोच मकड़ी के जाले के समान फट जाते हैं। अफ़सोस ! वे ही हनुमान तुलसी के लिए ही बुड्ढे हो गए या बहुतों का पालन करते-करते थक गए—

बूढ़ भए बलि मेरिहि बार, कि हारि परे बहुतै नत पाले।

तुलसी अपनी भक्ति को बाहु-पीड़ा से लड़ा देते हैं। भक्ति बाहु-पीड़ा का कुछ नहीं बिगाड़ पाती। हनुमान, राम सब तुलसी के लिए अशक्त हो जाते हैं। तुलसी यह नहीं सोच पाते कि उनके राम तो भावना के बने हुए हैं, वे बाहु-पीड़ा नहीं शान्त कर सकते। ऐसा समझना भाववादी तुलसी के लिए असम्भव था। फिर

पीड़ा की—'घोर बरतोर' की व्याख्या कैसे हो ? ऐसे अवसरों के लिए कर्मफल का सिद्धान्त बना था मन की शान्ति के लिए। सो तुलसी सोचते हैं—मैं अन्न-वस्त्र से विहीन दुःखी था। मुझ दीन-दुर्बल को देखकर सभी हाय ! हाय ! करते थे। शीलसिन्धु राम ने अनाथ तुलसी को सनाथ कर दिया। लेकिन मैं नीच तुलसी, आदर पाकर फूल उठा। मन, बचन, काया से प्रभु का भजन भूल बैठा। अब राम राजा का नमक घोर बरतोड़ के रूप में फूट-फूटकर निकल रहा है—

असन-बसन-हीन बिषम-बिषाद लीन,
देखि दीन दूबरो करै न हाय हाय को।
तुलसी अनाथ सो सनाथ रघुनाथ कियो,
दियो फल सीलसिंधु आपने सुभाय को॥
नीच यहि बीच पति पाइ भरुहाइगो,
बिहाइ प्रभु-भजन बचन मन काय को।
तातें तनु पेषियत घोर बरतोर मिस,
फूटि फूटि निकसत लोन रामराय को॥

या तुलसी गोसाईं होकर अपने बुरे दिन भूल गया था, उसी का फल पा रहा है—

तुलसी गोसाईं भयो भोंड़े दिन भूलि गयो,
ताको फल पावत निदान परिपाक हौं।

करुणा-निधान, परम संकोची, जन के मन की जान लेनेवाले, बचपन में जीता दाँव हार जानेवाले, राम की सारी परदुःख-कातरता ग़ायब हो गई। जटायु शबरी, अहल्या का उद्धार करनेवाले राम तुलसी की बाहु-पीड़ा नहीं दूर कर पाए। जो काम कोई एम.बी.बी.एस. डॉक्टर कर सकता था, वह काम 'परात्पर ब्रह्म' और तुलसी के 'दशरथ-सुत' नहीं कर पाए।

तुलसी का सारा शरीर पीड़ामय होकर जर्जर हो गया था। पाँव, पेट, बाँहें, मुँह सब में पीड़ा फैल गई थी—पाँयपीर पेट पीर, बाँह पीर, मुँह पीर जन-जर सकल सरीर पीर मई है।' उनका विश्वास हिचकोले खा रहा था। अन्त में उन्होंने हनुमान, राम, शंकर सबको एक साथ ललकारा—हनुमान ! सुजान राम राय ! कृपानिधान शंकर ! सभी सावधान होकर सुनिए ! ऐसा दिखलाई पड़ता है कि विधाता ने यह दुनिया परस्पर-विरोधी तत्त्वों—हर्ष-विषाद, राग-रोष, गुण-दोष मय बनाई है। वेद कहते हैं कि माया, जीव, काल, कर्म, स्वभाव के कर्ता राम हैं, मन में यही सच मानता हूँ। लेकिन ऐसा मालूम पड़ता है कि कुछ ऐसा भी है जिसे कर पाना तुम्हारे वश में भी नहीं है। जो तुम्हारे वश का न हो वह मुझे समझा

दो मैं भी यह सोचकर चुप रहूँ कि जो बोया था वही काट रहा हूँ—

कहौं हनुमान सों सुजान रामराय सों,
कृपानिधान संकर कों सावधान सुनिये।
हरष विषाद राग रोष गुन दोषमई,
बिरची बिरंचि सब देखिअत दुनिये॥
माया जीव काल के करम के सुभाय के,
करैया राम बेद कहैं साँची मन गुनिये।
तुम्हतें कहा न होय हाहा सो बुझैये मोहि,
हौहूँ रहों मौन ही बयो सो जानि लुनिये॥

हनुमान, राम, शंकर भी कहीं अशक्त हैं, कुछ ऐसा है जो वे भी नहीं कर सकते, यह तुलसी ने और कहीं नहीं कहा है। वे तो 'मेटत कठिन कुअंक भाल के' लिखनेवाले थे। यह तुलसी के भाववादी मन का मोह-भंग था। तुलसी ने भक्ति को बाहु-पीड़ा से लड़ा कर जान लिया कि बाहु-पीड़ा शान्त कर पाना राम और भक्ति के वश में नहीं है। वे भक्ति से हटकर कर्मफल पर टिके। 'तुम्हतें कहा न होय हाहा सो बुझैये मोहि' लिखकर उन्होंने प्रकारान्तर से अपने राम की सीमा भी स्वीकार कर ली। अन्यथा जिक्र राम का हो और पद की अन्तिम पंक्ति निर्वेद से इतना भरी हो—

हौहूँ रहों मौन ही बयो सो जानि लुनिये॥

तुलसी का जीवन आद्यन्त संघर्षमय रहा। उन्होंने पेट और मन की आग की बहुत पीड़ा सही। भौतिक और दैहिक कष्ट भी बहुत झेले। इसी संघर्ष की प्रक्रिया से उनकी कविता का रूप निखरा। उनकी कविता से उनके जीवन का बहुत गहरा सम्बन्ध है।

इस संघर्ष और अभाव भरे जीवन ने उन्हें संसार और संसार का सौन्दर्य पहचानने की शक्ति भी दी। तुलसी ने केवल कष्ट ही नहीं झेले, उन्होंने इस जीवन का अमृत भी पिया, वह अमृत जिसे संघर्षशील ही प्राप्त कर सकता है। उन्होंने प्रकृति और मानव-जीवन की अक्षय छवियाँ शब्दों के माध्यम से उकेरीं। उनके राम का रूप इन सारी छवियों का समुच्चय है। तुलसी ने अपने समय के समाज की विषमताओं को भी अंकित किया और उन विषमताओं से मुक्त समाज 'रामराज्य' का स्वप्न भी चित्रित किया। उन्होंने हिन्दी प्रदेश की दोनों काव्यभाषाओं ब्रजी और अवधी में रचनाएँ कीं। उनकी भाषा अपनी ध्वनि-प्रवृत्तियों की सहजता और मुहावरों से कसी है। जिस जीवन को तुलसी ने शब्दों में बाँधकर चित्रित किया है वह इतना विविध और पूर्ण है कि उनका काव्य मध्यकालीन उत्तर

भारत का सबसे प्रामाणिक जीवन्त विश्वकोश बन गया है। उनकी कविताएँ सामान्य लोगों को इतनी याद हैं कि वे हिन्दी भाषा का मुहावरा बन गई हैं। हिन्दी के बीस करोड़ भाषियों में शायद ही ऐसा कोई हो जिसके बोलने या लिखने में तुलसी की कोई पंक्ति या कोई टुकड़ा न शामिल हो जाता हो। तुलसी से अधिक लोकप्रिय कवि की कल्पना दुष्कर है। इस लोकप्रियता का प्रधान कारण यह है कि तुलसी आज भी सामान्य जन-जीवन के लिए सन्दर्भवान हैं। तुलसी उपदेश कम देते हैं, जीवन का सच्चा चित्र आँकते हैं। इसलिए तुलसी को नकारना असम्भव है। आप तुलसी के विचार से असहमत हों, उनके विरोधी हों, लेकिन उन सहज, मार्मिक, मानवीय चित्रों को कैसे नकारेंगे जो उन्होंने खींचे हैं। निस्सन्देह तुलसी में ऐसा भी थोड़ा-बहुत है जिसे हम अस्वीकार करते हैं। उन्होंने वर्ण-व्यवस्था का जो समर्थन किया है, वह उनके चिन्तन की बहुत बड़ी कमजोरी है। लेकिन उनके काव्य का अधिकांश अमर और लोकमंगलकारी है। काव्य में सिद्धान्त और उपदेश का अंश अपेक्षाकृत शीघ्र सन्दर्भहीन हो जाता है लेकिन चित्रण अमर होता है। इसीलिए महान् कविता कालजयी होती है। मनुष्य की चेतना कल्पना के द्वारा वर्तमान से दूर अतीत और भविष्य दोनों में पहुँचती है। प्राचीन काव्यों का आस्वाद इसीलिए सहृदय करते रहते हैं। वे कवि के चित्रण को देश-काल के सन्दर्भ में देख सकते हैं। जो लोग ऐसा नहीं कर सकते वे तुलसी ही क्यों किसी प्राचीन कृति का न तो आस्वाद ले सकते हैं, न उसके अन्तर्विरोध पहचान सकते हैं और न मूल्यांकन कर सकते हैं।

●●●